ASCHENDORFFS SAMMLUNG
LATEINISCHER UND GRIECHISCHER
KLASSIKER

CAESAR

BELLUM GALLICUM

Vollständige Ausgabe
Eingeleitet und kommentiert von
ALOIS GUTHARDT

Text

Umschlagbild:
Sterbender Gallier

Kelten aus dem nördlichen Europa (von den Römern Gallier, von den Griechen Galater geannnt) hatten sich im 3. Jahrhundert v. Chr. im inneren Kleinasiens angesiedelt, die Landschaft Galatien ist nach ihnen benannt. In den Auseinandersetzungen mit der reichen Küstenstadt Pergamon unterlagen die Kelten. Attalos I., König von Pergamon (reg. 241–197) gab bald nach 228 ein Weihmonument in Auftrag, das an seinen Sieg erinnern sollte, die Figurengruppe aus Bronze wurde im Heiligtum der Athena in der Burg von Pergamon aufgestellt. Im Jahr 64 n. Chr. ließ Nero sie nach Rom bringen, wo sie später verloren ging. Zumindest Teile der Gruppe wurden – vielleicht sogar schon zu Caesars Zeiten – in Mamor kopiert. Neben dem „Sterbenden Gallier" (heute im Kapitolinischen Museum Rom) blieb auch die Gruppe „Der Gallier und sein Weib" (heute Palazzo Altemps, Rom) erhalten; beide wurden wahrscheinlich im 17. Jahrhundert bei Ausgrabungen entdeckt. Die Darstellung des sterbenden Galliers und seiner Ausrüstung ist durchaus treffend, Caesars Gegner in Gallien werden ähnlich ausgesehen haben. Das Weihmonument zeigte die Figuren aus der respektvollen Distanz des Siegers – auch in dieser Hinsicht gibt es manche Bezüge zu Caesars „Bellum Gallicum".

In neuer Rechtschreibung

83. Auflage

© 2010 Aschendorff Verlag GmbH & Co. KG, Münster

Das Werk und seine Teile sind urheberrechtlich geschützt.
Jede Verwertung in anderen als den gesetzlich zugelassenen Fällen bedarf deshalb der vorherigen schriftlichen Einwilligung des Verlages.

Druck: Aschendorff Druckzentrum GmbH & Co. KG

ISBN 978-3-402-02018-0

Inhalt

Vorwort 5

Zeittafel 7

Einleitung
1. C. Julius Caesar: seine Zeit, sein Leben,
   seine politische Laufbahn 11
2. Die commentarii rerum gestarum belli Gallici 24
3. Andere antike Quellen zu Caesars Leben 27

Sacherläuterungen
1. Politische Institutionen 28
2. Heerwesen 32
3. Die keltischen oppida 41
4. Längenmaße 42

C. Julii Caesaris
commentarii rerum gestarum belli Gallici 43

Literaturverzeichnis 239

Verzeichnis der Eigennamen 261

Karte von Gallien 276

Pläne 278

Vorwort

Die vorliegende Neubearbeitung der alten Haellingkschen Ausgabe der ‚Commentarii rerum gestarum belli Gallici' fußt in der Textrezension auf den bekannten kritischen Ausgaben. Im Allgemeinen wurde ein für Schüler lesbarer Text hergestellt. An einigen – über das Werk verteilten – Stellen jedoch soll die Textgestaltung exemplarisch auf die Probleme der Überlieferung hinweisen.

Auf die ohne Ende hin und her gewendete Frage, ob und wann Caesars commentarii belli Gallici in der Schule gelesen werden sollten, wird hier nicht eingegangen. Dass dieses Buch mehr ist als eine Aneinanderreihung von Schlachtbeschreibungen, dass sich in ihm nicht nur der Feldherr, sondern auch der Politiker, Diplomat, Schriftsteller und Mensch darstellt, bedarf keiner Beweisführung.

Die Einleitung behandelt Caesars Leben, seine politische Karriere und die Bedingungen, aus denen diese sich entwickelte, ausführlicher, als es für die Lektüre des Bellum Gallicum vielleicht nötig ist. Hierfür bestimmend war der Gedanke, dass der Schüler sich nur bei dieser Gelegenheit mit der genialen Persönlichkeit Caesars beschäftigen wird und dass es deshalb sinnvoll ist, sich mit dieser Gestalt – etwa nach Abschluss der Lektüre – intensiver auseinanderzusetzen. Aus diesem Grunde ist auch das zweiteilige Literaturverzeichnis nicht knapp bemessen, bis hin zu Shakespeare, Shaw und Wilder. Es enthält in seinem zweiten Teil methodisch-didaktische und interpretierende Literatur und deren Aufschlüsselung nach den einzelnen Büchern und Kapiteln.

Es erscheint auch angebracht, die Fragen der literarischen Gattung, Entstehungsweise und Glaubwürdigkeit der commentarii kurz zu berühren, naturgemäß mit der Beschränkung, die Standpunkte der Forschung zu referieren. Nur in der Frage des ‚commentarius' wird eindeutig Stellung bezogen.

Auf die Einleitung und die sich anschließenden Sacherläuterungen weisen zahlreiche Klammervermerke im Textband und in den beiden Kommentarbänden hin. Genannt wird immer diejenige Seite, auf der der betreffende Begriff oder Sachzusammenhang näher erläutert wird (T 17 = Erläuterung auf Seite 17 des Textbandes).

Heiligenhaus, im April 1970

Alois Guthardt

Zeittafel

v. Chr.

494	Sagenhafte secessio plebis: die Volkstribunen werden unter dem Druck der Plebejer als sacrosancti anerkannt (T 30).
um 400	Die Kelten dringen nach Oberitalien vor (T 18).
386	Die Kelten vor Rom (Schlacht an der Allia; T 19).
366	Zum ersten Mal wird ein Plebejer Konsul (T 12).
300	Die Plebejer haben von jetzt an Zutritt zu allen Ämtern.
seit 225	Die Römer erobern Oberitalien (T 12).
218–201	Zweiter Punischer Krieg (Hannibal; T 12).
seit 215	Rom kämpft als Schutzmacht verschiedener Staaten des Ostens mit Makedonien und Syrien (T 12).
191	Oberitalien wird römische Provinz (Gallia Cisalpina; T 19).
168	Schlacht von Pydna; Perseus von Makedonien besiegt.
149–146	Dritter Punischer Krieg.
146	Karthago und Korinth zerstört; Afrika und Griechenland werden römische Provinzen (T 12).
133	Provinz Asien eingerichtet. Unterwerfung Spaniens. Der Volkstribun Tiberius Sempronius Gracchus kämpft für ein Ackerverteilungsgesetz (T 14).
125–121	Eroberung Südgalliens (Gallia provincia; T 19): Q. Fabius Maximus besiegt die Allobroger und Arverner; die Häduer „amici populi Romani" (T 19).
123–121	Gaius Sempronius Gracchus Volkstribun (T 14).
113–101	Krieg gegen die Kimbern und Teutonen (T 19).
107	Die helvetischen Tiguriner besiegen den Konsul L. Cassius Longinus.

104–100	Marius wird von der Volkspartei fünf Mal zum Konsul gewählt. Heeresreform (T 13).
102	Marius besiegt die Teutonen bei Aquae Sextiae (Aix en Provence).
101	Marius besiegt die Kimbern bei Vercellae (T 19).
100	13. Juli: C. Julius Caesar geboren (T 11).
88	Nach dem „Bundesgenossenkrieg" erhalten die italischen Gemeinden das Bürgerrecht (T 32). – Beginn des Bürgerkrieges (Marius-Sulla, T 15).
87	Schreckensherrschaft der Popularen unter Marius und Cinna.
84	Caesar heiratet Cinnas Tochter (T 15).
82–79	Sullas Diktatur: Proskriptionen. Caesar weigert sich, sich von Cinnas Tochter scheiden zu lassen; Flucht vor Sulla, Kriegsdienst in Asien (T 15).
78	Sulla stirbt, Caesar kehrt nach Rom zurück.
75–74	Caesar unternimmt eine Studienreise nach Rhodos (T 16).
72	Der Suebenfürst Ariovist überschreitet den Rhein und verbündet sich mit den Sequanern gegen die Häduer (T 19).
70	Die Konsuln Pompeius und Crassus heben die Gesetze Sullas auf (T 17).
68	Caesar Quästor in Spanien (T 16). Tod seiner Frau Cornelia.
67	Pompeius besiegt die Seeräuber (T 17).
66	Pompeius übernimmt die Führung des Krieges gegen Mithridates, den König von Pontus.
65	Erste Catilinarische Verschwörung. Caesar Ädil (T 16).
63	Der Konsul Cicero deckt die zweite Catilinarische Verschwörung auf. Caesar Pontifex Maximus (T 16).
62	Pompeius kehrt aus Asien zurück (T 17). Caesar Prätor (T 16). – Die Sequaner und Ariovist besiegen die Häduer (Schlacht bei Magetobriga); der Häduer Diviciacus in Rom (T 19).

61	Caesar als Proprätor in Spanien (T 16). – In Gallien wird der Aufstand der Allobroger niedergeschlagen (T 19); der Helvetier Orgetorix zettelt eine Verschwörung an.
60	Erstes Triumvirat zwischen Caesar, Pompeius und Crassus (T 17).
59	Caesar Konsul. Pompeius heiratet Caesars Tochter Julia, Caesar heiratet die Tochter Pisos (T 18). – Ariovist „rex atque amicus populi Romani" (T 19).
58–50	Caesar als Prokonsul in Gallien (T 18).
58	1. Kriegsjahr (**Bellum Gallicum Buch I**): Auszug der Helvetier, Schlacht bei Bibracte, Sieg über Ariovist. – Konsulat des L. Calpurnius Piso (T 18).
57	2. Kriegsjahr (**BG Buch II**): Kampf an der Aisne, Nervierschlacht, Unterwerfung der Belger.
56	3. Kriegsjahr (**BG Buch III**): Unterwerfung der Seestaaten; P. Crassus erobert Aquitanien; Zug gegen Moriner und Menapier. – Konferenz in Lucca (T 20).
55	4. Kriegsjahr (**BG Buch IV**): Caesar vernichtet die Usipeter und Tenkterer, überschreitet zum ersten Mal den Rhein und setzt zum ersten Mal nach Britannien über. Aufstand der Moriner und neuer Zug gegen die Menapier. – Zweites Konsulat des Pompeius und Crassus (T 20).
54	5. Kriegsjahr (**BG Buch V**): Zweiter Übergang nach Britannien. Erhebung des Ambiorix, Untergang der 15 Kohorten unter Sabinus und Cotta. – Caesars Tochter Julia stirbt (T 21).
53	6. Kriegsjahr (**BG Buch VI**): Unterwerfung einiger aufständischer Stämme und zweiter Rheinübergang. Verwüstung des Eburonenlandes, Verfolgung des Ambiorix. – Crassus fällt bei Carrhae (T 21).

52	7. Kriegsjahr (**BG Buch VII**): Aufstand des Vercingetorix: Avaricum – Gergovia – Alesia. – Pompeius consul sine collega (T 21).
51	8. Kriegsjahr (**BG Buch VIII, cap. 1—48**): Unterwerfung der Bellovacer, Eroberung von Uxellodunum. Ende des Krieges in Gallien.
50	Pompeius wird zum Schutz der Republik bestellt (T 21; **BG Buch VIII, cap. 49—55**).
49	Ausbruch des Bürgerkrieges: Caesar überschreitet den Rubikon und erobert Italien und Spanien (T 21; **Bellum civile Buch I und II**). Caesar Diktator (T 22).
48	Caesar zum zweiten Mal Konsul (T 22). Sieg über Pompeius bei Pharsalos; Pompeius bei der Landung in Ägypten ermordet (T 22; **BC Buch III**).
47	Caesar wieder Diktator. Einnahme Alexandriens (T 22; **Bellum Alexandrinum**).
46	Caesar zum dritten Mal Konsul. Schlacht bei Thapsus in Afrika (**Bellum Africanum**). Ehrung Caesars in Rom (T 22). – Beginn seiner Gesetzgebung; Hinrichtung des Vercingetorix; Einführung des Julianischen Kalenders (T 23).
45	Bei Munda in Spanien wird der letzte Widerstand der Pompeianer gebrochen (T 22; **Bellum Hispaniense**). Caesar Diktator auf Lebenszeit und Imperator (T 22).
44	15. März; Ermordung Caesars (T 24).
43	Zweites Triumvirat zwischen Antonius, Caesar Octavianus und Lepidus. Ermordung Ciceros.
42	Niederlage der Republikaner bei Philippi.
31	Schlacht bei Actium; Caesars Adoptivsohn C. Julius Caesar Octavianus (Augustus) besiegt Antonius und Cleopatra; Ende der Bürgerkriege (T 24)

Einleitung

1. C. Julius Caesar:
seine Zeit, sein Leben, seine politische Laufbahn

C. (Gaius) Julius Caesar wurde im Jahre 100 v. Chr. geboren, im Monat Quinctilis, der später, ihm zu Ehren Julius genannt wurde. Seine Familie, die Julier, gehörte zu den vornehmsten des Adels; sie führte ihren Stammbaum auf Julus zurück, den Sohn des Aeneas und Enkel der Göttin Venus. Caesar bediente sich gern dieser Tradition, indem er z. B. auf seine Münzen das Bild der Venus setzen und auf dem von ihm angelegten Forum Julium einen Tempel der Venus Genetrix erbauen ließ.

Er erhielt die für die Söhne des Adels übliche **Erziehung:** lateinische und griechische Sprache und Literatur, Dichtkunst und Redekunst. Lesen und schreiben lernte er an Hand der lateinischen Odyssee-Übersetzung des Livius Andronicus und des Homer selbst. Dazu kam die Einführung in die politische Praxis an der Seite des Vaters durch den regelmäßigen Besuch des Forums, wo auch die nötigen Rechtskenntnisse erworben wurden. Wohl im Alter von fünfzehn Jahren legte er die Kindertoga (toga praetexta = (purpur)-gesäumte Toga) ab und empfing die toga virilis; damit gehörte er zu den Erwachsenen und besaß das römische Bürgerrecht.

Die politische Welt, in die Caesar eintrat, war durch unaufhörliche Auseinandersetzungen der Parteien gekennzeichnet; es war das Jahrhundert der **„römischen Revolution"** – vom Auftreten des Tiberius Gracchus (133 v. Chr.) bis zum entscheidenden Sieg des Augustus bei Actium (31 v. Chr.) –, in dem die römische Republik in eine Monarchie überging.

Seit dem Ende der Königszeit (510 v. Chr.) hatte die politische Führung zunächst in den Händen des alten Geburtsadels der **Patrizier** (patres) gelegen, dann auch in denen reich gewordener **Plebejer** (plebei: das einfache Volk der freien Bauern). Aus den führenden patrizischen und plebejischen Familien hatte sich schließlich der neue Amtsadel der **Nobilität** gebildet. Seine Angehörigen stellten die Beamten (**magistratus** T 29), die ehemaligen Beamten bildeten den **Senat** (T 28), der durch das Gewicht seiner Meinung (auctoritas) praktisch die politischen Entscheidungen fällte. Die Wirkungsmöglichkeiten der **Volksversammlung** (T 28) waren gering. Die wirtschaftlich schwächeren Bürger standen in der Gefolgschaft (**clientela**) eines Angehörigen der Nobilität, ihres **patronus**, der ihre Interessen vor Gericht und in wirtschaftlichen Fragen vertrat; dafür war er seinerseits bei Wahlen und Abstimmungen der Stimmen seiner Klienten sicher. In den geschlossenen Kreis der senatorischen Familien konnte nur selten ein Mann aus niedrigeren Schichten, ein **homo novus** — etwa aus dem **Ritterstand** (T 31) —, eindringen.

Auf der Grundlage einer so strukturierten politischen und gesellschaftlichen Ordnung und mit der Schlagkraft eines ständig geübten Bauernheeres hatte Rom nach der Unterwerfung der italischen Halbinsel auch die Belastungsprobe der drei punischen Kriege bestanden. Am Ende dieser Kämpfe beherrschte es als **Provinzen**: Sizilien, Sardinien und Korsika, Africa (heutiges Tunis), Gallia Cisalpina (das von Kelten bewohnte Oberitalien; T 19), Gallia Transalpina (auch Provincia Narbonensis genannt: heutige Provence und Languedoc) und Hispania (den größten Teil Spaniens). Durch Roms Ausgreifen nach Osten kamen hinzu: Illyricum (Ostküste der Adria), Macedonia und Achaia (Griechenland mit den Inseln der Ägäis) sowie Asia (westliches Kleinasien).

Diese Ausdehnung des Herrschaftsbereiches hatte schwerwiegende **Änderungen der inneren Struktur** Roms zur Folge. Nutznießer der Kriegsbeute und der dann folgenden Einkünfte aus den Provinzen (T 31) waren Ritterstand und Nobilität — Prätoren und Konsuln wurden im Anschluss an ihr Amtsjahr Statthalter von Provinzen (propraetor, proconsul T 30). Sie bewirtschafteten nun mit Hilfe ihres Kapitals und der gekauften Arbeitskraft der Sklaven umfangreichen Grundbesitz (Latifundienwirtschaft). Mit den Preisen des dort erzeugten und des aus den Provinzen importierten Getreides konnten die kleinen Bauern, die zudem durch den Militärdienst häufig von ihrer Arbeit abgehalten wurden, nicht konkurrieren. Sie sahen sich in immer größerer Zahl zum Verkauf gezwungen und strömten, besitz- und arbeitslos, in die Hauptstadt. Hier bildete sich ein **Proletariat**, das weitgehend von der staatlichen Fürsorge abhängig und durch private Spenden für die Abstimmungen in der Volksversammlung käuflich war. Zu den Mitteln, diese Masse zu beschäftigen und zu umwerben, gehörten die öffentlichen Spiele („panem et circenses!").

Die Berührung mit der **griechisch-orientalischen Welt** des Ostens lehrte die Römer die Lebensformen und Genüsse einer späten und verfeinerten Zivilisation. Neben der Aneignung der griechischen Kultur aus einem Streben nach höherer Bildung stand die Übernahme der zivilisatorischen Annehmlichkeiten, und Raffinessen (eine Nacht unterhaltsam verbringen hieß ‚noctem pergraecari').

So heiß manche Römer die Zerstörung der alten Ordnung beklagten – der Zensor Marcus Porcius Cato (Cato der Ältere) machte ihre Verteidigung zu seinem politischen Programm –, entscheidend war, dass die überlieferten politischen Formen, die sich bei der Verwaltung eines Stadtstaates entwickelt hatten, nicht geeignet waren, das **Weltreich** zu regieren. Die nur einjährige Amtsdauer der Konsuln z. B. verhinderte eine kontinuierliche Politik. Alle Bürger zu den Wahlen und Abstimmungen zu versammeln – die Ausübung dieser Bürgerrechte war an die persönliche Anwesenheit in Rom gebunden –, wurde unmöglich, vor allem, nachdem die italischen Bundesgenossen das römische Bürgerrecht erzwungen hatten (T 32). Damit nahm das Gewicht des einzelnen Politikers naturgemäß zu. Der Aufstieg einzelner Persönlichkeiten wurde auch begünstigt durch die **Heeresreform** des Marius. An die Stelle des Bürgerheeres trat ein Berufsheer, dessen Soldaten vornehmlich aus dem besitzlosen Proletariat geworben werden konnten. Die Soldaten fühlten sich mehr ihrem Führer als dem Staat verpflichtet, erst recht, wenn gemeinsam errungene militärische Erfolge Feldherrn und Truppe verbanden; so bildeten sie einen unschätzbaren Machtfaktor in der Hand des Feldherrn (d. h. des Konsuls bzw. der Provinzstatthalter: T 30). Das Problem, dass diesen länger dienenden Heeren und ihren oft langwierigen militärischen Aufgaben ein länger dauerndes Kommando entsprechen musste, wurde im Falle des Marius durch mehrmalige Wiederwahl zum Konsul gelöst; dann aber fand man eine neue Rechtsform: dem Feldherrn wurde für eine bestimmte Aufgabe die außerordentliche Amtsgewalt eines Prokonsuls verliehen (imperium pro consule T 30).

Die Einsicht in die Notwendigkeit, die durch die tiefgreifenden Änderungen der Lebensformen entstandenen Probleme zu lösen, hatte eine Gruppe von Reformpolitikern entstehen lassen: die **Popularen** („Volkspartei"). Sie setzten sich das Ziel, Macht und Grundbesitz, die sich bisher so gut wie ausschließlich in den Händen der senatorischen Familien befanden, neu zu verteilen. Da die politischen Ämter praktisch nur reichen Bürgern zugänglich waren (T 29), gehörten auch diese Politiker der Nobilität an. Die konservative Partei der **Optimaten** kämpfte für eine Bewahrung der überlieferten Gesellschafts- und Herrschaftsformen.

Basis für die Aktionen der Popularen war das Amt der **Volkstribunen** (T 30), das sich auf die Masse der stimmberechtigten Bürger stützte. Der Volkstribun Ti. Gracchus brachte 133 als Erster in der Volksversammlung ein Gesetz durch, nach dem Proletarier auf dem ager publicus, dem im Krieg gewonnenen Staatsland, angesiedelt werden sollten; dieses Land war zumeist an die senatorischen Familien verpachtet und wurde von diesen nahezu als ihr Eigentum betrachtet. Zehn Jahre später beseitigte C. Gracchus, ebenfalls als Volkstribun, die Beschränkung des Richteramtes auf die Senatoren; fortan saßen in den Richterkammern auch Ritter.

Sehr bald zeigte sich, dass aus einem Kampf für das Volk bzw. für die Erhaltung der bestehenden Zustände ein Kampf der Parteiführer um die Macht wurde. Die Anteilnahme der Massen am Programm der Popularen war vielfach auch gedämpft durch die Überlegung, dass das Leben in Rom, im Schutz eines mächtigen patronus und im Genuss der Zirkusspiele, Getreidespenden und Bestechungsgelder, einem harten Siedlerleben vorzuziehen sei. Der Kampf um die Macht führte oft zu bewaffneten Zusammenstößen zwischen den Anhängern der beiden Parteien; die Popularenführer Marius und **Cinna** (87) und der Optimat **Sulla** (82) richteten jeweils Blutbäder unter ihren Gegnern an. Für eine Lösung der Probleme im Sinne eines Ausgleichs der Gegensätze leistete keine Partei Entscheidendes.

Ein ehrgeiziger junger Mann konnte sich entscheiden, mit welcher der beiden Parteien er seine Karriere verbinden wollte. Für **Caesar** war der Weg insofern schon gewiesen, als seine Familie, die seit langer Zeit keine Rolle im politischen Leben hatte spielen können, bei ihren Bemühungen um Verbesserung ihrer Stellung — auf dem üblichen Weg der Heirat mit einflussreichen Familien — Verbindung mit den **Popularen** aufgenommen hatte: Caesars Tante Julia hatte Marius geheiratet, Caesar selbst heiratete Cinnas Tochter Cornelia. Als Sulla von ihm verlangte, er solle sich von der Tochter eines Popularen scheiden lassen, weigerte er sich, wurde geächtet, dann aber auf Fürsprache optimatisch gesinnter Verwandter begnadigt. Um weiterer Gefährdung zu entgehen, nahm er eine Offiziersstelle im Heer des Statthalters der Provinz Asia an und verließ Rom. Nach Sullas Tod kehrte er zurück und begann mit seinen Versuchen, die Aufmerksamkeit des Volkes auf sich zu lenken, vor allem dadurch, dass er in politischen Prozessen als Ankläger auftrat. **Reden**, die bei solchen Gelegenheiten gehalten und hinterher oft als Buch veröffentlicht wurden, besaßen einen erheblichen propagandistischen Wert für ihren Autor. Caesars rhetorisches Talent machte großen Eindruck. Um seine Redekunst zu vervollkommnen, aber auch, weil er im Alter von 25 Jahren seine Karriere noch nicht wesentlich fördern konnte, unternahm er 75 eine Studienreise nach Rhodos; dort nahm er Unterricht bei dem berühmten Rhetor Apollonios Molon. Die **Magistratslaufbahn** (T 29) begann er 68 mit der Quästur in der Provinz Hispania ulterior; 65 wurde er Ädil, 62 Prätor. Außerdem war er 63 zum Pontifex maximus (T 31) gewählt worden. 61 ging er als Propraetor (T 30) wieder nach Spanien, wo er sich außer militärischen Lorbeeren auch die Mittel zur Tilgung der ungeheuren Schulden erwarb, die er sich vor allem bei seiner Tätigkeit als Ädil aufgeladen hatte.

Während dieser Jahre bemühte er sich, mit den Möglichkeiten seiner Stellung und seiner Verbindungen seine **Volkstümlichkeit** und seinen **Einfluss** im politischen Leben zu steigern. Auf der Rückreise aus Spanien versprach er z. B. den unzufriedenen Bewohnern von Gallia Transpadana (des nördlichen Gallia Cisalpina) seine Unterstützung bei ihren Bemühungen um das römische Bürgerrecht (T 32). Als Ädil ließ er die von Sulla beseitigten Siegeszeichen des Marius wieder aufstellen; mit seinen Zirkusspielen überbot er alle früheren. Er sorgte für die Ausschmückung des Forums und für die Ausbesserung der Via Appia.

Bei den Umsturzplänen, die der ehemalige Sullaner **Catilina** 65 v. Chr. betrieb, stand Caesar im Hintergrund, sicherlich, um im geeigneten Augenblick möglichst selber die Macht zu ergreifen. Als die Verschwörung vorzeitig bekannt wurde, konnte er eine Bloßstellung vermeiden. An Catilinas zweiter Verschwörung (63), die von dem Konsul Cicero aufgedeckt wurde, war Caesar anscheinend nicht beteiligt; wir wissen aber durch den Historiker Sallust, dass er in der Senatsdebatte über das Schicksal der Catilinarier eine ebenso mutige wie taktisch kluge Rede hielt, die ihm freilich den Zorn vieler Senatoren eintrug und ihn sogar in Lebensgefahr brachte.

Wichtigster Faktor seiner Politik wurde die Zusammenarbeit mit dem reichsten Mann Roms, **Crassus**, und mit **Pompeius**. Beide waren ursprünglich Parteigänger Sullas gewesen, hatten sich nach dessen Tod jedoch mehr den Popularen genähert. Sie hatten als Konsuln des Jahres 70 die meisten Gesetze Sullas aufgehoben und damit den Popularen ihre Bewegungsfreiheit zurückgegeben. Caesar unterstützte 67 den Antrag eines Volkstribunen, Pompeius die Führung des Krieges gegen die zu einer ernsten Gefahr gewordenen Seeräuber des Mittelmeers zu übertragen, ebenso im folgenden Jahr den Antrag, Pompeius auch mit dem Krieg gegen Mithridates, den König von Pontus, zu betrauen. Beide Anträge nahm die Volksversammlung gegen den Willen des Senats an, und Pompeius kehrte 62 ruhmbedeckt nach Rom zurück. Statt sich nun, gestützt auf sein Heer, zum Herrn Roms zu machen, entließ er das Heer, forderte aber den Senat auf, seine Maßnahmen in Asien zu bestätigen und seine Veteranen mit Land zu versorgen. Der Senat sah darin eine unerträgliche Stärkung der Stellung des Pompeius und lehnte ab; enttäuscht und gekränkt wandte Pompeius sich endgültig von den Optimaten ab und ließ sich im Jahre 60 von Caesar zu einer Absprache mit ihm und Crassus bewegen (sog. **erstes Triumvirat**). Dieses Bündnis sicherte Caesar die entscheidende Unterstützung bei der Wahl zum Konsul für das folgende Jahr zu; seine optimatischen Gegner erreichten es allerdings, dass ihr Parteifreund Bibulus Caesars Mitkonsul wurde.

Caesars wichtigstes Projekt in seinem Konsulatsjahr (59) war ein **Ackergesetz** zugunsten der Veteranen des Pompeius und anderer Bürger. Die Optimaten versuchten, den Antrag zu Fall zu bringen, um Caesar diesen Zuwachs an Popularität vorzuenthalten; doch Caesar ließ das Gesetz, u. a. durch Einsatz organisierter Schlägerbanden, in der Volksversammlung regelrecht durchpauken. Bibulus, der selber körperlich bedroht wurde, verließ fortan sein Haus nicht mehr, veröffentlichte aber fortlaufend Edikte, in denen er Caesars Amtshandlungen für ungesetzlich erklärte.

Ein zweites Ackergesetz Caesars stellte weiteres Siedlungsland zur Verfügung. Die Herabsetzung der Pachtsumme für die Steuerpächter in den Provinzen brachte den Provinzen und den Pächtern Erleichterungen und war geeignet, Caesars Ansehen bei den Rittern zu fördern (T 31).

Die Verbindung mit Pompeius wurde gefestigt, als dieser Caesars Tochter **Julia** heiratete (Hier war der Schwiegersohn sechs Jahre älter als der Schwiegervater!). Caesar, der sich von seiner zweiten Frau – Cornelia war früh gestorben – wegen einer nicht ganz geklärten Skandalaffäre hatte scheiden lassen („Caesars Frau muss sogar von Verdacht rein sein!"), heiratete die Tochter des Popularen Piso, der im folgenden Jahr sein Nachfolger im Konsulat wurde.

Das Verhalten des Bibulus hatte dazu geführt, dass gegen die Gesetze Caesars rechtliche Bedenken geltend gemacht werden konnten; deshalb und wegen seiner gegebenenfalls gewaltsamen Methoden musste Caesar damit rechnen, nach Ablauf seines Amtsjahres vor Gericht zur Rechenschaft gezogen zu werden. Gegen diese Gefahr sicherte er sich, indem er sich vom Volk ein unmittelbar an das Konsulat anschließendes **Prokonsulat** (T 31) übertragen ließ. Die neue Stellung verbot seinen Gegnern, ihn vor Gericht zu fordern. Die Statthalterschaft, die die Volksversammlung ihm zuwies, war die über **Gallia Cisalpina** und **Illyricum**, und zwar für drei Jahre; dazu erhielt er fünf Legionen. Auf Antrag des Pompeius übertrug die Mehrheit des Senats ihm dann noch **Gallia Transalpina**, sei es, um der Gefahr zu entgehen, dass der Antrag im Falle der Ablehnung vor die Volksversammlung gebracht würde, sei es in der Hoffnung, Caesar werde von den neuen Aufgaben völlig in Anspruch genommen sein, vielleicht auch den Tod im Kampf finden.

In Gallia Transalpina erwarteten den Prokonsul Schwierigkeiten, deren Umfang zunächst nicht abzuschätzen war. Die Bewohner Galliens, die indogermanischen **Kelten**, waren unter dem Druck der nach Westen gerichteten Wanderbewegung der **Germanen** hier und da unruhig geworden; ein neuer Schub einer jahrhundertelangen Völkerwanderung schien bevorzustehen. Die Kelten hatten ursprünglich in Mittel- und Süddeutschland gewohnt – keltische Namen von Flüssen und Bergen erinnern noch heute daran –, waren aber später in Bewegung geraten, gedrängt von den Germanen, die zunächst an Nord- und Ostsee sowie in Skandinavien wohnten, nun aber nach Süden und Westen zu wandern begannen. Einzelne Scharen der Kelten kamen bis Delphi, Kleinasien (die „Galater" des Neuen Testamentes sind ihre Nachkommen), Rom (390 Schlacht an der Allia); dauernder keltischer Besitz wurden Oberitalien, das heutige Belgien und Frankreich sowie Teile Spaniens und Britanniens. Im Osten reichte das Siedlungsgebiet der Kelten noch bis Ungarn. Die Römer hatten ihnen zuerst Oberitalien genommen (191 v. Chr. Gallia Cisalpina), später, um den Weg nach Spanien zu sichern, auch den Süden Galliens (121 v. Chr. Gallia provincia). Endgültig unterworfen war diese Provinz freilich erst mit dem Sieg über die Allobroger im Jahre 61, also kurz vor Caesars Amtsantritt. Während dieser Jahrhunderte hatten die Germanen in ständiger Westbewegung den Rhein erreicht und überschritten; anlässlich der Wanderzüge der **Kimbern** und **Teutonen** durch Gallien und Oberitalien hatten die Römer erste Bekanntschaft mit ihnen gemacht – Marius hatte die Römer schließlich von dem „kimbrischen Schrecken" befreit (102/101) –, ohne sich allerdings schon darüber klar zu sein, dass es sich hier nicht um Stämme der ihnen bekannten Kelten handelte. In Gallien erschienen die Germanen wieder, als die keltischen **Sequaner** in der Auseinandersetzung mit den benachbarten **Häduern** den Suebenfürsten Ariovist mit seinen Scharen herbeiholten. Mit seiner Hilfe siegten die Sequaner (62 bei Magetobriga), hatten aber jetzt die Germanen im Land, die bald über Sieger und Besiegte herrschten. Die Häduer, Bundesgenossen Roms, wandten sich um Hilfe nach Rom, erreichten aber nichts Entscheidendes; vielmehr suchte Rom Ariovist für sich zu gewinnen (Verleihung des Ehrentitels „rex atque amicus populi Romani").

Diese Situation traf Caesar an, als er 58 sein Prokonsulat antrat. Natürlich übersah er zunächst die oben geschilderten Zusammenhänge nicht. Die Westwanderung der **Helvetier** veranlasste ihn sehr bald zum Eingreifen, und in den folgenden acht Jahren unterwarf er dann in wechselvollen Kämpfen ganz Gallien bis zum Rhein. Seine militärischen und politischen Aktionen während dieser Jahre hat er in seinen **„Commentarii belli Gallici"** (T 24 ff) selber geschildert.

Für Rom bedeutete das Ergebnis dieses Krieges eine erhebliche Ausdehnung seines Machtbereiches; der **Rhein** blieb fortan die Grenze gegen die Germanen. Für die eroberten Gebiete folgte eine rasche Romanisierung. Caesar selbst gewann erstens ein ungeheures **Vermögen**, mit dem er teils seine Schulden bezahlte, teils dem Volk von Rom Speisungen und Spiele und der Stadt prachtvolle Bauten stiftete – und auch dann noch viel übrig behielt; zweitens aber besaß er jetzt Macht: ein starkes **Heer** – durch Aushebungen während der Feldzüge hatte er es eigenmächtig auf elf Legionen verstärkt –, das ihm völlig ergeben war.

Während der acht Jahre, in denen er in Gallien Krieg führte, war er ständig auch in der römischen **Innenpolitik** aktiv, vornehmlich in den Wintermonaten, wenn er sich in Oberitalien aufhielt, zugleich auch durch Kontaktleute in der Hauptstadt. 56 kamen die Triumvirn in **Lucca** zusammen, um ihre politische Zukunft durch feste Abmachungen zu sichern: Pompeius und Crassus sollten für 55 zu Konsuln gewählt werden, und um ihre Wahl sicherzustellen, beurlaubte Caesar Tausende seiner Soldaten für die Wahl nach Rom; dann sollten die beiden für fünf Jahre Prokonsuln werden (Pompeius in Spanien, Crassus in Syrien); Caesars Prokonsulat wurde um fünf Jahre verlängert, die Erhöhung der Zahl der Legionen nachträglich bewilligt; für 48, also nach Ablauf der gesetzlichen Frist von zehn Jahren (T 29), wollte er sich ein zweites Mal um das Konsulat bewerben; damit hätte sich das imperium consulare (T 29) unmittelbar an das des Prokonsuls angeschlossen und seinen Inhaber vor Rechenschaftsprozessen bewahrt; Pompeius sollte dafür sorgen, dass Caesar von der Pflicht, sich persönlich in Rom zu bewerben – und dabei sein schützendes imperium zu verlieren! –, entbunden würde.

In den folgenden Jahren aber **lockerte sich das Triumvirat.** Crassus fiel 53 im Kampf gegen die Parther. Julia, Caesars Tochter und Pompeius' Frau, starb 54. Pompeius näherte sich den Optimaten, als er vom Senat beauftragt wurde, dem Treiben der politischen Schlägerbanden in Rom ein Ende zu machen, was ihm mit Hilfe des **senatus consultum ultimum** (T 29) gelang. Das Gesetz, das Caesar von der persönlichen Anwesenheit bei der Bewerbung befreite, setzte er zwar durch, bald darauf aber auch eine Erneuerung eben dieser allgemein verbindlichen Vorschrift. Dann sollte jeder der beiden eine Legion für den Partherkrieg abgeben; Pompeius bestimmte dafür jene Legion, die er 53 Caesar für den Krieg in Gallien geliehen hatte: Caesar musste also zwei Legionen abgeben. Caesar gehorchte und hob in seiner Provinz zwei neue Legionen aus; die zwei abgegebenen schickte der Senat dann aber nicht in den Osten, sondern vorsorglich in Quartiere südlich von Rom. In Rom arbeiteten die Volkstribunen, unter ihnen Marcus Antonius, für Caesar, konnten aber schließlich nicht verhindern, dass der Senat dem Pompeius in aller Form den Schutz des Staates übertrug und Caesar mit einem consultum ultimum aufforderte, sein Heer zu entlassen, wenn er nicht als Staatsfeind behandelt werden wolle.

Caesars Bemühen, auf legalem Wege, d. h. mit Hilfe eines zweiten Konsulates, zur höchsten Macht aufzusteigen, war gescheitert; seinen Gegnern war es gelungen, ihn auf den Weg des Bürgerkrieges zu drängen. Insofern hatte der Schritt über den Rubikon, die Südgrenze seiner Provinz (49), symbolische Bedeutung. Innerhalb von zwei Monaten vertrieb er nun seine Gegner aus Italien und besiegte anschließend die in Spanien stehenden Truppen des Pompeius. Im folgenden Jahr setzte er nach Illyricum über, belagerte Pompeius vergebens in Dyrrhachium (heute Durazzo/Durres in Albanien), konnte aber, als Pompeius ihm nach Thessalien folgte, bei Pharsalos einen entscheidenden Sieg erringen. Pompeius floh nach **Ägypten**; bei seiner Ankunft ließ der für die unmündigen Geschwister Ptolemaios und Cleopatra regierende Thronverweser ihn ermorden. Caesar war ihm mit nur zwei Legionen gefolgt und geriet bei dem Versuch, die ägyptischen Thronstreitigkeiten im römischen Sinne zu ordnen, in Alexandria in große Gefahr. Bei diesen Kämpfen verbrannte die berühmte Bibliothek, die umfangreichste Sammlung griechischer Literatur und Wissenschaft. Nachdem er Herr der Situation in Ägypten geworden war (47) – die persönliche Beziehung zu Cleopatra half ihm dabei nicht wenig –, besiegte er in Kleinasien den Sohn des Mithridates, gegen den einst Pompeius gekämpft hatte. (Die Schnelligkeit seines Erfolges drückte seine viel zitierte Nachricht aus: Veni, vidi, vici.) Dann kehrte er nach Rom zurück. Über diese und die noch folgenden Feldzüge haben wir von Caesars bzw. seiner Freunde Hand Berichte wie die über den Krieg in Gallien (T 27).

Schon bald nach Beginn des Bürgerkrieges hatte Caesar eine Rechtsgrundlage für sein Handeln gewonnen: Der Prätor Lepidus ernannte ihn zum **Diktator** (T 31). Für das Jahr 48 wurde er zum Konsul gewählt, dann wieder zum Diktator ernannt. Dieses Bemühen um Legalität ist bezeichnend für seine politische Taktik, ebenso wie sein Verhalten gegenüber besiegten Gegnern, die er durch **Milde** zu Freunden zu machen suchte. Erfolg hatte sein Werben bei den Optimaten wenig; die alten senatorischen Familien brachten es nicht über sich, sich mit den neuen Verhältnissen zu befreunden. Auch Cicero, der einzige ihm geistig ebenbürtige Mann, versagte sich ihm, da er sich vom Traum einer freien Republik nicht lösen konnte. Daran, dass mit seiner Machtergreifung die Republik der Senatoren der Vergangenheit angehörte, ließ Caesar freilich keinen Zweifel.

In den Jahren 46 und 45 musste er dann noch die Truppen seiner Gegner in Afrika und Spanien schlagen: damit war der letzte militärische Widerstand gegen den neuen Herrscher gebrochen. Senat und Volk verliehen ihm die Diktatur auf Lebenszeit und den Titel Imperator (imperium T 29) als erblichen Teil seines Namens, dazu die Rechte eines Volkstribunen; zahlreiche weitere Ämter politischer Natur kamen hinzu, natürlich auch eine Fülle dekorativer Ehrungen (u. a. vierzigtägiges Dankfest nach dem Sieg in Afrika, Erhöhung der Liktorenzahl auf 72, Aufstellung seiner Statue im Jupitertempel, Erlaubnis, ständig einen Lorbeerkranz zu tragen). Der Senat und die Magistrate waren fortan Organe des Diktators, die Volksversammlung bestätigte seine Vorschläge.

Wichtigster Bestandteil seiner innenpolitischen Maßnahmen war die Einführung einer einheitlichen **Verwaltungsordnung** in ganz Italien und eine Neuordnung der Verwaltung in den Provinzen. Er handelte im klaren Bewusstsein, dass die Formen des republikanischen Stadtstaates nicht geeignet waren, das Reich zu verwalten. Hierhin gehört die Verleihung des **Bürgerrechts** (T 32) an Bewohner der Provinzen und die Ergänzung des **Senats** durch Bürger aus den Provinzen. Die Versorgung der **Veteranen** durch Ansiedlung führte das Programm der früheren Ackergesetze weiter; tatsächlich gelang es, das hauptstädtische Proletariat zu verringern. Eine Korrektur des **Kalenders** verschaffte dem „Julianischen Kalender" Geltung bis in die fernste Zukunft. Wir hören auch von Plänen zur Trockenlegung der Pontinischen **Sümpfe**, die erst im zwanzigsten Jahrhundert der neuen Zeitrechnung vollendet wurden.

Sein **Ehrgeiz** hatte Caesar bis zum höchsten Ziel getrieben; seine **Fähigkeiten** entsprachen diesem Ehrgeiz. Eine robuste Gesundheit verband sich mit ungewöhnlichen geistigen Gaben. Scharfsinn, Mut, Schnelligkeit in Reaktion und Entscheidung, überlegenes Urteil begünstigten ihn in jeder Situation. Neben politischem Scharfblick und hoher militärischer Begabung − beide oft bewiesen − besaß er eine umfassende wissenschaftliche und künstlerische Bildung. Außer den bekannten commentarii belli Gallici bzw. belli civilis schrieb er − verlorene − Werke über Grundsätze eines reinen Lateins, über astronomische Fragen, eine politische Streitschrift gegen seinen Gegner Cato (den jüngeren), aber auch Gedichte. Seine Redekunst rühmen die zeitgenössischen Quellen. Die faszinierende Wirkung seiner Persönlichkeit auf seine Soldaten, auf das Volk, auf seine Freunde und Gegner und nicht zuletzt auf Frauen ist vielfach bezeugt.

Der Groll der entmachteten senatorischen Familien führte viele ihrer Angehörigen in einer **Verschwörung** gegen Caesar zusammen, deren treibende Kräfte Marcus Brutus und Gaius Cassius waren. Am 15. März (**Iden des März**) 44 wurde Caesar ermordet. Die Freiheit der Republik war die Losung, die Herrschaft des Senats das Ziel. Die weitere Entwicklung bewies, dass die Beseitigung Caesars ein politischer Irrtum war: Am Ende eines neuen Bürgerkrieges stand die Alleinherrschaft des Adoptivsohnes Caesars, C. Julius Caesar Octavianus Augustus. Die von Caesar in die römische Republik getragene Form der Herrschaft eines Einzelnen hatte sich von seiner Person gelöst und war zur fortwirkenden Idee geworden.

2. Die commentarii rerum gestarum belli Gallici

Der **Titel commentarii** ist ohne Zweifel mit einer bestimmten Absicht gewählt. Er setzt nämlich das Werk von einer eigentlichen Geschichtsdarstellung (historia) ab, die nach antiker Auffassung weniger eine wissenschaftliche als vielmehr eine künstlerische Arbeit zu sein hat, bei der es nicht nur auf die historischen Tatsachen ankommt, sondern auch und vor allem auf eine mit den Mitteln der Rhetorik gestaltete Darstellung (Quintilian, Inst. or. X 1,31: (historia) proxima poetis et quodam modo carmen solutum). Demgegenüber ist ein commentarius, die Übersetzung des griechischen Wortes ὑπόμνημα (hypomnema) = Erinnerung(sschrift), eine schriftliche Aufzeichnung im Sinne einer Gedächtnisstütze (also etwa Stichworte für eine Rede, Aktennotizen zur späteren Bearbeitung, Tagebuchnotizen, auch die regelmäßigen Dienstberichte der Beamten an den Senat). Im Gegensatz zum durchgeformten literarischen Werk, das durch den Buchhandel der Öffentlichkeit übergeben wird, darf der commentarius sich einer freieren, vorläufigen sprachlichen

Form bedienen; er kann dem Historiker, dem Schöpfer des kunstmäßigen Geschichtswerkes, als Material vorgelegt werden. So schreibt Cicero in einem Brief an den Historiker Lucceius von seiner Absicht, commentarii für eine Monographie über seine große Tat, die Aufdeckung der Catilinarischen Verschwörung, und ihre Folgen anzufertigen.

Caesars commentarii sind nun nicht eine Aneinanderreihung ungeformter Notizen, sondern eine knappe und sachliche, kaum rhetorisch geschmückte, aber doch recht flüssige und gefeilte Berichterstattung (nudi enim sunt, rechi et venusti: Cicero, Brutus 262). Damit steht Caesars Schrift in der Mitte zwischen einem bloßen commentarius und einem vollendeten Geschichtswerk; durch seine Schrift über den Krieg in Gallien hat Caesar also eigentlich eine neue Gattung des commentarius geschaffen. Dass er sich dafür entschied, seinem Werk einen so bescheidenen Titel zu geben, verschaffte ihm einen sicherlich wohlberechneten Vorteil: Der commentarius verzichtet auf all jene poetischen Freiheiten, die die künstlerische Gestaltung dem antiken Historiker auf Kosten der nüchternen Objektivität gestattete, ja vorschrieb, und weicht damit kritischen Bedenken und Zweifeln an der Zuverlässigkeit des Berichtes aus; mit anderen Worten, der Titel commentarii erhebt für das Werk den Anspruch auf **Objektivität** und **Glaubwürdigkeit**. Äußeres Zeichen dieses Anspruches ist die Erzählung in der dritten Person, sozusagen die vom Handelnden selber vollzogene Objektivierung des eigenen Handelns.

Ob Caesars Darstellung diesem Anspruch tatsächlich gerecht wird, ist ein bis heute umstrittenes Problem. Wir können sie, da für die Vorgänge in Gallien keine anderen antiken Quellen vorliegen, nicht an parallelen Berichten messen. Die Frage wird von einigen Forschern so beantwortet, dass Caesar sicherlich in der Absicht geschrieben habe, die öffentliche Meinung in seinem Sinne zu beeinflussen, um sich günstige Voraussetzungen für den Augenblick zu schaffen, in dem er nach dem Feldzug wieder auf der politischen Bühne in

Rom erschien. Dass er in der Darstellung der von ihm stets als notwendig bezeichneten Unternehmungen immer die ganze Wahrheit gesagt habe, sei unwahrscheinlich. Vorsichtiger urteilen andere Forscher, die gerade darin die Kunst geschickter Propaganda sehen, durch Hervorheben des Günstigen bzw. Verschweigen des Ungünstigen die Vorgänge in das gewünschte Licht zu setzen; Auswahl und Gruppierung der Fakten, Wortwahl, Art der Begründung seien wirkungsvolle Mittel einer solchen Darstellungsweise. Und schließlich muss auch dies bedacht werden: Abweichungen von der exakten Reihenfolge der Geschehnisse, Weglassen von Vorgängen, die unwichtig waren, Interpretation von Ereignissen durch die Ausführungen der direkten und indirekten Reden müssen nicht die Wahrheit verfälschen, sondern können sie sogar deutlicher machen, indem sie das Wesentliche des Geschehens – d. h. hier Caesars politische Absichten und Einsichten – herausarbeiten. Eine solche Arbeitsweise ist geradezu typisch für die antike Geschichtsschreibung.

Ob Caesar die **commentarii der einzelnen Jahre** jeweils nach den sommerlichen Feldzügen des betreffenden Jahres abfasste (und evtl. auch sofort veröffentlichte) oder aber alle Jahrescommentarii am Ende der Statthalterzeit in einem Zug niederschrieb und erst dann veröffentlichte, ist ebenfalls bis heute umstritten und wohl auch nicht zu entscheiden. Der Prokonsul hatte wie alle Beamten nach Abschluß jedes Jahres dem Senat einen Dienstbericht vorzulegen. (Am Ende der Bücher II, IV und VII erwähnt Caesar diese seine Berichte: ex litteris Caesaris.) Es ist mehr als wahrscheinlich, dass Caesar die Konzepte dieser Dienstberichte bei der Abfassung der zur Veröffentlichung bestimmten zugrunde legte. Man kann – muss aber nicht – deshalb annehmen, dass er die uns vorliegenden commentarii jeweils gleich nach den Dienstberichten schrieb. Für eine jährliche Abfassung spräche auch der Umstand, dass innerhalb des gesamten Werkes Stilunterschiede zu beobachten sind. Aber eben diese stilistischen Unterschiede lassen sich auch anders erklären. Dass z. B. nach der ausschließlichen Herrschaft der indirekten Rede in den ersten Büchern später allmählich die direkte Rede in den Vordergrund tritt, könnte – wie auch andere stilistische Erscheinungen – künstlerische Absicht des Autors sein: Er versucht den Leser, den er zunächst durch eine sachliche Darstellung gewonnen hat, durch verstärkte Anwendung künstlerischer Mittel stärker in seinem Sinne zu beeinflussen. Für eine einheitliche Abfassung am Ende des Krieges könnten auch thematische Zusammenhänge sprechen, die sich wohlerwogen durch das ganze Werk hinzuziehen scheinen (z. B. das Motiv des von Caesar entdeckten Unterschiedes zwischen Galliern und Germanen).

3. Andere antike Quellen zu Caesars Leben

Das **Buch VIII** der commentarii belli Gallici wurde nicht von Caesar, sondern von seinem Freund Aulus Hirtius verfasst, der damit die Lücke zwischen Caesars Beschreibung des Krieges in Gallien und der des Bürgerkrieges schließen wollte (die Jahre 51/50; T 21).

Caesars **commentarii** rerum gestarum **belli civilis** behandeln die Ereignisse der Jahre 49–47 (T 21), brechen aber bei der Schilderung der Lage in Alexandria ab; es scheint, dass Caesar nicht mehr zu einer abschließenden Bearbeitung kam und dass das Werk erst nach seinem Tod veröffentlicht wurde.

Freunde Caesars beschrieben die folgenden Feldzüge in den commentarii **belli Alexandrini**, belli **Africi** und belli **Hispaniensis**; wir kennen die Namen der Verfasser nicht.

Von weiteren antiken Quellen seien hier zwei genannt, die viel Material über Caesars Leben und Taten enthalten; mit dem Krieg in Gallien beschäftigen sie sich übrigens nur kurz. Um 100 n. Chr. stellte der Römer **Sueton** an den Anfang seiner Kaiserbiographien eine Vita Caesaris; um die gleiche Zeit schrieb der Grieche **Plutarch** Biographien Caesars, Pompeius', Brutus' und Ciceros.

Sacherläuterungen

1. Politische Institutionen

Volksversammlung

Die V. war das Instrument, mit dem das römische Volk die — der Idee nach — bei ihm liegende Staatsgewalt ausübte. Es gab zwei Formen der V.: Die **comitia centuriata** (comitia von comire = coire; centuriata wegen der Einteilung nach Zenturien, den Einheiten des Heeres: T 32) waren die Versammlung aller Bürger, hier wurden die Musterungen durchgeführt, die **Magistrate** (T 29) gewählt und die **Gesetze** beschlossen. In den **comitia tributa** waren die Plebejer nach Bezirken (tribus) organisiert; sie berieten hier ihre speziellen Angelegenheiten und wählten die **Volkstribunen** (T 30).

Im Laufe der jahrhundertelangen Auseinandersetzungen zwischen Patriziern und Plebejern („Ständekampf") setzten diese durch, dass auch die Beschlüsse der comitia tributa Gesetzeskraft hatten. Zur Zeit Caesars wurden hier die meisten Gesetze beschlossen und die Mehrzahl der Magistrate gewählt. Die Bürger durften jedoch nur mit Ja oder Nein abstimmen; Gesetzesanträge zu stellen und zu diskutieren war das Vorrecht der Magistrate. Deshalb und wegen der Eigenart des römischen **Klientelwesens** (T 12) war die Mitwirkung der einfachen Bürger an den politischen Entscheidungen in Wirklichkeit recht beschränkt.

Das Gewicht der V. wuchs erheblich im „Jahrhundert der Revolution", als ihre Spitzenstellung, das Volkstribunat, die Basis für die Politik der **Popularen** (T 14) bildete.

Senat

Der S. bestand aus denjenigen Angehörigen der Nobilität (T 12), die bereits mindestens die Quästur (T 29) bekleidet hatten. Der ordo senatorius war nicht erblich; Senatorensöhne gehörten bis nach der Verwaltung der Quästur dem Ritterstand an (T 31). Die Beschlüsse des Senats (**senatus consulta**, eigentlich also „Ratschläge") waren in der Praxis Weisungen für die Beamten. Da die politische Mitwirkung der einfachen Bürger in der Volksversammlung praktisch sehr stark eingeschränkt war (T 28), war der Senat dasjenige Organ, das tatsächlich die Politik machte. Tiberius Gracchus durchbrach als Erster den Brauch (Rechtspflicht war es nicht!), Gesetzesanträge erst nach Billigung durch den Senat der Volksversammlung vorzulegen; seitdem wurde der Senat häufig durch Beschlüsse der Volksversammlung übergangen.

In kritischen Situationen konnte der Senat durch ein **senatus consultum ultimum** den obersten Beamten außergewöhnliche Vollmachten verleihen („Videant consules, ne quid detrimenti res publica capiat.").

Magistrate

Die Magistratslaufbahn war den einfachen Bürgern (Plebejern) praktisch verschlossen, da die höheren Ämter **Ehrenämter** (honores) ohne Besoldung waren. Deshalb gelang nur reich gewordenen Plebejern der Aufstieg in die neue **Nobilität** (T 12), die sich fast ausschließlich aus **Großgrundbesitzern** zusammensetzte. (Kaufmännische Tätigkeit war den Senatoren verboten.)

Im Laufe der Zeit bildete sich eine feste **Rangordnung** der Magistrate aus: Quästor, Volkstribun, Ädil, Prätor, Konsul. Für jedes Amt war ein **Mindestalter** festgesetzt; das unterste Amt, die Quästur, konnte man mit 31 Jahren antreten, die Prätur mit 40, das Konsulat mit 43 Jahren. Zwischen zwei Amtsantritten sollten jeweils drei Jahre liegen, zwischen erstem und zweitem Konsulat jedoch zehn.

Die Beamten besaßen sog. Amtsgewalt: potestas (oder ius). Die Amtsgewalt der Konsuln und Prätoren hieß **imperium**. Das imperium legte Verwaltung, Rechtsprechung (conventus agere!) und militärisches Kommando in die Hand seines Trägers. Äußeres Zeichen des imperiums waren die den Beamten bei amtlichen Tätigkeiten begleitenden **Liktoren** mit Rutenbündeln und Beilen (sechs für den Prätor, zwölf für den Konsul).

Die **Quästoren** leiteten die Finanzverwaltung in Rom und in den einzelnen Provinzen. Die **Ädilen** waren die obersten Beamten für eine Reihe von öffentlichen Aufgaben (Verkehr, Bauwesen, Handel); in diesem Zusammenhang hatten sie auch für die öffentlichen Speisungen und Spiele zu sorgen. Ein ehrgeiziger Ädil begnügte sich dabei nicht mit den ihm aus der Staatskasse zur Verfügung gestellten Mitteln, sondern griff tüchtig in die eigene Tasche bzw. machte große Schulden.

Die Machtstellung der **Volkstribunen** (tribuni plebis, von tribus T 28) war ein Ergebnis des Ständekampfes (T 15). Sie hatten die Aufgabe, Rechte und Freiheit der Plebejer zu vertreten. Sie beriefen die comitia tributa (T 28) ein, gegebenenfalls auch den Senat. Maßnahmen der anderen Magistrate und des Senats konnten sie durch ihr Veto lahmlegen. Das Amt konnte nur von Plebejern bekleidet werden, jedoch kam es oft vor, daß Patrizier, die an diesem Amt interessiert waren, sich durch einen Plebejer adoptieren ließen. Tatsächlich gehörten schließlich die meisten Volkstribunen senatorischen Familien an; ihr Amt war ihnen eine Durchgangsstufe auf der Karriereleiter, so daß sie die Interessen der plebs oft nur mit großer Einschränkung vertraten. Das Gewicht des Volkstribunats wuchs erheblich im „Jahrhundert der Revolution" (T 11), als es die Basis für die Politik der Popularen (T 14) wurde.

Der **Prätor** war Chef der Justiz und Vertreter der Konsuln.

Die beiden **Konsuln** waren die höchsten Beamten der Exekutive; monatlich wechselte der Vorsitz bei der Ausübung der Amtsgeschäfte. Im Krieg waren sie oberste Befehlshaber des Heeres (doch siehe unter „Statthalter").

Konsuln und Prätoren wurden im Anschluss an ihr Amtsjahr **Statthalter** von Provinzen; sie besaßen dann das **imperi-**

um pro consule bzw. **pro praetore.** Aus diesen Bezeichnungen entstanden die neuen Titel **proconsul** und **propraetor.** In der letzten Zeit der Republik wurden die Statthalterschaften meist für eine Reihe von Jahren übertragen; der Statthalter verfügte also jahrelang über das Berufsheer (T 13) der in den Provinzen stehenden Legionen und erfreute sich einer erheblichen Unabhängigkeit vom Senat in Rom. Unschätzbar waren auch die finanziellen Vorteile, die mit einer Statthalterschaft verbunden waren (T 30).

Ein **Diktator** besaß unbeschränkte Vollmachten (24 Liktoren!). Er wurde nicht gewählt, sondern vom Konsul oder Prätor ernannt (T 22).

Das Amt des **Pontifex maximus** war keine notwendige Stufe der Magistratslaufbahn. Der P. m. war der Leiter des collegium pontificum, dem die Durchführung des religiösen Kultus oblag. Infolge der engen Verknüpfung staatlicher Handlungen mit religiösen Gesichtspunkten – man denke an die geradezu ängstliche Beachtung aller Arten von Vorzeichen – konnte der Einfluss des P. m. in konkreten Fällen bedeutend sein. Das Amt war also eigentlich ein politisches Amt.

Ritterstand (ordo equester)

Die **equites** waren ursprünglich die Reiterei des römischen Heeres; als Reiter dienten die Angehörigen der aufgrund ihres Vermögens zweitobersten sozialen Schicht (Patrizier und reiche Plebejer). Seitdem die Reiterei immer mehr von den **Bundesgenossen** gestellt wurde und seit es den Senatoren verboten war, Geldgeschäfte zu betreiben, hatte sich der Ritterstand zu einer **Geldaristokratie** entwickelt (Großkaufleute, Bankiers, Steuerpächter).

Die **Steuern der Provinzen** – diese mussten alle Steuern aufbringen, römische Bürger zahlten keine Steuern – wurden an Angehörige des Ritterstandes verpachtet, die eine feste Summe an die Staatskasse vorausbezahlten und dann beim Einziehen der Steuern auf ihre Kosten kommen mußten. In

Wirklichkeit verdienten die Steuerpächter durch willkürliche Erhöhungen riesige Summen. Genau so machten es viele **Statthalter**, die sich in dieser Zeit von der Schuldenlast befreien konnten, die sie bei der Förderung ihrer Karriere auf sich geladen hatten. Beschlagnahmungen, Erpressungen, Annahme von Bestechungsgeldern waren ertragreiche Methoden.

Bürgerrecht (civitas)

Um 100 v. Chr. gab es verschiedene Formen für die Rechtsstellung der italischen Gemeinden. Die meisten Gemeinden besaßen nicht das römische Bürgerrecht; sie waren **Bundesgenossen** (socii) Roms. Sie genossen Steuerfreiheit und Selbstverwaltung, mussten aber im Krieg Hilfstruppen und Gelder stellen. Daneben gab es **municipia**, die teils volles, teils eingeschränktes Bürgerrecht hatten. Als Ergebnis des „Bundesgenossenkrieges" erhielten 88 alle Gemeinden südlich des Po das volle Bürgerrecht. **Caesar** schließlich verlieh das Bürgerrecht zahlreichen Bewohnern der **Provinzen**.

2. Heerwesen

Die folgenden Angaben geben die Verhältnisse nach der Heeresreform des Marius (T 13) wieder; auf die frühere Zeit sind viele Einzelheiten nicht übertragbar.

Truppengattungen und Bewaffnung

legiones: Kerntruppen des Heeres (Infanterie **peditatus**) aus römischen Bürgern; seit Marius Berufssoldaten, die vornehmlich aus dem besitzlosen Proletariat angeworben wurden (T 13); nach etwa zwanzigjähriger Dienstzeit wurden sie als Bauern angesiedelt (**veterani**; im uneigentlichen Sinn braucht Caesar veterani für altgediente, erfahrene

Soldaten.).Die Stärke einer Legion war sehr unterschiedlich; bei Caesar betrug sie meistens 3 600 Mann, sank aber während der Feldzüge ab, da Caesar neu ausgehobene Truppen nicht in die bestehenden Legionen einordnete, um deren gleichmäßige Kampfkraft nicht zu schwächen. Die Legionen hatten Nummern; gegen Ende des Krieges in Gallien unterstanden Caesar die Legionen Nr. 1 und Nr. 6–15.

legio = 10 **cohortes**, cohors (360 Mann) = 3 manipuli, **manipulus** (120 Mann) = 2 Zenturien (ordines), **ordo** = 60 Mann.

Angriffswaffen:

pilum: Lanze, etwa 2 m lang, Holzschaft mit Eisenspitze; Reichweite etwa 30–40 m, mit Hilfe eines Wurfriemens (**ammentum**), der die Lanze in rotierende Bewegung versetzte, etwa 60 m. Jeder Soldat hatte zwei pila.

gladius: gerades Kurzschwert, etwa 50 cm lang, zweischneidig, vorn zugespitzt; in hölzerner Scheide (**vagina**) an Schulterriemen (**balteus**) getragen, von den Soldaten an der rechten Hüfte (links wurde der Schild getragen), von Offizieren an der linken.

Schutzwaffen:

scutum: gewölbter Langschild, etwa 1,25 x 0,75 m; Holz mit Leder überzogen, in der Mitte eiserner Buckel, an den Rändern Metallbeschläge; am linken Arm getragen, auf dem Marsch meist an einem Riemen auf dem Rücken (in einer Hülle **tegimentum**).

galea: lederner Helm mit Nacken- und Wangenschutz.

lorica: Brustpanzer aus Leder oder Metall.

auxilia: Hilfstruppen, teils Bundesgenossen, teils Söldner aus Völkern außerhalb des römischen Reiches.

a) Leichtbewaffnete (**levis armatura, expediti**):

sagittarii: Bogenschützen mit etwa 60 cm langen Pfeilen (**sagittae**).

funditores: Schleuderer; mit einer Schleuder (**funda**) schleuderten sie Steine oder Bleikugeln (**glandes** von glans ‚Eichel') bis 180 m weit.

b) Reiterei (**equitatus**): **turma** (etwa 30 Reiter) = 3 decuriae (Führer **decurio**); leichte Bewaffnung, jedoch schwerer Metallhelm (**cassis**).
cohors praetoria: Leibgarde des Feldherrn.
fabri: technische Truppen, Pioniere. Caesar scheint keine eigenen Pionierabteilungen gebildet, sondern für die betreffenden Arbeiten die Handwerker (fabri!) unter den Legionssoldaten herangezogen zu haben.

Dienstgrade

dux: Feldherr, meist im Range eines Konsuls oder Prätors (proconsul, propraetor T 31); **imperator:** Ehrentitel eines siegreichen Feldherrn.
legatus: oberster Offizier des Feldherrn („Legat, General"). Der Legat war ein Senator, also ein Politiker, der eine militärische Etappe seiner Karriere durchmachte. Er befehligte gewöhnlich selber eine Legion (In Caesars Heer wurde jede Legion von einem Legaten kommandiert). War er in Abwesenheit des Feldherrn mit dem Oberkommando betraut, so hieß er **legatus pro praetore**.
quaestor: eigentlich Leiter der Finanzverwaltung in der Provinz; entsprechend also seine Aufgaben beim Heer (z. B. Beschaffung der Verpflegung, Verkauf der Beute); von Caesar auch zur Führung einer Legion eingesetzt.
tribunus militum: Söhne von Senatoren und Rittern, die ursprünglich auch Legionskommandeure sein konnten. Caesar übertrug ihnen wegen ihrer geringen Erfahrung selten ein selbständiges Kommando; sie arbeiteten in der Militärverwaltung oder als Adjutanten.
praefectus: Kommandeur einer Spezialtruppe, z. B. pr. equitum, pr. fabrum (T 33).
centurio: Unteroffizier; Soldat, der sich durch besondere Leistung hochgedient hatte. Von den 60 Zenturionen einer Legion unterstanden die 30, die die linke Zenturie eines Manipels (T 32) führten, jeweils den 30 Führern der rechten Zenturie,

die auch Führer ihres Manipels waren. Die ersten Manipel jeder Kohorte hießen **pili**; ihre Führer kommandierten auch die Kohorte. Den höchsten Rang (**ordo**) aller Zenturionen hatte der Führer der 1. Zenturie des 1. Manipels (dieses hieß **primus pilus**) der 1. Kohorte (centurio primi pili oder **primipilus**).

evocatus: Veteran, der auf Aufforderung (evocare) des Feldherrn wieder in den Dienst eingetreten war.

Kleidung

Über dem Wollhemd (**tunica**) trug der Soldat einen Wollmantel (**sagulum**; Wort und Sache sind keltisch), dazu Lederstiefel (**caligae**). Der Feldherr trug einen weißen oder purpurnen Mantel.

Verpflegung

Getreide, als warme Mehlspeise oder Brot gegessen: Gewöhnlich zweimal im Monat wurde den Soldaten ihre Ration zugemessen, die das Korn dann auf ihren Handmühlen mahlten. Wenig Fleisch (vgl. VII 17, 3) oder Fett, Käse, Wein.

Sold

Zu dem Jahressold kamen Belohnungen und Geschenke des Feldherrn (**praemia**) sowie Anteile an der Beute (**praeda**). Caesar erwähnt die üblichen **Auszeichnungen** nicht (Halsketten, Medaillen, Ehrenwaffen, Ehrenkränze für die Rettung eines Bürgers in der Schlacht oder die Besteigung feindlicher Stadtmauern bzw. Schiffe); sie wurden aber sicherlich auch bei ihm verteilt.

Das Heer auf dem Marsch

Vorhut (**primum agmen:** Reiterei und Leichtbewaffnete), Haupttheer (**agmen**), Nachhut (**novissimum** o. **extremum**

agmen). Vor der Vorhut konnten kleine Aufklärungstrupps marschieren (**antecursores, exploratores**); **speculatores** waren wohl einzeln arbeitende Kundschafter. Der Tross (**impedimenta** = das schwere Gepäck der Legionen: Zelte, Kriegsmaschinen, Vorräte an Waffen, Kleidung, Proviant) wurde auf Wagen und Packtieren befördert (**iumenta** Zugtiere, **muli** Maulesel; **calones** Trossknechte, **muliones** Maultiertreiber). Er marschierte hinter den einzelnen Legionen, in Feindnähe jedoch zusammengezogen zwischen Hauptheer und Nachhut.

Das Gepäck des einzelnen Soldaten (**sarcinae**): Waffen, Proviantration für mehrere Tage (s. o.), Koch- und Essgeschirr, Schanzwerkzeug: ca. 20 kg (**impediti!**). Vor einem Kampf wurde dieses Gepäck an einer Stelle zusammengelegt (**sarcinas conferre**), der Soldat war dann **expeditus**.

Marschleistung: normaler Tagesmarsch 20 bis 25 km; **iter magnum** 30 km und mehr; Gewaltmärsche (**quam maximis potest itineribus**) führten zu außergewöhnlichen Leistungen.

Das Lager (Plan im Anhang)

Die Nacht verbrachten römische Truppenverbände immer in einem am Spätnachmittag errichteten Lager. Grundform (soweit im gegebenen Gelände möglich) quadratisch, später auch rechteckig. Innere Einteilung stets gleich: Lagerstraßen schneiden sich rechtwinklig, jeder Truppenteil hat seinen festen Platz (in Zelten: **tabernacula**; im Winter in Baracken: **casae**.)

Zwei Haupttore: **porta praetoria** auf der dem Feind zugewandten Seite, **porta decumana** auf der Rückseite.

Mittelpunkt: Feldherrnzelt (praetorium); vor diesem der Versammlungsplatz (**forum**) und die erhöhte Stelle (**suggestus**, tribunal), von der aus der Feldherr zu den Soldaten sprach (**contio**, aus con-ventio).

Befestigung: außen **fossa** (3 bis 5 m breit, 3,50 m tief), deren Erde zum Lager hin aufgeworfen wurde: **agger**; auf diesem Zaun aus Holzpfählen (**valli, stipites, sudes**); agger und Palisadenzaun = **vallum** (etwa 4 m hoch). Bei längerem Aufenthalt wurde ein stärker befestigtes Standlager (castra stativa) errichtet; so vor allem die Winterlager (**hiberna**): auf dem agger außer den Pfählen noch Flechtwerk (**crates**), Brustwehr (**lorica**), Zinnen (**pinnae**).

Die große Bedeutung des Lagers für die gesamte Kriegsführung spiegelt sich in der Wortverbindung ‚**usus in castris**' = usus in re militari. Seine auch von vielen Gegnern bewunderte regelmäßige Anlage erinnert an den **Plan etruskischer Städte**, in denen der Priester von einem von ihm bestimmten Mittelpunkt aus durch Bestimmung der Himmelsrichtungen den Mittelpunkt in Beziehung zum Kosmos setzt; zwei Hauptstraßen schneiden sich dort im rechten Winkel. Man denkt auch an das Prinzip, nach dem Ende des 5. Jh. Hippodamos von Milet Städte plante (z. B. Piraeus).

Das römische Militärlager wurde **Ursprung oder Vorbild vieler europäischer Städte**, wie Straßenführung der Altstadt (Köln!) oder Name (Augsburg, Regensburg, Newcastle, Manchester) zeigen. (Zur Entwicklung von Städten aus keltischen oppida vgl. T 41.)

Wachmannschaften

custodiae, excubitores: allgemeine Wachtposten
vigiliae: Nachtwachen, vier zwischen Untergang und Aufgang der Sonne, also je nach der Jahreszeit verschieden lang.
stationes: größere Postenabteilungen.
praesidium: besondere Geleitmannschaften, Besatzungen.

Aufstellung und Taktik im Kampf

acies triplex: vier Kohorten in der ersten Reihe (**prima acies**), drei in der zweiten (**media acies**), drei in der dritten (tertia acies).
alarii: Bundesgenossen (T 33), früher immer, bei Caesar nicht immer auf den Flügeln aufgestellt.

Nach einem Signal (**signum**) mit der **tuba** (gerades Blasinstrument, eine Art Posaune) oder mit dem **cornu** (gebogenes Horn) erhoben die Fahnenträger die Feldzeichen (T 37), und der Vormarsch (**signa inferre**) begann in Reih und Glied (**ordines servare**) und im Gleichschritt. In passender Entfernung wurden die Lanzen (**pila** T 33) geworfen, dann zog man das Schwert (**gladiis destrictis**) und stürmte im Laufschritt (**incitato cursu**) und mit Geschrei (**clamore sublato**) vor in den Nahkampf (**manus conserere, comminus pugnare**).

Umzingelten Truppenteilen diente die Keilformation (**cuneus**) zum Durchbruch durch die feindlichen Linien, eine Igelstellung (**orbis**) erleichterte den Widerstand an Ort und Stelle.

Feldzeichen

Es gab drei Arten:

aquila: Zeichen der Legion; auf Lanzenschaft silberner (später auch goldener) Adler mit ausgebreiteten Flügeln (Siegesflug!), in den Klauen manchmal ein Bündel Blitze tragend (Vogel Jupiters!); darunter die Nummer der Legion. Träger **aquilifer** (stand beim **primipilus** T 35).

signum: Zeichen des Manipels; ursprünglich Stange mit Tierbild, seit Marius statt Tierbild ausgestreckte Hand (manus als Deutung von manipulus, aus manus und plere); darunter oft Metallschilder (Auszeichnungen). Träger signifer.

vexillum: Zeichen einer Reiterturma; Stange mit viereckigem farbigem Tuch. Träger: vexillarius. Davon sind zu unterscheiden: a) das rote vexillum vor dem Feldherrnzelt: Signal zum Ausrücken in die Schlacht; b) besondere vexilla, die bei Sonderunternehmungen mitgegeben wurden, da die signa bei der Legion blieben.

Im Lager standen die Feldzeichen vor dem Feldherrnzelt, in der Schlacht waren sie die Führer der taktischen Bewegungen; daher zahlreiche Wortverbindungen: signa ferre, efferre, tollere = aufbrechen, s. inferre = angreifen, s. convertere

= eine Schwenkung machen, s. referre = sich zurückziehen, ab signis discedere = davonlaufen, Reih und Glied verlassen.

Verlust der Feldzeichen war eine Schande; der Träger wurde hingerichtet, wenn das Zeichen durch seine Schuld verloren ging.

Belagerung und Eroberung fester Plätze (oppida)

Drei Methoden der Eroberung waren möglich:
oppugnatio ex itinere: Versuch, den Platz sofort bei der Ankunft im Sturm zu nehmen; die Gräben wurden mit Erde (**agger**) und Flechtwerk (**crates**) ausgefüllt; Werkzeug zum Niederreißen der Mauern: **falx muralis** (T 40).

obsidio, obsessio: Blockade mit der Absicht der Aushungerung.

oppugnatio: systematisches Vortreiben des Einschließungsringes (**munitiones**; **circumvallare**, **corona cingere**) mit Angriffen auf die Mauer; notwendig bei stark befestigten und gut mit Proviant versorgten Plätzen.

Technische Mittel (häufig Tiernamen!): Rings um den festen Platz werden die gleichen Verschanzungen wie bei der Befestigung eines Lagers (T 36) angelegt (besonders starke Verschanzungen VII 72 ff.). Außerdem:
agger: Damm aus Erde, Baumstämmen, Flechtwerk, auf dem die Belagerungsmaschinen an die Mauer gebracht werden konnten.

turris: Turm mit mehreren Stockwerken (**tabulata**), auf denen die Geschütze (**tormenta**) standen.

aries: „Widder", ein horizontal aufgehängter Balken, vorne mit Eisen beschlagen, der in Schwung versetzt und gegen die Mauer gestoßen wurde: „Mauerbrecher".

tormenta: Sammelname für verschiedene Geschütze, von torquere ‚drehen', so genannt, weil die Schnellkraft durch das Zusammendrehen von Strängen aus Tiersehnen gewonnen wurde, die, plötzlich freigelassen, mit großer Gewalt in die ursprüngliche Lage zurücksprangen. Entweder als Steinschleuder gebaut oder zum Abschuss schwerer Pfeile (**pila muralia**) eingerichtet; der **scorpio** scheint eine Art Mehrlader für Pfeilschüsse gewesen zu sein. Alle Geschützkonstruktionen, die die Römer verwendeten, waren griechische Erfindungen.

falx muralis: Stangen mit sichelförmigen (falx = Sichel) Eisenhaken zum Einreißen der Mauern.

scala: Sturmleiter.

cuniculus: unterirdische Gänge (Minen) gegen die Mauern (keltisches Wort, daher ‚Karnickel').

Verschiedene Arten von Schutzdächern für Schanz- und Belagerungsarbeiten:

pluteus: einfache Schutzwand aus Flechtwerk.

vinea: Hütten in Form eines Laufganges, aus Holz oder Flechtwerk („Weinlauben" nach der Art, wie die Weinreben geführt wurden); auch fahrbar als Schutz beim Angriff (**vineas agere**).

musculus: „Mäuschen", starke Schutzhütte für Minierarbeiten direkt an der Mauer.

testudo: „Schildkröte", Schutzschirm, der vorne bis zum Boden reicht. Davon ist zu unterscheiden die ebenfalls als testudo bezeichnete Kampfformation, bei der die Soldaten mit ihren Schilden ein Schutzdach gegen Geschosse bilden. Im ersten Glied werden die Schilde senkrecht gehalten, in den folgenden waagerecht über die Köpfe.

Die Flotte

navis longa: Kriegsschiff, bis zu 50 m lang, nach den übereinander gebauten Ruderdecks meist triremes genannt (**remiges** = Ruderer).

navis oneraria: breites Lastschiff für den Transport von Truppen und Material; auch **navigium vectorium** (von vehere).

navis actuaria: ('leicht zu treiben', von agere): Schnellsegler bzw. leichtes, schnelles Ruderschiff.
navigium speculatorium: Aufklärungsschiff.
scapha: Kahn; Beiboot der Kriegsschiffe.
rostrum: mit Erz beschlagener Schnabel am Bug der Schiffe zur Abwehr und zum Durchbohren feindlicher Schiffe. Als Trophäe Schmuck der Rednertribüne (rostra) und des sie umgebenden Raumes auf dem Forum.
copula: Enterhaken; ähnlich **harpago**. Bedienungsmannschaften waren Nichtrömer, die Bemannung stellten die Legionen.

Militärische Begriffe
aus dem keltischen und germanischen Bereich

phalanx: dicht gedrängte Kampffront, in der die Soldaten die Schilde eng aneinander halten; bei den Helvetiern und Germanen üblich.
essedum: Streitwagen; zu Caesars Zeit wohl nur noch von den Kelten in Britannien benutzt.
gaesum, matara, tragula, verutum: Namen verschiedener keltischer Wurfspieße (Die tragula hatte einen Wurfriemen.)

3. Die keltischen oppida

Nach den großen Wanderungen im 5. und 4. Jahrhundert v. Chr. (T 18) entstanden im Siedlungsgebiet der spätkeltischen Zivilisation aus älteren Ringwallanlagen (Fluchtstätten) befestigte Städte. Caesar nennt sie bewusst oppida, im Gegensatz zu vicus (offenes Dorf) und aedificium (Einzelhof). Allein in Gallien hat die archäologische Forschung rund 100 oppida entdeckt. Caesar nennt u. a. Alesia, Avaricum, Bibracte, Gergovia, Uxellodunum (-dunum = 'befestigte Höhe', vgl. 'Daun' in der Eifel), Noviodunum ('Neuburg', vgl. Neuerburg in der Eifel). Wie stark die Befestigung dieser — durchweg an strategisch wichtigen Punkten liegenden – oppida war, zeigt die Mühe, die Caesar bei ihrer Eroberung hatte.

Die Grabungen haben ergeben, dass die oppida Zentren für Handel, Handwerk, Verwaltung, Religion und städtische Wohnkultur waren. Erscheinungen wie Zollwesen, Geldwirtschaft, Eindringen der Schrift u. a. machen deutlich, dass diese keltische Stadtkultur den Lebensformen der Bewohner des Mittelmeerraumes näher stand als den bäuerlichen der Germanen. Die Strukturen des städtischen Lebens begünstigten eine schnelle Romanisierung; auch darin unterschieden sich die Verhältnisse in Gallien von denen in Germanien. An die oppida der Kelten konnte sich dann vielerorts die Entwicklung späterer Städte anschließen.

Einige dieser keltischen oppida ließ allerdings Caesars Nachfolger Augustus beseitigen, und zwar durch Aussiedlung ihrer Bewohner in neu gegründete römische Städte (so z. B. 5 v. Chr. die Bewohner von Bibracte in das 25 km entfernte Augustodunum = Autun; die Bewohner von Gergovia nach Augustonemetum = Clermont-Ferrand). Diese neuen Städte lagen stets in Tälern oder Ebenen. Das zeigt den Sinn dieser Maßnahme: Die allzu sicheren und hochgelegenen oppida der Kelten erschienen zur Behauptung der Pax Romana überflüssig, wenn nicht hinderlich. Die in die neuen Städte umgesiedelten Gallier waren naturgemäß dem Romanisierungsprozess besonders stark ausgesetzt.

4. Längenmaße

digitus: (Daumenbreite) ungefähr 2 cm
pes: (Fuß) ungefähr 30 cm
passus: (Spanne; von pandere spannen, also die Strecke, die man mit ausgespannten Armen fassen kann; zur brevitas corporum der Römer vgl. II 30, 4) ungefähr 1,5 m
mille passus: (davon ‚Meile'; die englische Meile bewahrt die Länge der römischen mille passus.) ungefähr 1,5 km

Erstes Buch

Die Ereignisse des Jahres 58 v. Chr.

Gallia est omnis divisa in partes tres, quarum unam 1
incolunt Belgae, aliam Aquitani, tertiam, qui ipsorum
lingua Celtae, nostra Galli appellantur. Hi omnes lingua, 2
institutis, legibus inter se differunt. Gallos ab Aquitanis
Garunna flumen, a Belgis Matrona et Sequana dividit.

Horum omnium fortissimi sunt Belgae, propterea 3
quod a cultu atque humanitate provinciae longissime absunt minimeque ad eos mercatores saepe commeant atque ea, quae ad effeminandos animos pertinent, important proximique sunt Germanis, qui trans Rhenum incolunt, quibuscum continenter bellum gerunt.

Qua de causa Helvetii quoque reliquos Gallos vir- 4
tute praecedunt, quod fere cotidianis proeliis cum Germanis contendunt, cum aut suis finibus eos prohibent aut
ipsi in eorum finibus bellum gerunt.

[Eorum una pars, quam Gallos obtinere dictum est, 5
initium capit a flumine Rhodano, continetur Garunna
flumine, Oceano, finibus Belgarum, attingit etiam ab
Sequanis et Helvetiis flumen Rhenum, vergit ad septentriones. Belgae ab extremis Galliae finibus oriuntur, per- 6
tinent ad inferiorem partem fluminis Rheni, spectant in
septentriones et orientem solem. Aquitania a Garunna 7
flumine ad Pyrenaeos montes et eam partem Oceani,
quae est ad Hispaniam, pertinet; spectat inter occasum
solis et septentriones.]

Apud Helvetios longe nobilissimus fuit et ditissimus 2
Orgetorix. Is M. Messala M. Pisone consulibus regni cupiditate inductus coniurationem nobilitatis fecit et civi-

tati persuasit, ut de finibus suis cum omnibus copiis
exirent: perfacile esse, cum virtute omnibus praestarent, totius Galliae imperio potiri.

3   Id hoc facilius iis persuasit, quod undique loci natura Helvetii continentur: una ex parte flumine Rheno latissimo atque altissimo, qui agrum Helvetium a Germanis dividit, altera ex parte monte Iura altissimo, qui est inter Sequanos et Helvetios, tertia lacu Lemanno et flumine Rhodano, qui provinciam nostram ab Helvetiis dividit.
4   His rebus fiebat, ut et minus late vagarentur et minus facile finitimis bellum inferre possent; qua ex parte
5   homines bellandi cupidi magno dolore afficiebantur. Pro multitudine autem hominum et pro gloria belli atque fortitudinis angustos se fines habere arbitrabantur; qui in longitudinem milia passuum ducenta quadraginta, in latitudinem centum octoginta patebant.

3   His rebus adducti et auctoritate Orgetorigis permoti constituerunt ea, quae ad proficiscendum pertinerent, comparare, iumentorum et carrorum quam maximum numerum coëmere, sementes quam maximas facere, ut in itinere copia frumenti suppeteret, cum proximis civi-
2   tatibus pacem et amicitiam confirmare. Ad eas res conficiendas biennium sibi satis esse duxerunt; in tertium an-
3   num profectionem lege confirmant. Orgetorix dux deligitur. Is legationem ad civitates suscipit.
4   In eo itinere persuadet Castico, Catamantaloëdis filio, Sequano, cuius pater regnum in Sequanis multos annos obtinuerat et a senatu populi Romani amicus appellatus erat, ut regnum in civitate sua occuparet, quod pater
5   ante habuerit; itemque Dumnorigi Haeduo, fratri Diviciaci, qui eo tempore principatum in civitate obtinebat ac maxime plebi acceptus erat, ut idem conaretur, persuadet eique filiam suam in matrimonium dat.

Perfacile factu esse illis probat conata perficere, 6
propterea quod ipse suae civitatis imperium obtenturus
esset: non esse dubium, quin totius Galliae plurimum 7
Helvetii possent; se suis copiis suoque exercitu illis
regna conciliaturum confirmat. Hac oratione adducti 8
inter se fidem et ius iurandum dant et regno occupato
per tres potentissimos ac firmissimos populos totius
Galliae imperio sese potiri posse sperant.

Ea res est Helvetiis per indicium enuntiata. Moribus 4
suis Orgetorigem ex vinculis causam dicere coëgerunt.
Damnatum poenam sequi oportebat, ut igni cremaretur.
Die constituta causae dictionis Orgetorix ad iudicium 2
omnem suam familiam, ad hominum milia decem, undique coëgit et omnes clientes obaeratosque suos, quorum
magnum numerum habebat, eodem conduxit; per eos, ne
causam diceret, se eripuit. Cum civitas ob eam rem inci- 3
tata armis ius suum exsequi conaretur multitudinemque
hominum ex agris magistratus cogerent, Orgetorix mortuus est; neque abest suspicio, ut Helvetii arbitrantur, 4
quin ipse sibi mortem consciverit.

Post eius mortem nihilo minus Helvetii id, quod 5
constituerant, facere conantur, ut e finibus suis exeant.
Ubi iam se ad eam rem paratos esse arbitrati sunt, 2
oppida sua omnia, numero ad duodecim, vicos ad quadringentos, reliqua privata aedificia incendunt; frumen- 3
tum omne, praeter quod secum portaturi erant, comburunt, ut domum reditionis spe sublata paratiores ad
omnia pericula subeunda essent; trium mensum molita
cibaria sibi quemque domo efferre iubent.
Persuadent Rauracis et Tulingis et Latobrigis finiti- 4
mis, uti eodem usi consilio oppidis suis vicisque exustis
una cum iis proficiscantur, Boiosque, qui trans Rhenum
incoluerant et in agrum Noricum transierant Noreiamque oppugnabant, receptos ad se socios sibi asciscunt.

6 Erant omnino itinera duo, quibus itineribus domo exire possent: unum per Sequanos, angustum et difficile, inter montem Iuram et flumen Rhodanum, vix qua singuli carri ducerentur; mons autem altissimus impende- **2** bat, ut facile perpauci prohibere possent; alterum per provinciam nostram, multo facilius atque expeditius, propterea quod inter fines Helvetiorum et Allobrogum, qui nuper pacati erant, Rhodanus fluit isque nonnullis locis vado transitur.
3 Extremum oppidum Allobrogum est proximumque Helvetiorum finibus Genava. Ex eo oppido pons ad Helvetios pertinet. Allobrogibus sese vel persuasuros, quod nondum bono animo in populum Romanum viderentur, existimabant vel vi coacturos, ut per suos fines eos ire **4** paterentur. Omnibus rebus ad profectionem comparatis diem dicunt, qua die ad ripam Rhodani omnes conveniant. Is dies erat ante diem quintum Kalendas Apriles L. Pisone A. Gabinio consulibus.

7 Caesari cum id nuntiatum esset, eos per provinciam nostram iter facere conari, maturat ab urbe proficisci et quam maximis potest itineribus in Galliam ulteriorem **2** contendit et ad Genavam pervenit. Provinciae toti quam maximum potest militum numerum imperat — erat omnino in Gallia ulteriore legio una —, pontem, qui erat ad Genavam, iubet rescindi.
3 Ubi de eius adventu Helvetii certiores facti sunt, legatos ad eum mittunt nobilissimos civitatis; cuius legationis Nammeius et Verucloëtius principem locum obtinebant, qui dicerent: sibi esse in animo sine ullo maleficio iter per provinciam facere, propterea quod aliud iter haberent nullum; rogare, ut eius voluntate id sibi facere liceat.
4 Caesar, quod memoria tenebat L. Cassium consulem occisum exercitumque eius ab Helvetiis pulsum et sub

iugum missum, concedendum non putabat; neque homines inimico animo data facultate per provinciam itineris faciendi temperaturos ab iniuria et maleficio existimabat. Tamen, ut spatium intercedere posset, dum milites, quos imperaverat, convenirent, legatis respondit: diem se ad deliberandum sumpturum; si quid vellent, ad idus Apriles reverterentur.

Interea ea legione, quam secum habebat, militibusque, qui ex provincia convenerant, a lacu Lemanno, qui in flumen Rhodanum influit, ad montem Iuram, qui fines Sequanorum ab Helvetiis dividit, milia passuum undeviginti murum in altitudinem pedum sedecim fossamque perducit. Eo opere perfecto praesidia disponit, castella communit, quo facilius, si se invito transire conarentur, prohibere posset.

Ubi ea dies, quam constituerat cum legatis, venit et legati ad eum reverterunt, negat se more et exemplo populi Romani posse iter ulli per provinciam dare et, si vim facere conentur, prohibiturum ostendit.

Helvetii ea spe deiecti navibus iunctis ratibusque compluribus factis, alii vadis Rhodani, qua minima altitudo fluminis erat, nonnumquam interdiu, saepius noctu, si perrumpere possent, conati operis munitione et militum concursu et telis repulsi hoc conatu destiterunt.

Relinquebatur una per Sequanos via, qua Sequanis invitis propter angustias ire non poterant. His cum sua sponte persuadere non possent, legatos ad Dumnorigem Haeduum mittunt, ut eo deprecatore a Sequanis impetrarent.

Dumnorix gratia et largitione apud Sequanos plurimum poterat et Helvetiis erat amicus, quod ex ea civitate Orgetorigis filiam in matrimonium duxerat, et cupiditate regni adductus novis rebus studebat et quam plu-

rimas civitates suo beneficio habere obstrictas volebat.
4 Itaque rem suscipit et a Sequanis impetrat, ut per fines suos Helvetios ire patiantur, obsidesque uti inter sese dent perficit: Sequani, ne itinere Helvetios prohibeant, Helvetii, ut sine maleficio et iniuria transeant.

10 Caesari nuntiatur Helvetiis esse in animo per agrum Sequanorum et Haeduorum iter in Santonum fines facere, qui non longe a Tolosatium finibus absunt, quae
2 civitas est in provincia. Id si fieret, intellegebat magno cum periculo provinciae futurum, ut homines bellicosos, populi Romani inimicos, locis patentibus maximeque frumentariis finitimos haberet.
3 Ob eas causas ei munitioni, quam fecerat, T. Labienum legatum praeficit; ipse in Italiam magnis itineribus contendit duasque ibi legiones conscribit et tres, quae circum Aquileiam hiemabant, ex hibernis educit et, qua proximum iter in ulteriorem Galliam per Alpes erat, cum his quinque legionibus ire contendit.
4 Ibi Ceutrones et Graioceli et Caturiges locis superiori-
5 bus occupatis itinere exercitum prohibere conantur. Compluribus his proeliis pulsis ab Ocelo, quod est oppidum citerioris provinciae extremum, in fines Vocontiorum ulterioris provinciae die septimo pervenit: inde in Allobrogum fines, ab Allobrogibus in Segusiavos exercitum ducit. Hi sunt extra provinciam trans Rhodanum primi.

11 Helvetii iam per angustias et fines Sequanorum suas copias traduxerant et in Haeduorum fines pervenerant
2 eorumque agros populabantur. Haedui, cum se suaque ab iis defendere non possent, legatos ad Caesarem mit-
3 tunt rogatum auxilium: ita se omni tempore de populo Romano meritos esse, ut paene in conspectu exercitus nostri agri vastari, liberi in servitutem abduci, oppida expugnari non debuerint.

Eodem tempore Ambarri, necessarii et consanguinei 4
Haeduorum, Caesarem certiorem faciunt sese depopulatis agris non facile ab oppidis vim hostium prohibere.
Item Allobroges, qui trans Rhodanum vicos possessionesque habebant, fuga se ad Caesarem recipiunt et 5
demonstrant sibi praeter agri solum nihil esse reliqui.
Quibus rebus adductus Caesar non exspectandum sibi 6
statuit, dum omnibus fortunis sociorum consumptis in
Santonos Helvetii pervenirent.

Flumen est Arar, quod per fines Haeduorum et Sequanorum in Rhodanum influit, incredibili lenitate, ita 12
ut oculis, in utram partem fluat, iudicari non possit. Id
Helvetii ratibus ac lintribus iunctis transibant.
Ubi per exploratores Caesar certior factus est tres 2
iam partes copiarum Helvetios id flumen traduxisse,
quartam vero partem citra flumen Ararim reliquam esse,
de tertia vigilia cum legionibus tribus e castris profectus
ad eam partem pervenit, quae nondum flumen transierat. Eos impeditos et inopinantes aggressus magnam 3
partem eorum concidit; reliqui se fugae mandarunt
atque in proximas silvas abdiderunt. Is pagus appellabatur Tigurinus; nam omnis civitas Helvetia in quattuor 4
partes vel pagos divisa est.
Hic pagus unus, cum domo exisset, patrum nostrorum memoria L. Cassium consulem interfecerat et eius 5
exercitum sub iugum miserat. Ita sive casu sive consilio 6
deorum immortalium, quae pars civitatis Helvetiae insignem calamitatem populo Romano intulerat, ea princeps
poenas persolvit. Qua in re Caesar non solum publicas, 7
sed etiam privatas iniurias ultus est, quod eius soceri
L. Pisonis avum, L. Pisonem legatum, Tigurini eodem
proelio, quo Cassium, interfecerant.

Hoc proelio facto reliquas copias Helvetiorum ut 13
consequi posset, pontem in Arari faciendum curat

2 atque ita exercitum traducit. Helvetii repentino eius adventu commoti, cum id, quod ipsi diebus viginti aegerrime confecerant, ut flumen transirent, illum uno die fecisse intellegerent, legatos ad eum mittunt; cuius legationis Divico princeps fuit, qui bello Cassiano dux Helvetiorum fuerat.

3 Is ita cum Caesare egit: si pacem populus Romanus cum Helvetiis faceret, in eam partem ituros atque ibi futuros Helvetios, ubi eos Caesar constituisset atque esse 4 voluisset; sin bello persequi perseveraret, reminisceretur et veteris incommodi populi Romani et pristinae virtutis 5 Helvetiorum. Quod improviso unum pagum adortus esset, cum ii, qui flumen transissent, suis auxilium ferre non possent, ne ob eam rem aut suae magnopere virtuti 6 tribueret aut ipsos despiceret. Se ita a patribus maioribusque suis didicisse, ut magis virtute contenderent 7 quam dolo aut insidiis niterentur. Quare ne committeret, ut is locus, ubi constitissent, ex calamitate populi Romani et internecione exercitus nomen caperet aut memoriam proderet.

14 His Caesar ita respondit: eo sibi minus dubitationis dari, quod eas res, quas legati Helvetii commemorassent, memoria teneret, atque eo gravius ferre, quo minus 2 merito populi Romani accidissent; qui si alicuius iniuriae sibi conscius fuisset, non fuisse difficile cavere; sed eo deceptum, quod neque commissum a se intellegeret, quare timeret, neque sine causa timendum putaret.

3 Quodsi veteris contumeliae oblivisci vellet, num etiam recentium iniuriarum, quod eo invito iter per provinciam per vim temptassent, quod Haeduos, quod Ambarros, quod Allobroges vexassent, memoriam deponere posse? 4 Quod sua victoria tam insolenter gloriarentur quodque tam diu se impune iniurias tulisse admirarentur, eodem 5 pertinere. Consuesse enim deos immortales, quo gravius

homines ex commutatione rerum doleant, quos pro scelere eorum ulcisci velint, his secundiores interdum res et diuturniorem impunitatem concedere.

Cum ea ita sint, tamen, si obsides ab iis sibi dentur, 6 uti ea, quae polliceantur, facturos intellegat, et si Haeduis de iniuriis, quas ipsis sociisque eorum intulerint, item si Allobrogibus satisfaciant, sese cum iis pacem esse facturum.

Divico respondit: ita Helvetios a maioribus suis in- 7 stitutos esse, uti obsides accipere, non dare consuerint; eius rei populum Romanum esse testem. Hoc responso dato discessit.

Postero die castra ex eo loco movent. Idem facit Cae- **15** sar equitatumque omnem, ad numerum quattuor milium, quem ex omni provincia et Haeduis atque eorum sociis coactum habebat, praemittit, qui videant, quas in partes hostes iter faciant. Qui cupidius novissimum agmen 2 insecuti alieno loco cum equitatu Helvetiorum proelium committunt; et pauci de nostris cadunt.

Quo proelio sublati Helvetii, quod quingentis equiti- 3 bus tantam multitudinem equitum propulerant, audacius subsistere nonnumquam et novissimo agmine proelio nostros lacessere coeperunt. Caesar suos a proelio conti- 4 nebat ac satis habebat in praesentia hostem rapinis populationibusque prohibere. Ita dies circiter quindecim 5 iter fecerunt, uti inter novissimum hostium agmen et nostrum primum non amplius quinis aut senis milibus passuum interesset.

Interim cotidie Caesar Haeduos frumentum, quod es- **16** sent publice polliciti, flagitare. Nam propter frigora non 2 modo frumenta in agris matura non erant, sed ne pabuli quidem satis magna copia suppetebat; eo autem 3 frumento, quod flumine Arari navibus subvexerat, prop-

terea uti minus poterat, quod iter ab Arari Helvetii
4 averterant, a quibus discedere nolebat. Diem ex die
ducere Haedui: conferri, comportari, adesse dicere.

5 Ubi se diutius duci intellexit et diem instare, quo die
frumentum militibus metiri oporteret, convocatis eorum
principibus, quorum magnam copiam in castris habebat,
in his Diviciaco et Lisco, qui summo magistratui praeerat
— quem vergobretum appellant Haedui, qui creatur
annuus et vitae necisque in suos habet potestatem —,
6 graviter eos accusat, quod, cum neque emi neque ex agris
sumi possit, tam necessario tempore, tam propinquis
hostibus ab iis non sublevetur, praesertim cum magna ex
parte eorum precibus adductus bellum susceperit; multo
etiam gravius, quod sit destitutus, queritur.

17 Tum demum Liscus oratione Caesaris adductus, quod
antea tacuerat, proponit: esse nonnullos, quorum auctoritas apud plebem plurimum valeat, qui privatim plus
2 possint quam ipsi magistratus. Hos seditiosa atque im-
proba oratione multitudinem deterrere, ne frumentum
3 conferant, quod debeant: praestare, si iam principatum
Galliae obtinere non possint, Gallorum quam Romano-
4 rum imperia perferre; neque dubitari debere, quin, si
Helvetios superaverint, Romani una cum reliqua Gallia
Haeduis libertatem sint erepturi.
5 Ab isdem nostra consilia quaeque in castris gerantur
6 hostibus enuntiari; hos a se coërceri non posse. Quin
etiam, quod necessariam rem coactus Caesari enuntiarit,
intellegere sese, quanto id cum periculo fecerit, et ob
eam causam, quamdiu potuerit, tacuisse.

18 Caesar hac oratione Lisci Dumnorigem, Diviciaci
fratrem, designari sentiebat, sed, quod pluribus praesen-
tibus eas res iactari nolebat, celeriter concilium dimittit,
2 Liscum retinet. Quaerit ex solo ea, quae in conventu

dixerat. Dicit liberius atque audacius. Eadem secreto ab aliis quaerit; reperit esse vera: ipsum esse Dumnorigem, summa audacia, magna apud plebem propter liberalitatem gratia, cupidum rerum novarum. Complures annos portoria reliquaque omnia Haeduorum vectigalia parvo pretio redempta habere, propterea quod illo licente contra liceri audeat nemo. His rebus et suam rem familiarem auxisse et facultates ad largiendum magnas comparasse; magnum numerum equitatus suo sumptu semper alere et circum se habere; neque solum domi, sed etiam apud finitimas civitates largiter posse, atque huius potentiae causa matrem in Biturigibus homini illic nobilissimo ac potentissimo collocasse; ipsum ex Helvetiis uxorem habere, sororem ex matre et propinquas suas nuptum in alias civitates collocasse.

Favere et cupere Helvetiis propter eam affinitatem, odisse etiam suo nomine Caesarem et Romanos, quod eorum adventu potentia eius deminuta et Diviciacus frater in antiquum locum gratiae atque honoris sit restitutus. Si quid accidat Romanis, summam in spem per Helvetios regni obtinendi venire; imperio populi Romani non modo de regno, sed etiam de ea, quam habeat, gratia desperare.

Reperiebat etiam in quaerendo Caesar: quod proelium equestre adversum paucis ante diebus esset factum, initium eius fugae factum a Dumnorige atque eius equitibus — nam equitatui, quem auxilio Caesari Haedui miserant, Dumnorix praeerat —; eorum fuga reliquum esse equitatum perterritum.

Quibus rebus cognitis, cum ad has suspiciones certissimae res accederent, quod per fines Sequanorum Helvetios traduxisset, quod obsides inter eos dandos curasset, quod ea omnia non modo iniussu suo et civitatis, sed etiam inscientibus ipsis fecisset, quod a magistratu Haeduorum accusaretur, satis esse causae arbitrabatur, quare in eum aut ipse animadverteret aut civitatem animadvertere iuberet.

2 His omnibus rebus unum repugnabat, quod Diviciaci fratris summum in populum Romanum studium, summam in se voluntatem, egregiam fidem, iustitiam, temperantiam cognoverat; nam, ne eius supplicio Diviciaci animum offenderet, verebatur.

3 Itaque priusquam quidquam conaretur, Diviciacum ad se vocari iubet et cotidianis interpretibus remotis per C. Valerium Troucillum, principem Galliae provinciae, familiarem suum, cui summam omnium rerum fidem 4 habebat, cum eo colloquitur; simul commonefacit, quae ipso praesente in concilio de Dumnorige sint dicta, et ostendit, quae separatim quisque de eo apud se dixerit.

5 Petit atque hortatur, ut sine eius offensione animi vel ipse de eo causa cognita statuat vel civitatem statuere iubeat.

20 Diviciacus multis cum lacrimis Caesarem complexus obsecrare coepit, ne quid gravius in fratrem statueret:
2 scire se illa esse vera, nec quemquam ex eo plus quam se doloris capere, propterea quod, cum ipse gratia plurimum domi atque in reliqua Gallia, ille minimum propter 3 adulescentiam posset, per se crevisset; quibus opibus ac nervis non solum ad minuendam gratiam, sed paene ad perniciem suam uteretur. Sese tamen et amore fraterno 4 et existimatione vulgi commoveri. Quodsi quid ei a Caesare gravius accidisset, cum ipse eum locum amicitiae apud eum teneret, neminem existimaturum non sua voluntate factum; qua ex re futurum, uti totius Galliae animi a se averterentur.

5 Haec cum pluribus verbis flens a Caesare peteret, Caesar eius dextram prendit; consolatus rogat, finem orandi faciat; tanti eius apud se gratiam esse ostendit,

uti et rei publicae iniuriam et suum dolorem eius voluntati ac precibus condonet.

Dumnorigem ad se vocat, fratrem adhibet; quae in eo 6
reprehendat, ostendit; quae ipse intellegat, quae civitas
queratur, proponit; monet, ut in reliquum tempus omnes
suspiciones vitet; praeterita se Diviciaco fratri condonare
dicit. Dumnorigi custodes ponit, ut, quae agat, quibuscum
loquatur, scire possit.

Eodem die ab exploratoribus certior factus hostes sub 21
monte consedisse milia passuum ab ipsius castris octo,
qualis esset natura montis et qualis in circuitu ascensus,
qui cognoscerent, misit. Renuntiatum est facilem esse.

De tertia vigilia T. Labienum, legatum pro praetore, 2
cum duabus legionibus et iis ducibus, qui iter cognoverant,
summum iugum montis ascendere iubet; quid sui
consilii sit, ostendit. Ipse de quarta vigilia eodem itinere, 3
quo hostes ierant, ad eos contendit equitatumque omnem
ante se mittit. P. Considius, qui rei militaris peritissimus 4
habebatur et in exercitu L. Sullae et postea in M. Crassi
fuerat, cum exploratoribus praemittitur.

Prima luce, cum summus mons a Labieno teneretur, 22
ipse ab hostium castris non longius mille et quingentis
passibus abesset neque, ut postea ex captivis comperit,
aut ipsius adventus aut Labieni cognitus esset, Considius
equo admisso ad eum accurrit, dicit: montem, quem a 2
Labieno occupari voluerit, ab hostibus teneri; id se a
Gallicis armis atque insignibus cognovisse.

Caesar suas copias in proximum collem subducit, 3
aciem instruit. Labienus, ut erat ei praeceptum a Caesare,
ne proelium committeret, nisi ipsius copiae prope
hostium castra visae essent, ut undique uno tempore in
hostes impetus fieret, monte occupato nostros exspectabat
proelioque abstinebat.

4 Multo denique die per exploratores Caesar cognovit et montem a suis teneri et Helvetios castra movisse et Considium timore perterritum, quod non vidisset, pro **5** viso sibi renuntiavisse. Eo die, quo consuerat intervallo, hostes sequitur et milia passuum tria ab eorum castris castra ponit.

23 Postridie eius diei, quod omnino biduum supererat, cum exercitui frumentum metiri oporteret, et quod a Bibracte, oppido Haeduorum longe maximo et copiosissimo, non amplius milibus passuum duodeviginti aberat, rei frumentariae prospiciendum existimans iter ab Helvetiis avertit ac Bibracte ire contendit.
2 Ea res per fugitivos L. Aemilii, decurionis equitum **3** Gallorum, hostibus nuntiatur. Helvetii seu quod timore perterritos Romanos discedere a se existimarent, eo magis, quod pridie superioribus locis occupatis proelium non commisissent, sive eo, quod re frumentaria intercludi posse confiderent, commutato consilio atque itinere converso nostros a novissimo agmine insequi ac lacessere coeperunt.

24 Postquam id animadvertit, copias suas Caesar in proximum collem subduxit equitatumque, qui sustineret hos- **2** tium impetum, misit. Ipse interim in colle medio triplicem aciem instruxit legionum quattuor veteranarum; **3** in summo iugo duas legiones, quas in Gallia citeriore proxime conscripserat, et omnia auxilia collocavit, ita ut supra se totum montem hominibus compleret; interea sarcinas in unum locum conferri et eum ab iis, qui in superiore acie constiterant, muniri iussit.
4 Helvetii cum omnibus suis carris secuti impedimenta **5** in unum locum contulerunt; ipsi confertissima acie reiecto nostro equitatu phalange facta sub primam nostram aciem successerunt.

Caesar primum suo, deinde omnium ex conspectu 25
remotis equis, ut aequato omnium periculo spem fugae
tolleret, cohortatus suos proelium commisit. Milites e 2
loco superiore pilis missis facile hostium phalangem
perfregerunt; ea disiecta gladiis destrictis in eos impetum
fecerunt. Gallis magno ad pugnam erat impedimento, 3
quod pluribus eorum scutis uno ictu pilorum transfixis
et colligatis ferrum, cum se inflexisset, neque evellere
neque sinistra impedita satis commode pugnare poterant,
multi ut diu iactato bracchio praeoptarent scutum manu 4
emittere et nudo corpore pugnare. Tandem vulneribus 5
defessi et pedem referre et, quod mons suberat circiter
mille passuum spatio, eo se recipere coeperunt.

Capto monte et succedentibus nostris Boi et Tulingi, 6
qui hominum milibus circiter quindecim agmen hostium
claudebant et novissimis praesidio erant, ex itinere
nostros ab latere aperto aggressi circumvenerunt; id
conspicati Helvetii, qui in montem sese receperant,
rursus instare et proelium redintegrare coeperunt. Ro- 7
mani [conversa] signa bipertito intulerunt: prima et
secunda acies, ut victis ac submotis resisteret, tertia, ut
venientes sustineret.

Ita ancipiti proelio diu atque acriter pugnatum est. **26**
Diutius cum sustinere nostrorum impetus non possent,
alteri se, ut coeperant, in montem receperunt, alteri ad
impedimenta et carros suos se contulerunt. Nam hoc toto 2
proelio, cum ab hora septima ad vesperum pugnatum
sit, aversum hostem videre nemo potuit.

Ad multam noctem etiam ad impedimenta pugnatum 3
est, propterea quod pro vallo carros obiecerant et e loco
superiore in nostros venientes tela coniciebant et nonnulli inter carros raedasque mataras ac tragulas subi-
ciebant nostrosque vulnerabant. Diu cum esset pugna- 4

tum, impedimentis castrisque nostri potiti sunt. Ibi Orgetorigis filia atque unus e filiis captus est.

5 Ex eo proelio circiter hominum milia centum triginta superfuerunt eaque tota nocte continenter ierunt. Nullam partem noctis itinere intermisso in fines Lingonum die quarto pervenerunt, cum et propter vulnera militum et propter sepulturam occisorum nostri triduum morati eos sequi non potuissent.

6 Caesar ad Lingones litteras nuntiosque misit, ne eos frumento neve alia re iuvarent: qui si iuvissent, se eodem loco, quo Helvetios, habiturum. Ipse triduo intermisso cum omnibus copiis eos sequi coepit.

27 Helvetii omnium rerum inopia adducti legatos de
2 deditione ad eum miserunt. Qui, cum eum in itinere convenissent seque ad pedes proiecissent suppliciterque locuti flentes pacem petissent atque eos in eo loco, quo tum essent, suum adventum exspectare iussisset, paruerunt.
3 Eo postquam Caesar pervenit, obsides, arma, servos, qui ad eos perfugissent, poposcit.
4 Dum ea conquiruntur et conferuntur, circiter hominum milia sex eius pagi, qui Verbigenus appellatur, sive timore perterriti, ne armis traditis supplicio afficerentur, sive spe salutis inducti, quod in tanta multitudine dediticiorum suam fugam aut occultari aut omnino ignorari posse existimarent, prima nocte e castris Helvetiorum egressi ad Rhenum finesque Germanorum contenderunt.

28 Quod ubi Caesar resciit, quorum per fines ierant, his, uti conquirerent et reducerent, si sibi purgati esse vellent,
2 imperavit; reductos in hostium numero habuit; reliquos omnes obsidibus, armis, perfugis traditis in deditionem accepit.
3 Helvetios, Tulingos, Latobrigos in fines suos, unde erant profecti, reverti iussit et, quod omnibus frugibus

amissis domi nihil erat, quo famem tolerarent, Allobrogibus imperavit, ut iis frumenti copiam facerent; ipsos oppida vicosque, quos incenderant, restituere iussit. Id 4 ea maxime ratione fecit, quod noluit eum locum, unde Helvetii discesserant, vacare, ne propter bonitatem agrorum Germani, qui trans Rhenum incolunt, ex suis finibus in Helvetiorum fines transirent et finitimi Galliae provinciae Allobrogibusque essent.

Boios petentibus Haeduis, quod egregia virtute erant 5 cogniti, ut in finibus suis collocarent, concessit; quibus illi agros dederunt quosque postea in parem iuris libertatisque condicionem, atque ipsi erant, receperunt.

In castris Helvetiorum tabulae repertae sunt litteris 29 Graecis confectae et ad Caesarem relatae, quibus in tabulis nominatim ratio confecta erat, qui numerus domo exisset eorum, qui arma ferre possent, et item separatim pueri, senes mulieresque. Summa erat capitum: Helveti- 2 orum milia ducenta sexaginta tria, Tulingorum milia triginta sex, Latobrigorum quattuordecim, Rauracorum viginti tria, Boiorum triginta duo; ex his, qui arma ferre possent, ad milia nonaginta duo. Summa omnium 3 fuerunt ad milia trecenta duodeseptuaginta. Eorum, qui domum redierunt, censu habito, ut Caesar imperaverat, repertus est numerus milium centum et decem.

Bello Helvetiorum confecto totius fere Galliae legati, 30 principes civitatum, ad Caesarem gratulatum convenerunt: intellegere sese, tametsi pro veteribus Helvetiorum 2 iniuriis populi Romani ab his poenas bello repetisset, tamen eam rem non minus ex usu terrae Galliae quam populi Romani accidisse, propterea quod eo consilio 3 florentissimis rebus domos suas Helvetii reliquissent, uti toti Galliae bellum inferrent imperioque potirentur locumque domicilio ex magna copia deligerent, quem ex omni Gallia opportunissimum ac fructuosissimum iudicassent, reliquasque civitates stipendiarias haberent.

4 Petierunt, uti sibi concilium totius Galliae in diem certam indicere idque Caesaris voluntate facere liceret: sese habere quasdam res, quas ex communi consensu ab 5 eo petere vellent. Ea re permissa diem concilio constituerunt et iure iurando, ne quis enuntiaret, nisi quibus communi consilio mandatum esset, inter se sanxerunt.

31 Eo concilio dimisso idem principes civitatum, qui ante fuerant, ad Caesarem reverterunt petieruntque, uti sibi secreto in occulto de sua omniumque salute cum eo 2 agere liceret. Ea re impetrata sese omnes flentes Caesari ad pedes proiecerunt: non minus se id contendere et laborare, ne ea, quae dixissent, enuntiarentur, quam uti ea, quae vellent, impetrarent, propterea quod, si enuntiatum esset, summum in cruciatum se venturos viderent.

3 Locutus est pro his Diviciacus Haeduus:

Galliae totius factiones esse duas; harum alterius 4 principatum tenere Haeduos, alterius Arvernos. Hi cum tantopere de potentatu inter se multos annos contenderent, factum esse, uti ab Arvernis Sequanisque Germani 5 mercede arcesserentur. Horum primo circiter milia quindecim Rhenum transisse; posteaquam agros et cultum et copias Gallorum homines feri ac barbari adamassent, traductos plures; nunc esse in Gallia ad centum et viginti milium numerum.

6 Cum his Haeduos eorumque clientes semel atque iterum armis contendisse; magnam calamitatem pulsos accepisse, omnem nobilitatem, omnem senatum, omnem 7 equitatum amisisse. Quibus proeliis calamitatibusque fractos, qui et sua virtute et populi Romani hospitio atque amicitia plurimum ante in Gallia potuissent, coactos esse Sequanis obsides dare nobilissimos civitatis et iure iurando civitatem obstringere sese neque obsides

repetituros neque auxilium a populo Romano imploraturos neque recusaturos, quominus perpetuo sub illorum dicione atque imperio essent. Unum se esse ex omni civitate Haeduorum, qui adduci non potuerit, ut iuraret aut liberos suos obsides daret. Ob eam rem se ex civitate profugisse et Romam ad senatum venisse auxilium postulatum, quod solus neque iure iurando neque obsidibus teneretur.

Sed peius victoribus Sequanis quam Haeduis victis accidisse, propterea quod Ariovistus, rex Germanorum, in eorum finibus consedisset tertiamque partem agri Sequani, qui esset optimus totius Galliae, occupavisset et nunc de altera parte tertia Sequanos decedere iuberet, propterea quod paucis mensibus ante Harudum milia hominum viginti quattuor ad eum venissent, quibus locus ac sedes pararentur. Futurum esse paucis annis, uti omnes Galli e finibus pellerentur atque omnes Germani Rhenum transirent; neque enim conferendum esse Gallicum cum Germanorum agro neque hanc consuetudinem victus cum illa comparandam.

Ariovistum autem, ut semel Gallorum copias proelio vicerit, quod proelium factum sit ad Magetobrigam, superbe et crudeliter imperare, obsides nobilissimi cuiusque liberos poscere et in eos omnia exempla cruciatusque edere, si qua res non ad nutum aut ad voluntatem eius facta sit. Hominem esse barbarum, iracundum, temerarium; non posse eius imperia diutius sustineri. — Nisi quid in Caesare populoque Romano sit auxilii, omnibus Gallis idem esse faciendum, quod Helvetii fecerint, ut domo emigrent, aliud domicilium, alias sedes, remotas a Germanis, petant fortunamque, quaecumque accidat, experiantur. Haec si enuntiata Ariovisto sint, non dubitare, quin de omnibus obsidibus, qui apud eum sint, gravissimum supplicium sumat. Caesarem vel auctoritate sua atque exercitus recenti victoria vel nomine populi

Romani deterrere posse, ne maior multitudo Germanorum Rhenum traducatur, Galliamque omnem ab Ariovisti iniuria posse defendere.

32 Hac oratione ab Diviciaco habita omnes, qui aderant, magno fletu auxilium a Caesare petere coeperunt. 2 Animadvertit Caesar unos ex omnibus Sequanos nihil earum rerum facere, quas ceteri facerent, sed tristes capite demisso terram intueri. Eius rei quae causa esset, 3 miratus ex ipsis quaesiit. Nihil Sequani respondere, sed in eadem tristitia taciti permanere.

Cum ab his saepius quaereret neque ullam omnino vocem exprimere posset, idem Diviciacus Haeduus 4 respondit: hoc esse miseriorem et graviorem fortunam Sequanorum quam reliquorum, quod soli ne in occulto quidem queri neque auxilium implorare auderent absentisque Ariovisti crudelitatem, velut si coram adesset, 5 horrerent, propterea quod reliquis tamen fugae facultas daretur, Sequanis vero, qui intra fines suos Ariovistum recepissent, quorum oppida omnia in potestate eius essent, omnes cruciatus essent perferendi.

33 His rebus cognitis Caesar Gallorum animos verbis confirmavit pollicitusque est sibi eam rem curae futuram; magnam se habere spem et beneficio suo et auctoritate adductum Ariovistum finem iniuriis facturum. Hac oratione habita concilium dimisit. 2 Et secundum ea multae res eum hortabantur, quare sibi eam rem cogitandam et suscipiendam putaret, imprimis, quod Haeduos, fratres consanguineosque populi Romani saepenumero a senatu appellatos, in servitute atque dicione videbat Germanorum teneri eorumque obsides esse apud Ariovistum ac Sequanos intellegebat; quod in tanto imperio populi Romani turpissimum 3 sibi et rei publicae esse arbitrabatur. Paulatim autem

Germanos consuescere Rhenum transire et in Galliam
magnam eorum multitudinem venire populo Romano
periculosum videbat, neque sibi homines feros ac bar- 4
baros temperaturos existimabat, quin, cum omnem Galliam occupavissent, ut ante Cimbri Teutonique fecissent,
in provinciam exirent atque inde in Italiam contenderent, praesertim cum Sequanos a provincia nostra Rhodanus divideret; quibus rebus quam maturrime occur-
rendum putabat. Ipse autem Ariovistus tantos sibi 5
spiritus, tantam arrogantiam sumpserat, ut ferendus non
videretur.

Quam ob rem placuit ei, ut ad Ariovistum legatos 34
mitteret, qui ab eo postularent, uti aliquem locum
medium utrisque colloquio deligeret: velle sese de re
publica et summis utriusque rebus cum eo agere.
Ei legationi Ariovistus respondit: si quid ipsi a Cae- 2
sare opus esset, sese ad eum venturum fuisse; si quid
ille se velit, illum ad se venire oportere. Praeterea se 3
neque sine exercitu in eas partes Galliae venire audere,
quas Caesar possideret, neque exercitum sine magno
commeatu atque molimento in unum locum contrahere
posse. Sibi autem mirum videri, quid in sua Gallia, quam 4
bello vicisset, aut Caesari aut omnino populo Romano
negotii esset.

His responsis ad Caesarem relatis iterum ad eum Cae- 35
sar legatos cum his mandatis mittit: quoniam tanto suo 2
populique Romani beneficio affectus, cum in consulatu
suo rex atque amicus a senatu appellatus esset, hanc sibi
populoque Romano gratiam referret, ut in colloquium
venire invitatus gravaretur neque de communi re dicen-
dum sibi et cognoscendum putaret, haec esse, quae ab eo
postularet: primum, ne quam multitudinem hominum 3
amplius trans Rhenum in Galliam traduceret; deinde

obsides, quos haberet ab Haeduis, redderet Sequanisque permitteret, ut, quos ipsi haberent, voluntate eius reddere illis liceret; neve Haeduos iniuria lacesseret neve his sociisque eorum bellum inferret.

4 Si id fecisset, sibi populoque Romano perpetuam gratiam atque amicitiam cum eo futuram; si non impetraret, sese, quoniam M. Messala M. Pisone consulibus senatus censuisset, uti, quicumque Galliam provinciam obtineret, quod commodo rei publicae facere posset, Haeduos ceterosque amicos populi Romani defenderet, se Haeduorum iniurias non neglecturum.

36 Ad haec Ariovistus respondit: ius esse belli, ut, qui vicissent, iis, quos vicissent, quem ad modum vellent, imperarent; item populum Romanum victis non ad alterius praescriptum, sed ad suum arbitrium imperare con-
2 suesse. Si ipse populo Romano non praescriberet, quem ad modum suo iure uteretur, non oportere se a populo Romano in suo iure impediri.
3 Haeduos sibi, quoniam belli fortunam temptassent et armis congressi ac superati essent, stipendiarios esse fac-
4 tos. Magnam Caesarem iniuriam facere, qui suo adventu
5 vectigalia sibi deteriora faceret. Haeduis se obsides redditurum non esse neque his neque eorum sociis iniuria bellum illaturum, si in eo manerent, quod convenisset, stipendiumque quotannis penderent; si id non fecissent, longe iis fraternum nomen populi Romani afuturum.
6 Quod sibi Caesar denuntiaret se Haeduorum iniurias non neglecturum, neminem secum sine sua pernicie con-
7 tendisse. Cum vellet, congrederetur: intellecturum, quid invicti Germani, exercitatissimi in armis, qui inter annos quattuordecim tectum non subissent, virtute possent.

37 Haec eodem tempore Caesari mandata referebantur
2 et legati ab Haeduis et a Treveris veniebant: Haedui

questum, quod Harudes, qui nuper in Galliam transportati essent, fines eorum popularentur: sese ne obsidibus quidem datis pacem Ariovisti redimere potuisse; Treveri 3 autem: pagos centum Sueborum ad ripas Rheni consedisse, qui Rhenum transire conarentur; his praeesse Nasuam et Cimberium fratres.

Quibus rebus Caesar vehementer commotus maturandum sibi existimavit, ne, si nova manus Sueborum cum veteribus copiis Ariovisti sese coniunxisset, minus facile resisti posset. Itaque re frumentaria, quam celerrime potuit, comparata magnis itineribus ad Ariovistum contendit. 4 5

Cum tridui viam processisset, nuntiatum est ei Ariovistum cum suis omnibus copiis ad occupandum Vesontionem, quod est oppidum maximum Sequanorum, contendere triduique viam a suis finibus processisse. Id ne accideret, magnopere sibi praecavendum Caesar existimabat. 38 2

Namque omnium rerum, quae ad bellum usui erant, summa erat in eo oppido facultas, idemque natura loci sic muniebatur, ut magnam ad ducendum bellum daret facultatem, propterea quod flumen Dubis ut circino circumductum paene totum oppidum cingit; reliquum spatium, quod est non amplius pedum mille sescentorum, qua flumen intermittit, mons continet magna altitudine, ita ut radices eius montis ex utraque parte ripae fluminis contingant. Hunc murus circumdatus arcem efficit et cum oppido coniungit. 3 4 5 6

Huc Caesar magnis nocturnis diurnisque itineribus contendit occupatoque oppido ibi praesidium collocat. 7

Dum paucos dies ad Vesontionem rei frumentariae commeatusque causa moratur, ex percontatione nostrorum vocibusque Gallorum ac mercatorum, qui ingenti magnitudine corporum Germanos, incredibili virtute 39 atque exercitatione in armis esse praedicabant — saepenumero sese cum his congressos ne vultum quidem atque aciem oculorum dicebant ferre potuisse —, tantus subito timor omnem exercitum occupavit, ut non mediocriter omnium mentes animosque perturbaret.

2   Hic primum ortus est a tribunis militum, praefectis reliquisque, qui ex urbe amicitiae causa Caesarem secuti
3 non magnum in re militari usum habebant; quorum alius alia causa illata, quam sibi ad proficiscendum necessariam esse diceret, petebat, ut eius voluntate discedere liceret; nonnulli pudore adducti, ut timoris suspicionem
4 vitarent, remanebant. Hi neque vultum fingere neque interdum lacrimas tenere poterant; abditi in tabernaculis aut suum fatum querebantur aut cum familiaribus suis commune periculum miserabantur. Vulgo totis castris testamenta obsignabantur.

5   Horum vocibus ac timore paulatim etiam ii, qui magnum in castris usum habebant, milites centurionesque
6 quique equitatui praeerant perturbabantur. Qui se ex his minus timidos existimari volebant, non se hostem vereri, sed angustias itineris et magnitudinem silvarum, quae intercederent inter ipsos atque Ariovistum, aut rem frumentariam, ut satis commode supportari posset, timere
7 dicebant. Nonnulli etiam Caesari nuntiabant, cum castra moveri ac signa ferri iussisset, non fore dicto audientes milites neque propter timorem signa laturos.

40   Haec cum animadvertisset, convocato consilio omniumque ordinum ad id consilium adhibitis centurionibus vehementer eos incusavit: primum, quod, aut quam in partem aut quo consilio ducerentur, sibi quaerendum aut
2 cogitandum putarent. Ariovistum se consule cupidissime populi Romani amicitiam appetisse; cur hunc tam temere
3 quisquam ab officio discessurum iudicaret? Sibi quidem persuaderi cognitis suis postulatis atque aequitate con-

dicionum perspecta eum neque suam neque populi Romani gratiam repudiaturum.

Quodsi furore atque amentia impulsus bellum intulisset, quid tandem vererentur? aut cur de sua virtute aut de ipsius diligentia desperarent? Factum eius hostis periculum patrum nostrorum memoria, cum Cimbris et Teutonis a C. Mario pulsis non minorem laudem exercitus quam ipse imperator meritus videretur; factum etiam nuper in Italia servili tumultu, quos tamen aliquid usus ac disciplina, quam a nobis accepissent, sublevarent. Ex quo iudicari posse, quantum haberet in se boni constantia, propterea quod, quos aliquamdiu inermes sine causa timuissent, hos postea armatos ac victores superassent.

Denique hos esse eosdem, quibuscum saepenumero Helvetii congressi non solum in suis, sed etiam in illorum finibus plerumque superassent, qui tamen pares esse nostro exercitui non potuerint. Si quos adversum proelium et fuga Gallorum commoveret, hos, si quaererent, reperire posse diuturnitate belli defatigatis Gallis Ariovistum, cum multos menses castris se ac paludibus tenuisset neque sui potestatem fecisset, desperantes iam de pugna et dispersos subito adortum magis ratione et consilio quam virtute vicisse. Cui rationi contra homines barbaros atque imperitos locus fuisset, hac ne ipsum quidem sperare nostros exercitus capi posse.

Qui suum timorem in rei frumentariae simulationem angustiasque itineris conferrent, facere arroganter, cum aut de officio imperatoris desperare viderentur aut praescribere auderent. Haec sibi esse curae; frumentum Sequanos, Leucos, Lingones subministrare, iamque esse in agris frumenta matura; de itinere ipsos brevi tempore iudicaturos.

Quod non fore dicto audientes milites neque signa laturi dicantur, nihil se ea re commoveri; scire enim, qui-

buscumque exercitus dicto audiens non fuerit, aut male
re gesta fortunam defuisse aut aliquo facinore comperto
13 avaritiam esse convictam; suam innocentiam perpetua
vita, felicitatem Helvetiorum bello esse perspectam.
14 Itaque se, quod in longiorem diem collaturus fuisset,
repraesentaturum et proxima nocte de quarta vigilia
castra moturum, ut quam primum intellegere posset,
utrum apud eos pudor atque officium an timor plus
15 valeret. Quodsi praeterea nemo sequatur, tamen se cum
sola decima legione iturum, de qua non dubitaret, sibique
eam praetoriam cohortem futuram. — Huic legioni
Caesar et indulserat praecipue et propter virtutem confidebat maxime.

41 Hac oratione habita mirum in modum conversae sunt
omnium mentes summaque alacritas et cupiditas belli
2 gerendi iniecta est, princepsque decima legio per tribunos militum ei gratias egit, quod de se optimum iudicium
fecisset, seque esse ad bellum gerendum paratissimam
3 confirmavit. Deinde reliquae legiones cum tribunis
militum et primorum ordinum centurionibus egerunt,
uti per eos Caesari satisfacerent: se neque umquam dubitasse neque timuisse neque de summa belli suum iudicium, sed imperatoris esse existimavisse.
4 Eorum satisfactione accepta et itinere exquisito per
Diviciacum, quod ex Gallis ei maximam fidem habebat,
ut milium amplius quinquaginta circuitu locis apertis
5 exercitum duceret, de quarta vigilia, ut dixerat, profectus est. Septimo die, cum iter non intermitteret, ab
exploratoribus certior factus est Ariovisti copias a nostris
milia passuum quattuor et viginti abesse.

42 Cognito Caesaris adventu Ariovistus legatos ad eum
mittit: quod antea de colloquio postulasset, id per se
fieri licere, quoniam propius accessisset seque id sine

periculo facere posse existimaret. Non respuit condi- 2
cionem Caesar iamque eum ad sanitatem reverti arbitrabatur, cum id, quod antea petenti denegasset, ultro polli-
ceretur, magnamque in spem veniebat pro suis tantis 3
populique Romani in eum beneficiis cognitis suis postulatis fore, uti pertinacia desisteret. Dies colloquio dictus
est ex eo die quintus.

    Interim saepe cum legati ultro citroque inter eos 4
mitterentur, Ariovistus postulavit, ne quem peditem ad
colloquium Caesar adduceret: vereri se, ne per insidias
ab eo circumveniretur; uterque cum equitatu veniret;
alia ratione sese non esse venturum.

    Caesar, quod neque colloquium interposita causa tolli 5
volebat neque salutem suam Gallorum equitatui committere audebat, commodissimum esse statuit omnibus equis
Gallis equitibus detractis eo legionarios milites legionis
decimae, cui maxime confidebat, imponere, ut praesidium quam amicissimum, si quid opus facto esset, haberet.

    Quod cum fieret, non irridicule quidam ex militibus 6
decimae legionis dixit: plus, quam pollicitus esset, Caesarem facere; pollicitum se in cohortis praetoriae loco
decimam legionem habiturum ad equum rescribere.

    Planities erat magna et in ea tumulus terrenus satis 43
grandis. Hic locus aequum fere spatium a castris utriusque aberat. Eo, ut erat dictum, ad colloquium venerunt. 2
Legionem Caesar, quam equis devexerat, passibus ducentis ab eo tumulo constituit; item equites Ariovisti pari
intervallo constiterunt. Ariovistus, ex equis ut colloque- 3
rentur et praeter se denos ad colloquium adducerent,
postulavit.

    Ubi eo ventum est, Caesar initio orationis sua senatus- 4
que in eum beneficia commemoravit, quod rex appellatus esset a senatu, quod amicus, quod munera amplissime
missa; quam rem et paucis contigisse et pro magnis

5 hominum officiis consuesse tribui docebat; illum, cum neque aditum neque causam postulandi iustam haberet, beneficio ac liberalitate sua ac senatus ea praemia consecutum.

6 Docebat etiam, quam veteres quamque iustae causae
7 necessitudinis ipsis cum Haeduis intercederent, quae senatus consulta quotiens quamque honorifica in eos facta essent, ut omni tempore totius Galliae principatum Haedui tenuissent, prius etiam, quam nostram amicitiam appetissent.

8 Populi Romani hanc esse consuetudinem, ut socios atque amicos non modo sui nihil deperdere, sed gratia, dignitate, honore auctiores vellet esse; quod vero ad amicitiam populi Romani attulissent, id iis eripi quis pati posset?

9 Postulavit deinde eadem, quae legatis in mandatis dederat: ne aut Haeduis aut eorum sociis bellum inferret; obsides redderet; si nullam partem Germanorum domum remittere posset, at ne quos amplius Rhenum transire pateretur.

44 Ariovistus ad postulata Caesaris pauca respondit, de
2 suis virtutibus multa praedicavit: transisse Rhenum sese non sua sponte, sed rogatum et arcessitum a Gallis; non sine magna spe magnisque praemiis domum propinquosque reliquisse; sedes habere in Gallia ab ipsis concessas, obsides ipsorum voluntate datos; stipendium capere iure
3 belli, quod victores victis imponere consuerint. Non sese Gallis, sed Gallos sibi bellum intulisse; omnes Galliae civitates ad se oppugnandum venisse ac contra se castra habuisse; eas omnes copias a se uno proelio pulsas ac
4 superatas esse. Si iterum experiri velint, se iterum paratum esse decertare; si pace uti velint, iniquum esse de stipendio recusare, quod sua voluntate ad id tempus pependerint.

Amicitiam populi Romani sibi ornamento et praesidio, non detrimento esse oportere atque se hac spe petisse. Si per populum Romanum stipendium remittatur et dediticii subtrahantur, non minus libenter sese recusaturum populi Romani amicitiam quam appetierit.

Quod multitudinem Germanorum in Galliam traducat, id se sui muniendi, non Galliae oppugnandae causa facere; eius rei testimonium esse, quod nisi rogatus non venerit et quod bellum non intulerit, sed defenderit.

Se prius in Galliam venisse quam populum Romanum. Numquam ante hoc tempus exercitum populi Romani Galliae fines ingressum. Quid sibi vellet? Cur in suas possessiones veniret? Provinciam suam hanc esse Galliam, sicut illam nostram. Ut ipsi concedi non oporteret, si in nostros fines impetum faceret, sic item nos esse iniquos, quod in suo iure se interpellaremus.

Quod a senatu Haeduos amicos appellatos diceret, non se tam barbarum neque tam imperitum esse rerum, ut non sciret neque bello Allobrogum proximo Haeduos Romanis auxilium tulisse neque ipsos in his contentionibus, quas Haedui secum et cum Sequanis habuissent, auxilio populi Romani usos esse.

Debere se suspicari simulata Caesarem amicitia, quod exercitum in Gallia habeat, sui opprimendi causa habere. Qui nisi decedat atque exercitum deducat ex his regionibus, sese illum non pro amico, sed pro hoste habiturum. Quodsi eum interfecerit, multis sese nobilibus principibusque populi Romani gratum esse facturum — id se ab ipsis per eorum nuntios compertum habere —, quorum omnium gratiam atque amicitiam eius morte redimere posset. Quodsi decessisset et liberam possessionem Galliae sibi tradidisset, magno se illum praemio remuneraturum et, quaecumque bella geri vellet, sine ullo eius labore et periculo confecturum.

45 Multa a Caesare in eam sententiam dicta sunt, quare negotio desistere non posset: neque suam neque populi Romani consuetudinem pati, ut optime meritos socios desereret, neque se iudicare Galliam potius esse Ario-
² visti quam populi Romani. Bello superatos esse Arvernos et Rutenos a Q. Fabio Maximo, quibus populus Romanus ignovisset neque in provinciam redegisset neque stipen-
³ dium imposuisset. Quodsi antiquissimum quodque tempus spectari oporteret, populi Romani iustissimum esse in Gallia imperium; si iudicium senatus observari oporteret, liberam debere esse Galliam, quam bello victam suis legibus uti voluisset.

46 Dum haec in colloquio geruntur, Caesari nuntiatum est equites Ariovisti propius tumulum accedere et ad nostros adequitare, lapides telaque in nostros conicere.
² Caesar loquendi finem fecit seque ad suos recepit suisque imperavit, ne quod omnino telum in hostes reicerent.
³ Nam etsi sine ullo periculo legionis delectae cum equitatu proelium fore videbat, tamen committendum non putabat, ut pulsis hostibus dici posset eos ab se per fidem in colloquio circumventos.
⁴ Posteaquam in vulgus militum elatum est, qua arrogantia in colloquio Ariovistus usus omni Gallia Romanis interdixisset impetumque ut in nostros eius equites fecissent eaque res colloquium diremisset, multo maior alacritas studiumque pugnandi maius exercitui iniectum est.

47 Biduo post Ariovistus ad Caesarem legatos misit: velle se de iis rebus, quae inter eos agi coeptae neque perfectae essent, agere cum eo; uti aut iterum colloquio diem constitueret aut, si id minus vellet, ex suis legatum aliquem ad se mitteret.
² Colloquendi Caesari causa visa non est, et eo magis, quod pridie eius diei Germani retineri non potuerant,

quin tela in nostros conicerent. Legatum ex suis sese ³
magno cum periculo ad eum missurum et hominibus
feris obiecturum existimabat. Commodissimum visum est ⁴
C. Valerium Procillum, C. Valerii Caburi filium, summa
virtute et humanitate adulescentem, cuius pater a C.
Valerio Flacco civitate donatus erat, et propter fidem et
propter linguae Gallicae scientiam, qua multa iam
Ariovistus longinqua consuetudine utebatur, et quod in
eo peccandi Germanis causa non esset, ad eum mittere
et una M. Mettium, qui hospitio Ariovisti utebatur. His ⁵
mandavit, ut, quae diceret Ariovistus, cognoscerent et ad
se referrent.

Quos cum apud se in castris Ariovistus conspexisset, ⁶
exercitu suo praesente conclamavit: quid ad se venirent?
an speculandi causa? Conantes dicere prohibuit et in
catenas coniecit.

Eodem die castra promovit et milibus passuum sex **48**
a Caesaris castris sub monte consedit. Postridie eius diei ²
praeter castra Caesaris suas copias traduxit et milibus
passuum duobus ultra eum castra fecit eo consilio, uti
frumento commeatuque, qui ex Sequanis et Haeduis sup-
portaretur, Caesarem intercluderet.

Ex eo die dies continuos quinque Caesar pro castris ³
suas copias produxit et aciem instructam habuit, ut, si
vellet Ariovistus proelio contendere, ei potestas non
deesset. Ariovistus his omnibus diebus exercitum castris ⁴
continuit, equestri proelio cotidie contendit.

Genus hoc erat pugnae, quo se Germani exercuerant. ⁵
Equitum milia erant sex, totidem numero pedites velo-
cissimi ac fortissimi, quos ex omni copia singuli singulos
suae salutis causa delegerant: cum his in proeliis versa- ⁶
bantur, ad hos se equites recipiebant; hi, si quid erat
durius, concurrebant; si qui graviore vulnere accepto
equo deciderat, circumsistebant; si quo erat longius prod- ⁷

eundum aut celerius recipiendum, tanta erat horum exercitatione celeritas, ut iubis sublevati equorum cursum adaequarent.

49 Ubi eum castris se tenere Caesar intellexit, ne diutius commeatu prohiberetur, ultra eum locum, quo in loco Germani consederant, circiter passus sescentos ab his, castris idoneum locum delegit acieque triplici instructa
2 ad eum locum venit. Primam et secundam aciem in armis esse, tertiam castra munire iussit.
3 Hic locus ab hoste circiter passus sescentos, uti dictum est, aberat. Eo circiter hominum numero sedecim milia expedita cum omni equitatu Ariovistus misit, quae copiae
4 nostros terrerent et munitione prohiberent. Nihilo setius Caesar, ut ante constituerat, duas acies hostem propul-
5 sare, tertiam opus perficere iussit. Munitis castris duas ibi legiones reliquit et partem auxiliorum, quattuor reliquas legiones in castra maiora reduxit.

50 Proximo die instituto suo Caesar ex castris utrisque copias suas eduxit paulumque a maioribus castris progressus aciem instruxit hostibusque pugnandi potestatem
2 fecit. Ubi ne tum quidem eos prodire intellexit, circiter meridie exercitum in castra reduxit.

Tum demum Ariovistus partem suarum copiarum,
3 quae castra minora oppugnaret, misit. Acriter utrimque usque ad vesperum pugnatum est. Solis occasu suas copias Ariovistus multis et illatis et acceptis vulneribus in castra reduxit.
4 Cum ex captivis quaereret Caesar, quam ob rem Ariovistus proelio non decertaret, hanc reperiebat causam, quod apud Germanos ea consuetudo esset, ut matres familiae eorum sortibus et vaticinationibus declararent, utrum proelium committi ex usu esset necne; eas ita
5 dicere: non esse fas Germanos superare, si ante novam lunam proelio contendissent.

51 Postridie eius diei Caesar praesidio utrisque castris, quod satis esse visum est, reliquit; alarios omnes in conspectu hostium pro castris minoribus constituit, quod minus multitudine militum legionariorum pro hostium numero valebat, ut ad speciem alariis uteretur; ipse triplici instructa acie usque ad castra hostium accessit. **2** Tum demum necessario Germani suas copias castris eduxerunt generatimque constituerunt paribus intervallis Harudes, Marcomanos, Tribocos, Vangiones, Nemetes, Sedusios, Suebos omnemque aciem suam raedis et carris circumdederunt, ne qua spes in fuga relinqueretur. **3** Eo mulieres imposuerunt, quae ad proelium proficiscentes passis manibus flentes implorabant, ne se in servitutem Romanis traderent.

52 Caesar singulis legionibus singulos legatos et quaestorem praefecit, uti eos testes suae quisque virtutis haberet; **2** ipse a dextro cornu, quod eam partem minime firmam hostium esse animadverterat, proelium commisit. **3** Ita nostri acriter in hostes signo dato impetum fecerunt itaque hostes repente celeriterque procurrerunt, ut spatium pila in hostes coniciendi non daretur. **4** Relictis pilis comminus gladiis pugnatum est. At Germani celeriter ex consuetudine sua phalange facta impetus gladiorum exceperunt. **5** Reperti sunt complures nostri milites, qui in phalangem insilirent et scuta manibus revellerent et desuper vulnerarent.

6 Cum hostium acies a sinistro cornu pulsa atque in fugam coniecta esset, a dextro cornu vehementer multitudine suorum nostram aciem premebant. **7** Id cum animadvertisset P. Crassus adulescens, qui equitatui praeerat, quod expeditior erat quam ii, qui inter aciem versabantur, tertiam aciem laborantibus nostris subsidio misit.

53 Ita proelium restitutum est, atque omnes hostes terga verterunt nec prius fugere destiterunt, quam ad flumen Rhenum milia passuum ex eo loco circiter quinque pervenerunt. Ibi perpauci aut viribus confisi tranare contenderunt aut lintribus inventis sibi salutem reppererunt.
2 In his fuit Ariovistus, qui naviculam deligatam ad ripam nactus ea profugit; reliquos omnes consecuti equites nostri interfecerunt.
3 Duae fuerunt Ariovisti uxores, una Sueba natione, quam domo secum duxerat, altera Norica, regis Voccionis soror, quam in Gallia duxerat a fratre missam; utraque in ea fuga periit; duae filiae: harum altera occisa, altera capta est.
4 C. Valerius Procillus, cum a custodibus in fuga trinis catenis vinctus traheretur, in ipsum Caesarem hostes
5 equitatu insequentem incidit. Quae quidem res Caesari non minorem quam ipsa victoria voluptatem attulit, quod hominem honestissimum provinciae Galliae, suum familiarem et hospitem, ereptum ex manibus hostium sibi restitutum videbat neque eius calamitate de tanta voluptate et gratulatione quidquam fortuna deminuerat.
6 Is se praesente de se ter sortibus consultum dicebat, utrum igni statim necaretur an in aliud tempus reser-
7 varetur: sortium beneficio se esse incolumem. Item M. Mettius repertus et ad eum reductus est.

54 Hoc proelio trans Rhenum nuntiato Suebi, qui ad ripas Rheni venerant, domum reverti coeperunt; quos ubi, qui proximi Rhenum incolunt, perterritos senserunt, insecuti magnum ex his numerum occiderunt.
2 Caesar una aestate duobus maximis bellis confectis maturius paulo, quam tempus anni postulabat, in hiberna
3 in Sequanos exercitum deduxit; hibernis Labienum praeposuit, ipse in citeriorem Galliam ad conventus agendos profectus est.

Zweites Buch

Die Ereignisse des Jahres 57 v. Chr.

Cum esset Caesar in citeriore Gallia, ita uti supra demonstravimus, crebri ad eum rumores afferebantur litterisque item Labieni certior fiebat omnes Belgas, quam tertiam esse Galliae partem dixeramus, contra populum Romanum coniurare obsidesque inter se dare. Coniurandi has esse causas: primum, quod vererentur, ne omni pacata Gallia ad eos exercitus noster adduceretur; deinde, quod ab nonnullis Gallis sollicitarentur, partim qui, ut Germanos diutius in Gallia versari noluerant, ita populi Romani exercitum hiemare atque inveterascere in Gallia moleste ferebant, partim qui mobilitate et levitate animi novis imperiis studebant; ab nonnullis etiam, quod in Gallia a potentioribus atque iis, qui ad conducendos homines facultates habebant, vulgo regna occupabantur; qui minus facile eam rem imperio nostro consequi poterant.

His nuntiis litterisque commotus Caesar duas legiones in citeriore Gallia novas conscripsit et, ineunte aestate in ulteriorem Galliam qui deduceret, Q. Pedium legatum misit. Ipse, cum primum pabuli copia esse inciperet, ad exercitum venit. Dat negotium Senonibus reliquisque Gallis, qui finitimi Belgis erant, uti ea, quae apud eos gerantur, cognoscant seque de his rebus certiorem faciant. Hi constanter omnes nuntiaverunt manus cogi, exercitum in unum locum conduci. Tum vero dubitandum non existimavit, quin ad eos proficisceretur. Re frumentaria provisa castra movet diebusque circiter quindecim ad fines Belgarum pervenit.

3 Eo cum de improviso celeriusque omnium opinione venisset, Remi, qui proximi Galliae ex Belgis sunt, ad eum legatos Iccium et Andebrogium, primos civitatis, **2** miserunt, qui dicerent: se suaque omnia in fidem atque postestatem populi Romani permittere, neque se cum reliquis Belgis consensisse neque contra populum Romanum **3** coniurasse, paratosque esse et obsides dare et imperata facere et oppidis recipere et frumento ceteris- **4** que rebus iuvare; reliquos omnes Belgas in armis esse **5** Germanosque, qui cis Rhenum incolant, sese cum his coniunxisse, tantumque esse eorum omnium furorem, ut ne Suessiones quidem, fratres consanguineosque suos, qui eodem iure et isdem legibus utantur, unum imperium unumque magistratum cum ipsis habeant, deterrere potuerint, quin cum his consentirent.

4 Cum ab iis quaereret, quae civitates quantaeque in armis essent et quid in bello possent, sic reperiebat: **2** plerosque Belgas esse ortos a Germanis Rhenumque antiquitus traductos propter loci fertilitatem ibi consedisse Gallosque, qui ea loca incolerent, expulisse solosque esse, qui patrum nostrorum memoria omni Gallia vexata Teutonos Cimbrosque intra suos fines ingredi prohibuerint; **3** qua ex re fieri, uti earum rerum memoria magnam sibi auctoritatem magnosque spiritus in re militari sumerent. **4** De numero eorum omnia se habere explorata Remi dicebant, propterea quod propinquitatibus affinitatibusque coniuncti, quantam quisque multitudinem in communi Belgarum concilio ad id bellum pollicitus sit, co- **5** gnoverint. Plurimum inter eos Bellovacos et virtute et auctoritate et hominum numero valere: hos posse conficere armata milia centum, pollicitos ex eo numero electa milia sexaginta totiusque belli imperium sibi **6** postulare. Suessiones suos esse finitimos; fines latissimos **7** feracissimosque agros possidere. Apud eos fuisse regem nostra etiam memoria Diviciacum, totius Galliae potentissimum, qui cum magnae partis harum regionum tum etiam Britanniae imperium obtinuerit; nunc esse regem Galbam: ad hunc propter iustitiam prudentiamque summam totius belli omnium voluntate deferri; oppida 8 habere numero duodecim, polliceri milia armata quinquaginta; totidem Nervios, qui maxime feri inter ipsos habeantur longissimeque absint; quindecim milia Atre- 9 bates, Ambianos decem milia, Morinos viginti quinque milia, Menapios novem milia, Caletos decem milia, Veliocasses et Viromanduos totidem, Atuatucos undeviginti milia; Condrusos, Eburones, Caerosos, Caemanos, 10 qui uno nomine Germani appellantur, arbitrari ad quadraginta milia.

Caesar Remos cohortatus liberaliterque oratione pro- 5 secutus omnem senatum ad se convenire principumque liberos obsides ad se adduci iussit. Quae omnia ab his diligenter ad diem facta sunt. Ipse Diviciacum Haeduum 2 magnopere cohortatus docet, quantopere rei publicae communisque salutis intersit manus hostium distineri, ne cum tanta multitudine uno tempore confligendum sit. Id fieri posse, si suas copias Haedui in fines Bellovaco- 3 rum introduxerint et eorum agros populari coeperint. His datis mandatis eum ab se dimittit.

Postquam omnes Belgarum copias in unum locum 4 coactas ad se venire neque iam longe abesse ab iis, quos miserat, exploratoribus et ab Remis cognovit, flumen Axonam, quod est in extremis Remorum finibus, exercitum traducere maturavit atque ibi castra posuit.

Quae res et latus unum castrorum ripis fluminis 5 muniebat et, post eum quae erant, tuta ab hostibus reddebat et, commeatus ab Remis reliquisque civitatibus ut sine periculo ad eum supportari possent, efficiebat. In 6 eo flumine pons erat. Ibi praesidium ponit et in altera parte fluminis Q. Titurium Sabinum legatum cum sex cohortibus relinquit; castra in altitudinem pedum duodecim vallo fossaque duodeviginti pedum muniri iubet.

6   Ab his castris oppidum Remorum nomine Bibrax aberat milia passuum octo. Id ex itinere magno impetu Belgae oppugnare coeperunt. Aegre eo die sustentatum est.
2   Gallorum eadem atque Belgarum oppugnatio est haec: ubi circumiecta multitudine hominum totis moenibus undique in murum lapides iaci coepti sunt murusque defensoribus nudatus est, testudine facta portas succen-
3   dunt murumque subruunt. Quod tum facile fiebat. Nam cum tanta multitudo lapides ac tela conicerent, in muro consistendi potestas erat nulli.
4   Cum finem oppugnandi nox fecisset, Iccius Remus, summa nobilitate et gratia inter suos, qui tum oppido praeerat, unus ex iis, qui legati de pace ad Caesarem venerant, nuntios ad eum mittit: nisi subsidium submittatur, sese diutius sustinere non posse.

7   Eo de media nocte Caesar isdem ducibus usus, qui nuntii ab Iccio venerant, Numidas et Cretas [sagittarios et funditores] Balearesque subsidio oppidanis mittit.
2   Quorum adventu et Remis cum spe defensionis studium propugnandi accessit et hostibus eadem de causa
3   spes potiendi oppidi discessit. Itaque paulisper apud oppidum morati agrosque Remorum depopulati omnibus vicis aedificiisque, quo adire potuerant, incensis ad castra Caesaris omnibus copiis contenderunt et a milibus
4   passuum minus duobus castra posuerunt; quae castra, ut fumo atque ignibus significabatur, amplius milibus passuum octo in latitudinem patebant.

8   Caesar primo et propter multitudinem hostium et propter eximiam opinionem virtutis proelio supersedere

statuit; cotidie tamen equestribus proeliis, quid hostis 2
virtute posset et quid nostri auderent, periclitabatur.

Ubi nostros non esse inferiores intellexit, loco pro 3
castris ad aciem instruendam natura opportuno atque
idoneo — quod is collis, ubi castra posita erant, paulu-
lum ex planitie editus tantum adversus in latitudinem
patebat, quantum loci acies instructa tenere poterat,
atque ex utraque parte lateris deiectus habebat et in
fronte leniter fastigatus paulatim ad planitiem redibat
— ab utroque latere eius collis transversam fossam ob- 4
duxit circiter passuum quadringentorum et ad extremas
fossas castella constituit ibique tormenta collocavit, ne,
cum aciem instruxisset, hostes, quod tantum multitudine
poterant, ab lateribus pugnantes suos circumvenire
possent.

Hoc facto duabus legionibus, quas proxime conscrip- 5
serat, in castris relictis, ut, si quo opus esset, subsidio
duci possent, reliquas sex legiones pro castris in acie
constituit. Hostes item suas copias ex castris eductas
instruxerunt.

Palus erat non magna inter nostrum atque hostium 9
exercitum. Hanc si nostri transirent, hostes exspectabant; nostri autem, si ab illis initium transeundi fieret,
ut impeditos aggrederentur, parati in armis erant. In- 2
terim proelio equestri inter duas acies contendebatur.
Ubi neutri transeundi initium faciunt, secundiore equitum proelio nostris Caesar suos in castra reduxit.

Hostes protinus ex eo loco ad flumen Axonam con- 3
tenderunt, quod esse post nostra castra demonstratum
est. Ibi vadis repertis partem suarum copiarum traducere 4
conati sunt eo consilio, ut, si possent, castellum, cui praeerat Q. Titurius legatus, expugnarent pontemque interscinderent, si minus potuissent, agros Remorum popu- 5

larentur, qui magno nobis usui ad bellum gerendum
erant, commeatuque nostros prohiberent.

10 Caesar certior factus ab Titurio omnem equitatum
et levis armaturae Numidas, funditores sagittariosque,
ponte traducit atque ad eos contendit. Acriter in eo loco
2 pugnatum est. Hostes impeditos nostri in flumine
3 aggressi magnum eorum numerum occiderunt; per
eorum corpora reliquos audacissime transire conantes
multitudine telorum reppulerunt primosque, qui transierant, equitatu circumventos interfecerunt.
4 Hostes ubi et de expugnando oppido et de flumine
transeundo spem se fefellisse intellexerunt neque nostros
in locum iniquiorem progredi pugnandi causa viderunt
atque ipsos res frumentaria deficere coepit, concilio convocato constituerunt optimum esse domum suam quemque reverti et, quorum in fines primum Romani exercitum introduxissent, ad eos defendendos undique convenire, ut potius in suis quam in alienis finibus decer-
tarent et domesticis copiis rei frumentariae uterentur.
5 Ad eam sententiam cum reliquis causis haec quoque
ratio eos deduxit, quod Diviciacum atque Haeduos finibus Bellovacorum appropinquare cognoverant. His persuaderi, ut diutius morarentur neque suis auxilium
ferrent, non poterat.

11 Ea re constituta secunda vigilia magno cum strepitu
ac tumultu castris egressi nullo certo ordine neque imperio, cum sibi quisque primum itineris locum peteret et
domum pervenire properaret, fecerunt, ut consimilis
2 fugae profectio videretur. Hac re statim Caesar per
speculatores cognita insidias veritus, quod, qua de causa
discederent, nondum perspexerat, exercitum equitatumque castris continuit.
3 Prima luce confirmata re ab exploratoribus omnem
equitatum, qui novissimum agmen moraretur, praemisit.

His Q. Pedium et L. Aurunculeium Cottam legatos praefecit. T. Labienum legatum cum legionibus tribus subsequi iussit. Hi novissimos adorti et multa milia passuum prosecuti magnam multitudinem eorum fugientium conciderunt, cum ab extremo agmine, ad quos ventum erat, consisterent fortiterque impetum nostrorum militum sustinerent, priores, quod abesse a periculo viderentur neque ulla necessitate neque imperio continerentur, exaudito clamore perturbatis ordinibus omnes in fuga sibi praesidium ponerent. Ita sine ullo periculo tantam eorum multitudinem nostri interfecerunt, quantum fuit diei spatium:sub occasum solis sequi destiterunt seque in castra, ut erat imperatum, receperunt.

Postridie eius diei Caesar, priusquam se hostes ex terrore ac fuga reciperent, in fines Suessionum, qui proximi Remis erant, exercitum duxit et magno itinere confestim ad oppidum Noviodunum contendit. Id ex itinere oppugnare conatus, quod vacuum ab defensoribus esse audiebat, propter latitudinem fossae murique altitudinem paucis defendentibus expugnare non potuit. Castris munitis vineas agere quaeque ad oppugnandum usui erant comparare coepit.

Interim omnis ex fuga Suessionum multitudo in oppidum proxima nocte convenit. Celeriter vineis ad oppidum actis aggere iacto turribusque constitutis magnitudine operum, quae neque viderant ante Galli neque audierant, et celeritate Romanorum permoti legatos ad Caesarem de deditione mittunt et petentibus Remis, ut conservarentur, impetrant.

Caesar obsidibus acceptis primis civitatis atque ipsius Galbae regis duobus filiis armisque omnibus ex oppido traditis in deditionem Suessiones accipit exercitumque in Bellovacos ducit.

2   Qui cum se suaque omnia in oppidum Bratuspantium contulissent atque ab eo oppido Caesar cum exercitu circiter milia passuum quinque abesset, omnes maiores natu ex oppido egressi manus ad Caesarem tendere et voce significare coeperunt sese in eius fidem ac potestatem venire neque contra populum Romanum armis conten-
3   dere. Item, cum ad oppidum accessisset castraque ibi poneret, pueri mulieresque ex muro passis manibus suo more pacem ab Romanis petierunt.

14   Pro his Diviciacus — nam post discessum Belgarum dimissis Haeduorum copiis ad eum reverterat — facit
2   verba: Bellovacos omni tempore in fide atque amicitia
3   civitatis Haeduae fuisse; impulsos ab suis principibus, qui dicerent Haeduos a Caesare in servitutem redactos omnes indignitates contumeliasque perferre, et ab Haeduis defecisse et populo Romano bellum intulisse.
4   Qui eius consilii principes fuissent, quod intellegerent, quantam calamitatem civitati intulissent, in Britanniam profugisse.
5   Petere non solum Bellovacos, sed etiam pro iis Haeduos, ut sua clementia ac mansuetudine in eos utatur.
6   Quod si fecerit, Haeduorum auctoritatem apud omnes Belgas amplificaturum, quorum auxiliis atque opibus, si qua bella inciderint, sustentare consuerint.

15   Caesar honoris Diviciaci atque Haeduorum causa sese eos in fidem recepturum et conservaturum dixit et, quod erat civitas magna inter Belgas auctoritate atque hominum multitudine praestabat, sescentos obsides poposcit.
2   His traditis omnibusque armis ex oppido collatis ab eo loco in fines Ambianorum pervenit, qui se suaque omnia sine mora dediderunt.
3   Eorum fines Nervii attingebant; quorum de natura
4   moribusque Caesar cum quaereret, sic reperiebat: nullum

esse aditum ad eos mercatoribus; nihil pati vini reliquarumque rerum ad luxuriam pertinentium inferri, quod his rebus relanguescere animos virorum virtutemque remitti existimarent; esse homines feros magnaeque 5 virtutis; increpitare atque incusare reliquos Belgas, qui se populo Romano dedidissent patriamque virtutem proiecissent; confirmare sese neque legatos missuros 6 neque ullam condicionem pacis accepturos.

Cum per eorum fines triduum iter fecisset, inveniebat **16** ex captivis: Sabim flumen a castris suis non amplius milibus passuum decem abesse; trans id flumen omnes 2 Nervios consedisse adventumque ibi Romanorum exspectare una cum Atrebatibus et Viromanduis, finitimis suis — nam his utrisque persuaserant, uti eandem belli 3 fortunam experirentur —; exspectari etiam ab iis 4 Atuatucorum copias atque esse in itinere; mulieres 5 quique per aetatem ad pugnam inutiles viderentur in eum locum coniecisse, quo propter paludes exercitui aditus non esset.

His rebus cognitis exploratores centurionesque prae- **17** mittit, qui locum castris idoneum deligant. Cum ex de- 2 diticiis Belgis reliquisque Gallis complures Caesarem secuti una iter facerent, quidam ex his, ut postea ex captivis cognitum est, eorum dierum consuetudine itineris nostri exercitus perspecta nocte ad Nervios pervenerunt atque his demonstrarunt: inter singulas legiones impedimentorum magnum numerum intercedere neque esse quidquam negotii, cum prima legio in castra venisset reliquaeque legiones magnum spatium abessent, hanc sub sarcinis adoriri; qua pulsa impedimentisque direptis 3 futurum, ut reliquae contra consistere non auderent.
Adiuvabat etiam eorum consilium, qui rem defere- 4 bant, quod Nervii antiquitus, cum equitatu nihil possent

— neque enim ad hoc tempus ei rei student, sed, quidquid possunt, pedestribus valent copiis —, quo facilius finitimorum equitatum, si praedandi causa ad eos venissent, impedirent, teneris arboribus incisis atque inflexis crebrisque in latitudinem ramis enatis et rubis sentibusque interiectis effecerant, ut instar muri hae saepes munimentum praeberent, quo non modo non intrari, sed ne perspici quidem posset. His rebus cum iter agminis nostri impediretur, non omittendum sibi consilium Nervii existimaverunt.

18 Loci natura erat haec, quem locum nostri castris delegerant. Collis ab summo aequaliter declivis ad flumen Sabim, quod supra nominavimus, vergebat. Ab eo flumine pari acclivitate collis nascebatur adversus huic et contrarius, passus circiter ducentos ab infimo apertus, ab superiore parte silvestris, ut non facile introrsus perspici posset. Intra eas silvas hostes in occulto sese continebant; in aperto loco secundum flumen paucae stationes equitum videbantur. Fluminis erat altitudo pedum circiter trium.

19 Caesar equitatu praemisso subsequebatur omnibus copiis; sed ratio ordoque agminis aliter se habebat, ac Belgae ad Nervios detulerant. Nam quod hostibus appropinquabat, consuetudine sua Caesar sex legiones expeditas ducebat; post eas totius exercitus impedimenta collocaverat; inde duae legiones, quae proxime conscriptae erant, totum agmen claudebant praesidioque impedimentis erant.

Equites nostri cum funditoribus sagittariisque flumen transgressi cum hostium equitatu proelium commiserunt. Cum se illi identidem in silvas ad suos reciperent ac rursus ex silva in nostros impetum facerent neque nostri longius, quam quem ad finem porrecta loca aperta

pertinebant, cedentes insequi auderent, interim legiones
sex, quae primae venerant, opere dimenso castra munire
coeperunt.

Ubi prima impedimenta nostri exercitus ab iis, qui in 6
silvis abditi latebant, visa sunt — quod tempus inter eos
committendi proelii convenerat —, ita ut intra silvas
aciem ordinesque constituerant [atque ipsi sese confirma-
verant], subito omnibus copiis provolaverunt impetumque
in nostros equites fecerunt. His facile pulsis ac protur- 7
batis incredibili celeritate ad flumen decucurrerunt, ut
paene uno tempore et ad silvas et in flumine hostes
viderentur. Eadem autem celeritate adverso colle ad 8
nostra castra atque eos, qui in opere occupati erant,
contenderunt.

Caesari omnia uno tempore erant agenda: vexillum **20**
proponendum, ab opere revocandi milites, qui paulo
longius aggeris petendi causa processerant arcessendi,
acies instruenda, milites cohortandi, signum dandum.
Quarum rerum magnam partem temporis brevitas et 2
incursus hostium impediebat.

His difficultatibus duae res erant subsidio, scientia 3
atque usus militum, quod superioribus proeliis exercitati,
quid fieri oporteret, non minus commode ipsi sibi praescribere quam ab aliis doceri poterant, et quod ab opere
singulisque legionibus singulos legatos Caesar discedere
nisi munitis castris vetuerat. Hi propter propinquitatem 4
et celeritatem hostium nihil iam Caesaris imperium exspectabant, sed per se, quae videbantur, administrabant.

Caesar necessariis rebus imperatis ad cohortandos **21**
milites, quam partem fors obtulit, decucurrit et ad legionem decimam devenit. Milites non longiore oratione 2
cohortatus, quam uti suae pristinae virtutis memoriam
retinerent neu perturbarentur animo hostiumque impe-

3 tum fortiter sustinerent, quod non longius hostes aberant, quam quo telum adigi posset, proelii committendi signum dedit.

4 Atque in alteram partem item cohortandi causa pro-
5 fectus pugnantibus occurrit. Temporis tanta fuit exiguitas hostiumque tam paratus ad dimicandum animus, ut non modo ad insignia accommodanda, sed etiam ad galeas induendas scutisque tegimenta detrahenda tempus
6 defuerit. Quam quisque ab opere in partem casu devenit quaeque prima signa conspexit, ad haec constitit, ne in quaerendis suis pugnandi tempus dimitteret.

22 Instructo exercitu magis ut loci natura et necessitas temporis quam ut rei militaris ratio atque ordo postulabat, cum diversae legiones aliae alia in parte hostibus resisterent saepibusque densissimis, ut ante demonstravimus, interiectis prospectus impediretur, neque certa subsidia collocari neque, quid in quaque parte opus esset, provideri neque ab uno omnia imperia administrari
2 poterant. Itaque in tanta rerum iniquitate fortunae quoque eventus varii sequebantur.

23 Legionis nonae et decimae milites, ut in sinistra parte aciei constiterant, pilis emissis cursu ac lassitudine exanimatos vulneribusque confectos Atrebates — nam his ea pars obvenerat — celeriter ex loco superiore in flumen compulerunt et transire conantes insecuti gladiis
2 magnam partem eorum impeditam interfecerunt. Ipsi transire flumen non dubitaverunt et in locum iniquum progressi rursus resistentes hostes redintegrato proelio in fugam coniecerunt.
3 Item alia in parte diversae duae legiones, undecima et octava, profligatis Viromanduis, quibuscum erant congressae, ex loco superiore in ipsis fluminis ripis proeliabantur.

At totis fere castris a fronte et a sinistra parte nudatis, 4
cum in dextro cornu legio duodecima et non magno ab
ea intervallo septima constitisset, omnes Nervii confertissimo agmine duce Boduognato, qui summam imperii
tenebat, ad eum locum contenderunt; quorum pars ab 5
aperto latere legiones circumvenire, pars summum
castrorum locum petere coepit.

Eodem tempore equites nostri levisque armaturae 24
pedites, qui cum iis una fuerant, quos primo hostium
impetu pulsos dixeram, cum se in castra reciperent, adversis hostibus occurrebant ac rursus aliam in partem
fugam petebant; et calones, qui ab decumana porta ac 2
summo iugo collis nostros victores flumen transisse conspexerant, praedandi causa egressi, cum respexissent et
hostes in nostris castris versari vidissent, praecipites
fugae sese mandabant. Simul eorum, qui cum impedi- 3
mentis veniebant, clamor fremitusque oriebatur, aliique
aliam in partem perterriti ferebantur.
Quibus omnibus rebus permoti equites Treveri, 4
quorum inter Gallos virtutis opinio est singularis, qui
auxilii causa a civitate missi ad Caesarem venerant, cum
multitudine hostium castra compleri, legiones premi et
paene circumventas teneri, calones, equites, funditores
Numidas dispersos dissipatosque in omnes partes fugere
vidissent, desperatis nostris rebus domum contenderunt;
Romanos pulsos superatosque, castris impedimentisque 5
eorum hostes potitos civitati renuntiaverunt.

Caesar ab decimae legionis cohortatione ad dextrum 25
cornu profectus, ubi suos urgeri signisque in unum locum
collatis duodecimae legionis confertos milites sibi ipsos
ad pugnam esse impedimento vidit, quartae cohortis
omnibus centurionibus occisis, signifero interfecto, signo
amisso, reliquarum cohortium omnibus fere centurioni-

bus aut vulneratis aut occisis, in his primipilo P. Sextio
Baculo, fortissimo viro, multis gravibusque vulneribus
confecto, ut iam se sustinere non posset, reliquos esse
tardiores et nonnullos ab novissimis proelio excedere ac
tela vitare, hostes neque a fronte ex inferiore loco sub-
euntes intermittere et ab utroque latere instare et rem
esse in angusto vidit neque ullum esse subsidium, quod
2 submitti posset: scuto ab novissimis uni militi detracto,
quod ipse eo sine scuto venerat, in primam aciem pro-
cessit centurionibusque nominatim appellatis reliquos
cohortatus milites signa inferre et manipulos laxare
iussit, quo facilius gladiis uti possent.
3 Cuius adventu spe illata militibus ac redintegrato
animo, cum pro se quisque in conspectu imperatoris
etiam in extremis suis rebus operam navare cuperet,
paulum hostium impetus tardatus est.

26 Caesar cum septimam legionem, quae iuxta constiterat, item urgeri ab hoste vidisset, tribunos militum
monuit, ut paulatim sese legiones coniungerent et con-
2 versa signa in hostes inferrent. Quo facto cum aliis alii
subsidium ferrent neque timerent, ne aversi ab hoste circumvenirentur, audacius resistere ac fortius pugnare coeperunt.
3 Interim milites legionum duarum, quae in novissimo
agmine praesidio impedimentis fuerant, proelio nuntiato
cursu incitato in summo colle ab hostibus conspicieban-
4 tur, et T. Labienus castris hostium potitus et ex loco
superiore, quae res in nostris castris gererentur, conspi-
5 catus decimam legionem subsidio nostris misit. Qui cum
ex equitum et calonum fuga, quo in loco res esset quantoque in periculo et castra et legiones et imperator
versaretur, cognovissent, nihil ad celeritatem sibi reliqui
fecerunt.

Horum adventu tanta rerum commutatio est facta, ut **27**
nostri, etiam qui vulneribus confecti procubuissent,
scutis innixi proelium redintegrarent, calones perterritos **2**
hostes conspicati etiam inermes armatis occurrerent,
equites vero, ut turpitudinem fugae virtute delerent, om‑
nibus in locis pugnae se legionariis militibus praeferrent.

At hostes etiam in extrema spe salutis tantam virtutem **3**
praestiterunt, ut, cum primi eorum cecidissent, proximi
iacentibus insisterent atque ex eorum corporibus pugna‑
rent, his deiectis et coacervatis cadaveribus, qui super‑ **4**
essent, ut ex tumulo tela in nostros conicerent et pila
intercepta remitterent: ut non nequiquam tantae virtutis **5**
homines iudicari deberet ausos esse transire latissimum
flumen, ascendere altissimas ripas, subire iniquissimum
locum; quae facilia ex difficillimis animi magnitudo
redegerat.

Hoc proelio facto et prope ad internecionem gente ac **28**
nomine Nerviorum redacto maiores natu, quos una cum
pueris mulieribusque in aestuaria ac paludes coniectos
dixeramus, [hac pugna nuntiata] cum victoribus nihil im‑
peditum, victis nihil tutum arbitrarentur, omnium, qui **2**
supererant, consensu legatos ad Caesarem miserunt
seque ei dediderunt et in commemoranda civitatis cala‑
mitate ex sescentis ad tres senatores, ex hominum
milibus sexaginta vix ad quingentos, qui arma ferre
possent, sese redactos esse dixerunt.

Quos Caesar, ut in miseros ac supplices usus miseri‑ **3**
cordia videretur, diligentissime conservavit suisque
finibus atque oppidis uti iussit et finitimis imperavit, ut
ab iniuria et maleficio se suosque prohiberent.

Atuatuci, de quibus supra diximus, cum omnibus **29**
copiis auxilio Nerviis venirent, hac pugna nuntiata ex
itinere domum reverterunt; cunctis oppidis castellisque **2**

desertis sua omnia in unum oppidum egregie natura
3 munitum contulerunt. Quod cum ex omnibus in circuitu
partibus altissimas rupes deiectusque haberet, una ex
parte leniter acclivis aditus in latitudinem non amplius
pedum ducentorum relinquebatur; quem locum duplici
altissimo muro munierant; tum magni ponderis saxa et
praeacutas trabes in muro collocabant.
4 Ipsi erant ex Cimbris Teutonisque prognati, qui cum
iter in provinciam nostram atque Italiam facerent, iis
impedimentis, quae secum agere ac portare non poterant,
citra flumen Rhenum depositis custodiae ac praesidio
5 sex milia hominum una reliquerant. Hi post eorum obi-
tum multos annos a finitimis exagitati, cum alias bellum
inferrent, alias illatum defenderent, consensu eorum
omnium pace facta hunc sibi domicilio locum delegerant.

30 Ac primo adventu exercitus nostri crebras ex oppido
excursiones faciebant parvulisque proeliis cum nostris
2 contendebant; postea vallo pedum duodecim in circuitu
quindecim milium crebrisque castellis circummuniti
3 oppido sese continebant. Ubi vineis actis aggere ex-
structo turrim procul constitui viderunt, primum irridere
ex muro atque increpitare vocibus, quod tanta machi-
4 natio a tanto spatio instrueretur: quibusnam manibus
aut quibus viribus praesertim homines tantulae staturae
— nam plerumque omnibus Gallis prae magnitudine corporum suorum brevitas nostra contemptui est — tanti
oneris turrim in muro sese posse collocare confiderent?

31 Ubi vero moveri et appropinquare moenibus viderunt,
nova atque inusitata specie commoti legatos ad Caesa-
2 rem de pace miserunt, qui ad hunc modum locuti: non
se existimare Romanos sine ope deorum bellum gerere,
qui tantae altitudinis machinationes tanta celeritate
3 promovere possent, se suaque omnia eorum potestati
permittere dixerunt.

Unum petere ac deprecari: si forte pro sua clementia 4
ac mansuetudine, quam ipsi ab aliis audirent, statuisset
Atuatucos esse conservandos, ne se armis despoliaret.
Sibi omnes fere finitimos esse inimicos ac suae virtuti 5
invidere, a quibus se defendere traditis armis non possent. Sibi praestare, si in eum casum deducerentur, 6
quamvis fortunam a populo Romano pati quam ab his
per cruciatum interfici, inter quos dominari consuessent.

Ad haec Caesar respondit: se magis consuetudine sua 32
quam merito eorum civitatem conservaturum, si, priusquam murum aries attigisset, se dedidissent; sed deditionis 2
nullam esse condicionem nisi armis traditis. Se id,
quod in Nerviis fecisset, facturum finitimisque imperaturum, ne quam dediticiis populi Romani iniuriam
inferrent.
Re nuntiata ad suos illi se, quae imperarentur, facere 3
dixerunt. Armorum magna multitudine de muro in fossam, 4
quae erat ante oppidum, iacta, sic ut prope summam
muri aggerisque altitudinem acervi armorum
adaequarent, et tamen circiter parte tertia, ut postea
perspectum est, celata atque in oppido retenta portis
patefactis eo die pace sunt usi.

Sub vesperum Caesar portas claudi militesque ex 33
oppido exire iussit, ne quam noctu oppidani a militibus
iniuriam acciperent. Illi ante inito, ut intellectum est, 2
consilio, quod deditione facta nostros praesidia deducturos
aut denique indiligentius servaturos crediderant,
partim cum iis, quae retinuerant et celaverant, armis,
partim scutis ex cortice factis aut viminibus contextis,
quae subito, ut temporis exiguitas postulabat, pellibus
induxerant, tertia vigilia, qua minime arduus ad nostras
munitiones ascensus videbatur, omnibus copiis repente
ex oppido eruptionem fecerunt.

³ Celeriter, ut ante Caesar imperaverat, ignibus significatione facta ex proximis castellis eo concursum est, ⁴ pugnatumque ab hostibus ita acriter est, ut a viris fortibus in extrema spe salutis iniquo loco contra eos, qui ex vallo turribusque tela iacerent, pugnari debuit, cum ⁵ in una virtute omnis spes consisteret. Occisis ad hominum milibus quattuor reliqui in oppidum reiecti sunt.
⁶ Postridie eius diei refractis portis, cum iam defenderet nemo, atque intromissis militibus nostris sectionem eius ⁷ oppidi universam Caesar vendidit. Ab iis, qui emerant, capitum numerus ad eum relatus est milium quinquaginta trium.

34 Eodem tempore a P. Crasso, quem cum legione septima miserat ad Venetos, Venellos, Osismos, Coriosolitas, Esuvios, Aulercos, Redones, quae sunt maritimae civitates Oceanumque attingunt, certior factus est omnes eas civitates in dicionem potestatemque populi Romani redactas esse.

35 His rebus gestis omni Gallia pacata tanta huius belli ad barbaros opinio perlata est, uti ab iis nationibus, quae trans Rhenum incolerent, legationes ad Caesarem mitterentur, quae se obsides daturas, imperata facturas pollicerentur. ² Quas legationes Caesar, quod in Italiam Illyricumque properabat, initio proximae aestatis ad se reverti iussit.
³ Ipse in Carnutes, Andes, Turonos quaeque civitates propinquae iis locis erant, ubi bellum gesserat, legionibus in hiberna deductis in Italiam profectus est.
⁴ Ob easque res ex litteris Caesaris dierum quindecim supplicatio decreta est, quod ante id tempus accidit nulli.

Drittes Buch

Die Ereignisse des Jahres 56 v. Chr.

Cum in Italiam proficisceretur, Caesar Ser. Galbam cum legione duodecima et parte equitatus in Nantuates, Veragros Sedunosque misit, qui a finibus Allobrogum et lacu Lemanno et flumine Rhodano ad summas Alpes pertinent. Causa mittendi fuit, quod iter per Alpes, quo magno cum periculo magnisque portoriis mercatores ire consuerant, patefieri volebat. Huic permisit, si opus esse arbitraretur, uti in his locis legionem hiemandi causa collocaret.

Galba secundis aliquot proeliis factis castellisque compluribus eorum expugnatis, missis ad eum undique legatis obsidibusque datis et pace facta constituit cohortes duas in Nantuatibus collocare et ipse cum reliquis eius legionis cohortibus in vico Veragrorum, qui apellatur Octodurus, hiemare; qui vicus positus in valle non magna adiecta planitie altissimis montibus undique continetur. Cum hic in duas partes flumine divideretur, alteram partem eius vici Gallis concessit, alteram vacuam ab his relictam cohortibus ad hiemandum attribuit. Eum locum vallo fossaque munivit.

Cum dies hibernorum complures transissent frumentumque eo comportari iussisset, subito per exploratores certior factus est ex ea parte vici, quam Gallis concesserat, omnes noctu discessisse montesque, qui impenderent, a maxima multitudine Sedunorum et Veragrorum teneri.

Id aliquot de causis acciderat, ut subito Galli belli renovandi legionisque opprimendae consilium caperent:

3 primum, quod legionem unam neque eam plenissimam detractis cohortibus duabus et compluribus singillatim, qui commeatus petendi causa missi erant, absentibus
4 propter paucitatem despiciebant; tum etiam, quod propter iniquitatem loci, cum ipsi ex montibus in vallem decurrerent et tela conicerent, ne primum quidem impetum
5 suum posse sustineri existimabant. Accedebat, quod suos ab se liberos abstractos obsidum nomine dolebant et Romanos non solum itinerum causa, sed etiam perpetuae possessionis culmina Alpium occupare conari et ea loca finitimae provinciae adiungere sibi persuasum habebant.

3   His nuntiis acceptis Galba, cum neque opus hibernorum munitionesque plane essent perfectae neque de frumento reliquoque commeatu satis esset provisum, quod deditione facta obsidibusque acceptis nihil de bello timendum existimaverat, consilio celeriter convocato sententias exquirere coepit.
2   Quo in consilio, cum tantum repentini periculi praeter opinionem accidisset ac iam omnia fere loca superiora multitudine armatorum completa conspicerentur neque subsidio veniri neque commeatus supportari interclusis
3 itineribus possent, prope iam desperata salute nonnullae eius modi sententiae dicebantur, ut impedimentis relictis eruptione facta isdem itineribus, quibus eo pervenissent,
4 ad salutem contenderent. Maiori tamen parti placuit hoc reservato ad extremum casum consilio interim rei eventum experiri et castra defendere.

4   Brevi spatio interiecto, vix ut iis rebus, quas constituissent, collocandis atque administrandis tempus daretur, hostes ex omnibus partibus signo dato decurrere, lapides gaesaque in vallum conicere.
2   Nostri primo integris viribus fortiter repugnare neque ullum frustra telum ex loco superiore mittere et, quae-

cumque pars castrorum nudata defensoribus premi videbatur, eo occurrere et auxilium ferre, sed hoc superari, quod diuturnitate pugnae hostes defessi proelio excedebant, alii integris viribus succedebant; quarum rerum a nostris propter paucitatem fieri nihil poterat, ac non modo defesso ex pugna excedendi, sed ne saucio quidem eius loci, ubi constiterat, relinquendi ac sui recipiendi facultas dabatur.

Cum iam amplius horis sex continenter pugnaretur ac non solum vires, sed etiam tela nostros deficerent atque hostes acrius instarent languidioribusque nostris vallum scindere et fossas complere coepissent resque esset iam ad extremum perducta casum, P. Sextius Baculus, primi pili centurio, quem Nervico proelio compluribus confectum vulneribus diximus, et item C. Volusenus, tribunus militum, vir et consilii magni et virtutis, ad Galbam accurrunt atque unam esse spem salutis docent, si eruptione facta extremum auxilium experirentur.

Itaque convocatis centurionibus celeriter milites certiores facit, paulisper intermitterent proelium ac tantummodo tela missa exciperent seque ex labore reficerent, post dato signo ex castris erumperent atque omnem spem salutis in virtute ponerent.

Quod iussi sunt, faciunt ac subito omnibus portis eruptione facta neque cognoscendi, quid fieret, neque sui colligendi hostibus facultatem relinquunt. Ita commutata fortuna eos, qui in spem potiendorum castrorum venerant, undique circumventos intercipiunt et ex hominum milibus amplius triginta, quem numerum barbarorum ad castra venisse constabat, plus tertia parte interfecta reliquos perterritos in fugam coniciunt ac ne in locis quidem superioribus consistere patiuntur. Sic omnibus hostium copiis fusis armisque exutis se intra munitiones suas recipiunt.

4   Quo proelio facto quod saepius fortunam temptare Galba nolebat atque alio se in hiberna consilio venisse meminerat, aliis occurrisse rebus videbat, maxime frumenti commeatusque inopia permotus postero die omnibus eius vici aedificiis incensis in provinciam reverti
5   contendit ac nullo hoste prohibente aut iter demorante incolumem legionem in Nantuates, inde in Allobroges perduxit ibique hiemavit.

7   His rebus gestis cum omnibus de causis Caesar pacatam Galliam existimaret atque ita inita hieme in Illyricum profectus esset, quod eas quoque nationes adire et regiones cognoscere volebat, subitum bellum in Gallia coortum **est.**
2   Eius belli haec fuit causa: P. Crassus adulescens cum legione septima proximus mare Oceanum in Andibus
3   hiemabat. Is, quod in his locis inopia frumenti erat, praefectos tribunosque militum complures in finitimas
4   civitates frumenti causa dimisit; quo in numero est T. Terrasidius missus in Esuvios, M. Trebius Gallus in Coriosolitas, Q. Velanius cum T. Silio in Venetos.

8   Huius est civitatis longe amplissima auctoritas omnis orae maritimae regionum earum, quod et naves habent Veneti plurimas, quibus in Britanniam navigare consuerunt, et scientia atque usu rerum nauticarum ceteros antecedunt et in magno impetu maris vasti atque aperti paucis portibus interiectis, quos tenent ipsi, omnes fere, qui eo mari uti consuerunt, habent vectigales.
2   Ab his fit initium retinendi Silii atque Velanii, quod per eos suos se obsides, quos Crasso dedissent, recuperaturos existimabant. Horum auctoritate finitimi adducti
3   — ut sunt Gallorum subita et repentina consilia — eadem de causa Trebium Terrasidiumque retinent et celeriter missis legatis per suos principes inter se coniu-

rant nihil nisi communi consilio sese acturos eundemque
omnes fortunae exitum laturos, reliquasque civitates 4
sollicitant, ut in ea libertate, quam a maioribus acceperint, permanere quam Romanorum servitutem perferre
malint. Omni ora maritima celeriter ad suam sententiam 5
perducta communem legationem ad P. Crassum mittunt:
si velit suos recuperare, obsides sibi remittat.

    Quibus de rebus Caesar a Crasso certior factus, quod 9
ipse aberat longius, naves interim longas aedificari in
flumine Ligeri, quod influit in Oceanum, remiges ex
provincia institui, nautas gubernatoresque comparari
iubet. His rebus celeriter administratis ipse, cum primum 2
per anni tempus potuit, ad exercitum contendit.
    Veneti reliquaeque item civitates cognito Caesaris ad- 3
ventu, simul quod, quantum in se facinus admisissent,
intellegebant — legatos, quod nomen apud omnes nationes sanctum inviolatumque semper fuisset, retentos ab
se et in vincula coniectos —, pro magnitudine periculi
bellum parare et maxime ea, quae ad usum navium
pertinent, providere instituunt, hoc maiore spe, quod
multum natura loci confidebant.
    Pedestria esse itinera concisa aestuariis, navigationem 4
impeditam propter inscientiam locorum paucitatemque
portuum sciebant, neque nostros exercitus propter fru- 5
menti inopiam diutius apud se morari posse confidebant;
ac iam ut omnia contra opinionem acciderent, tamen se 6
plurimum navibus posse, Romanos neque ullam facultatem habere navium neque eorum locorum, ubi bellum
gesturi essent, vada, portus, insulas novisse; ac longe 7
aliam esse navigationem in concluso mari atque in aper-
tissimo Oceano perspiciebant.
    His initis consiliis oppida muniunt, frumenta ex agris 8
in oppida comportant, naves in Venetiam, ubi Caesarem 9
primum bellum gesturum constabat, quam plurimas

¹⁰ possunt, cogunt. Socios sibi ad id bellum Osismos, Lexovios, Namnetes, Ambiliatos, Morinos, Diablintes, Menapios asciscunt; auxilia ex Britannia, quae contra eas regiones posita est, arcessunt.

10 Erant hae difficultates belli gerendi, quas supra ostendimus, sed tamen multa Caesarem ad id bellum incita-
2 bant: iniuria retentorum equitum Romanorum, rebellio facta post deditionem, defectio datis obsidibus, tot civitatum coniuratio, imprimis ne hac parte neglecta reliquae nationes sibi idem licere arbitrarentur.
3 Itaque cum intellegeret omnes fere Gallos novis rebus studere et ad bellum mobiliter celeriterque excitari, omnes autem homines natura libertati studere et condicionem servitutis odisse, priusquam plures civitates conspirarent, partiendum sibi ac latius distribuendum exercitum putavit.

11 Itaque T. Labienum legatum in Treveros, qui proximi
2 flumini Rheno sunt, cum equitatu mittit. Huic mandat, Remos reliquosque Belgas adeat atque in officio contineat Germanosque, qui auxilio a Gallis arcessiti dicebantur, si per vim navibus flumen transire conentur,
3 prohibeat. P. Crassum cum cohortibus legionariis duodecim et magno numero equitatus in Aquitaniam proficisci iubet, ne ex his nationibus auxilia in Galliam
4 mittantur ac tantae nationes coniungantur. Q. Titurium Sabinum legatum cum legionibus tribus in Venellos, Coriosolitas Lexoviosque mittit, qui eam manum distin-
5 endam curet. D. Brutum adulescentem classi Gallicisque navibus, quas ex Pictonibus et Santonis reliquisque pacatis regionibus convenire iusserat, praeficit et, cum primum possit, in Venetos proficisci iubet. Ipse eodem pedestribus copiis contendit.

Erant eius modi fere situs oppidorum, ut posita in **12** extremis lingulis promunturiisque neque pedibus aditum haberent, cum ex alto se aestus incitavisset, quod accidit semper horarum duodenarum spatio, neque navibus, quod rursus minuente aestu naves in vadis afflictarentur.
Ita utraque re oppidorum oppugnatio impediebatur; **2** ac si quando magnitudine operis forte superati, extruso **3** mari aggere ac molibus atque his oppidi moenibus adaequatis, suis fortunis desperare coeperant, magno numero navium appulso, cuius rei summam facultatem habebant, sua omnia deportabant seque in proxima oppida recipiebant; ibi se rursus isdem loci opportunita- **4** tibus defendebant. Haec eo facilius magnam partem **5** aestatis faciebant, quod nostrae naves tempestatibus detinebantur summaque erat vasto atque aperto mari, magnis aestibus, raris ac prope nullis portibus difficultas navigandi.

Namque ipsorum naves ad hunc modum factae **13** armataeque erant: carinae aliquanto planiores quam nostrarum navium, quo facilius vada ac decessum aestus excipere possent; prorae admodum erectae atque item **2** puppes, ad magnitudinem fluctuum tempestatumque accommodatae; naves totae factae ex robore ad quamvis **3** vim et contumeliam perferendam; transtra ex pedalibus **4** in altitudinem trabibus confixa clavis ferreis digiti pollicis crassitudine; ancorae pro funibus ferreis catenis **5** revinctae; pelles pro velis alutaeque tenuiter confectae, **6** sive propter lini inopiam atque eius usus inscientiam, sive eo — quod est magis verisimile — quod tantas tempestates Oceani tantosque impetus ventorum sustineri ac tanta onera navium regi velis non satis commode posse arbitrabantur.
Cum his navibus nostrae classi eius modi congressus **7** erat, ut una celeritate et pulsu remorum praestaret, reli-

qua pro loci natura, pro vi tempestatum illis essent
aptiora et accommodatiora. Neque enim iis nostrae
rostro nocere poterant — tanta in iis erat firmitudo —,
neque propter altitudinem facile telum adigebatur, et
eadem de causa minus commode copulis continebantur.
Accedebat, ut, cum se vento dedissent, tempestatem
ferrent facilius et in vadis consisterent tutius et ab aestu
relictae nihil saxa et cotes timerent; quarum rerum
omnium nostris navibus casus erant extimescendi.

14 Compluribus expugnatis oppidis Caesar, ubi intellexit
frustra tantum laborem sumi neque hostium fugam
captis oppidis reprimi neque iis noceri posse, statuit
exspectandam classem.
Quae ubi convenit ac primum ab hostibus visa est,
circiter ducentae viginti naves eorum paratissimae atque
omni genere armorum ornatissimae ex portu profectae
nostris adversae constiterunt; neque satis Bruto, qui
classi praeerat, vel tribunis militum centurionibusque,
quibus singulae naves erant attributae, constabat, quid
agerent aut quam rationem pugnae insisterent. Rostro
enim noceri non posse cognoverant; turribus autem excitatis tamen has altitudo puppium ex barbaris navibus
superabat, ut neque ex inferiore loco satis commode tela
adigi possent et missa a Gallis gravius acciderent.
Una erat magno usui res praeparata ab nostris, falces
praeacutae insertae affixaeque longuriis, non absimili
forma muralium falcium. His cum funes, qui antemnas
ad malos destinabant, comprehensi adductique erant,
navigio remis incitato praerumpebantur. Quibus abscisis
antemnae necessario concidebant, ut, cum omnis Gallicis
navibus spes in velis armamentisque consisteret, his
ereptis omnis usus navium uno tempore eriperetur.
Reliquum erat certamen positum in virtute, qua nostri
milites facile superabant, atque eo magis, quod in con-

spectu Caesaris atque omnis exercitus res gerebatur, ut
nullum paulo fortius factum latere posset; omnes enim
colles ac loca superiora, unde erat propinquus despectus
in mare, ab exercitu tenebantur.

Deiectis, ut diximus, antemnis, cum singulas binae ac
ternae naves circumsteterant, milites summa vi transcendere in hostium naves contendebant. Quod postquam
fieri barbari animadverterunt, expugnatis compluribus
navibus, cum ei rei nullum reperiretur auxilium, fuga
salutem petere contenderunt.

Ac iam conversis in eam partem navibus, quo ventus
ferebat, tanta subito malacia ac tranquillitas exstitit, ut
se ex loco movere non possent. Quae quidem res ad
negotium conficiendum maximae fuit opportunitati: nam
singulas nostri consectati expugnaverunt, ut perpaucae
ex omni numero noctis interventu ad terram pervenirent,
cum ab hora fere quarta usque ad solis occasum pugnaretur.

Quo proelio bellum Venetorum totiusque orae maritimae confectum est. Nam cum omnis iuventus, omnes
etiam gravioris aetatis, in quibus aliquid consilii aut
dignitatis fuit, eo convenerant, tum, navium quod ubique
fuerat, in unum locum coëgerant; quibus amissis reliqui
neque, quo se reciperent, neque, quem ad modum oppida
defenderent, habebant. Itaque se suaque omnia Caesari
dediderunt.

In quos eo gravius Caesar vindicandum statuit, quo
diligentius in reliquum tempus a barbaris ius legatorum
conservaretur. Itaque omni senatu necato reliquos sub
corona vendidit.

Dum haec in Venetis geruntur, Q. Titurius Sabinus
cum iis copiis, quas a Caesare acceperat, in fines Venel-

2 lorum pervenit. His praeerat Viridovix ac summam imperii tenebat earum omnium civitatum, quae defecerant,
3 ex quibus exercitum magnasque copias coëgerat; atque his paucis diebus Aulerci, Eburovices Lexoviique senatu suo interfecto, quod auctores belli esse nolebant, portas
4 clauserunt seque cum Viridovice coniunxerunt; magnaque praeterea multitudo undique ex Gallia perditorum hominum latronumque convenerat, quos spes praedandi studiumque bellandi ab agricultura et cotidiano labore sevocabat.
5 Sabinus idoneo omnibus rebus loco castris sese tenebat, cum Viridovix contra eum duorum milium spatio consedisset cotidieque productis copiis pugnandi potestatem faceret, ut iam non solum hostibus in contemptionem Sabinus veniret, sed etiam nostrorum militum vocibus
6 nonnihil carperetur; tantamque opinionem timoris praebuit, ut iam ad vallum castrorum hostes accedere aude-
7 rent. Id ea de causa faciebat, quod cum tanta multitudine hostium, praesertim eo absente, qui summam imperii teneret, nisi aequo loco aut opportunitate aliqua data legato dimicandum non existimabat.

18 Hac confirmata opinione timoris idoneum quendam hominem et callidum deligit, Gallum ex iis, quos auxilii
2 causa secum habebat. Huic magnis praemiis pollicitationibusque persuadet, uti ad hostes transeat, et, quid fieri
3 velit, edocet. Qui ubi pro perfuga ad eos venit, timorem Romanorum proponit, quibus angustiis ipse Caesar a
4 Venetis prematur, docet, neque longius abesse, quin proxima nocte Sabinus clam ex castris exercitum educat
5 et ad Caesarem auxilii ferendi causa proficiscatur. Quod ubi auditum est, conclamant omnes occasionem negotii bene gerendi amittendam non esse: ad castra iri oportere.
6 Multae res ad hoc consilium Gallos hortabantur: superiorum dierum Sabini cunctatio, perfugae confir-

matio, inopia cibariorum, cui rei parum diligenter ab iis erat provisum, spes Venetici belli et quod fere libenter homines id, quod volunt, credunt. His rebus adducti non 7 prius Viridovicem reliquosque duces ex concilio dimittunt, quam ab iis sit concessum, arma uti capiant et ad castra contendant. Qua re concessa laeti, ut explorata 8 victoria, sarmentis virgultisque collectis, quibus fossas compleant, ad castra Romanorum pergunt.

Locus erat castrorum editus et paulatim ab imo acclivis circiter passus mille. Huc magno cursu contenderunt, ut quam minimum spatii ad se colligendos armandosque Romanis daretur, exanimatique pervenerunt. Sabinus 2 suos hortatus cupientibus signum dat. Impeditis hostibus propter ea, quae ferebant, onera subito duabus portis eruptionem fieri iubet. 19

Factum est opportunitate loci, hostium inscientia ac 3 defatigatione, virtute militum et superiorum pugnarum exercitatione, ut ne unum quidem nostrorum impetum ferrent ac statim terga verterent. Quos integris viribus 4 milites nostri consecuti magnum numerum eorum occiderunt; reliquos equites consectati paucos, qui ex fuga evaserant, reliquerunt.

Sic uno tempore et de navali pugna Sabinus et de 5 Sabini victoria Caesar est certior factus, civitatesque omnes se statim Titurio dediderunt. Nam ut ad bella 6 suscipienda Gallorum alacer ac promptus est animus, sic mollis ac minime resistens ad calamitates ferendas mens eorum est.

Eodem fere tempore P. Crassus, cum in Aquitaniam 20 pervenisset — quae pars, ut ante dictum est, et regionum latitudine et multitudine hominum ex tertia parte Galliae est aestimanda — atque intellegeret in iis locis sibi bellum gerendum, ubi paucis ante annis L. Valerius

Praeconinus legatus exercitu pulso interfectus esset atque unde L. Manlius proconsul impedimentis amissis profugisset, non mediocrem sibi diligentiam adhibendam
2 intellegebat. Itaque re frumentaria provisa, auxiliis equitatuque comparato, multis praeterea viris fortibus Tolosa et Carcasone et Narbone — quae sunt civitates Galliae provinciae finitimae his regionibus — nominatim evocatis in Sotiatium fines exercitum introduxit.
3 Cuius adventu cognito Sotiates magnis copiis coactis equitatuque, quo plurimum valebant, in itinere agmen nostrum adorti primum equestre proelium commiserunt,
4 deinde equitatu suo pulso atque insequentibus nostris subito pedestres copias, quas in convalle in insidiis collocaverant, ostenderunt. His nostros disiectos adorti proelium renovarunt.

21 Pugnatum est diu atque acriter, cum Sotiates superioribus victoriis freti in sua virtute totius Aquitaniae salutem positam putarent, nostri autem, quid sine imperatore et sine reliquis legionibus adulescentulo duce efficere possent, perspici cuperent; tandem confecti vulneribus hostes terga verterunt.
2 Quorum magno numero interfecto Crassus ex itinere oppidum Sotiatium oppugnare coepit. Quibus fortiter
3 resistentibus vineas turresque egit. Illi alias eruptione temptata, alias cuniculis ad aggerem vineasque actis — cuius rei sunt longe peritissimi Aquitani, propterea quod multis locis apud eos aerariae secturaeque sunt —, ubi diligentia nostrorum nihil his rebus profici posse intellexerunt, legatos ad Crassum mittunt seque in deditionem ut recipiat petunt. Qua re impetrata arma tradere iussi **faciunt.**

22 Atque in eam rem omnium nostrorum intentis animis alia ex parte oppidi Adiatuanus, qui summam imperii

tenebat, cum sescentis devotis, quos illi soldurios appellant — quorum haec est condicio, ut omnibus in vita 2 commodis una cum iis fruantur, quorum se amicitiae dediderint; si quid his per vim accidat, aut eundem casum una ferant aut sibi mortem consciscant; neque 3 adhuc hominum memoria repertus est quisquam, qui eo interfecto, cuius se amicitiae devovisset, mortem recusaret —, cum his Adiatuanus eruptionem facere conatus 4 clamore ab ea parte munitionis sublato, cum ad arma milites concurrissent vehementerque ibi pugnatum esset, repulsus in oppidum tamen, uti eadem deditionis condicione uteretur, a Crasso impetravit.

Armis obsidibusque acceptis Crassus in fines Vocatium et Tarusatium profectus est. Tum vero barbari 2 commoti, quod oppidum et natura loci et manu munitum paucis diebus, quibus eo ventum erat, expugnatum cognoverant, legatos quoqueversus dimittere, coniurare, obsides inter se dare, copias parare coeperunt. Mittuntur 3 etiam ad eas civitates legati, quae sunt citerioris Hispaniae finitimae Aquitaniae; inde auxilia ducesque arcessuntur.

Quorum adventu magna cum alacritate et magna hominum multitudine bellum gerere conantur. Duces vero 5 ii deliguntur, qui una cum Q. Sertorio omnes annos fuerant summamque scientiam rei militaris habere existimabantur. Hi consuetudine populi Romani loca 6 capere, castra munire, commeatibus nostros intercludere instituunt.

Quod ubi Crassus animadvertit suas copias propter 7 exiguitatem non facile diduci, hostem et vagari et vias obsidere et castris satis praesidii relinquere, ob eam causam minus commode frumentum commeatumque sibi supportari, in dies hostium numerum augeri, non cunctandum existimavit, quin pugna decertaret. Hac re ad 8 consilium delata ubi omnes idem sentire intellexit, posterum diem pugnae constituit.

24 Prima luce productis omnibus copiis, duplici acie instituta, auxiliis in mediam aciem coniectis, quid hostes
2 consilii caperent, exspectabat. Illi, etsi propter multitudinem et veterem belli gloriam paucitatemque nostrorum se tuto dimicaturos existimabant, tamen tutius esse arbi-
3 trabantur obsessis viis commeatu intercluso sine ullo vulnere victoria potiri et, si propter inopiam rei frumen-
4 tariae Romani sese recipere coepissent, impeditos in agmine et sub sarcinis infirmiore animo adoriri cogitabant. Hoc consilio probato ab ducibus productis Romanorum copiis sese castris tenebant.
5 Hac re perspecta Crassus, cum sua cunctatione atque opinione timoris hostes nostros milites alacriores ad pugnandum effecissent atque omnium voces audirentur exspectari diutius non oportere, quin ad castra iretur, cohortatus suos omnibus cupientibus ad hostium castra contendit.

25 Ibi cum alii fossas complerent, alii multis telis coniectis defensores vallo munitionibusque depellerent auxiliaresque, quibus non multum Crassus confidebat, ad pugnam lapidibus telisque subministrandis et ad aggerem caespitibus comportandis speciem atque opinionem pugnantium praeberent, cum item ab hostibus constanter ac non timide pugnaretur telaque ex loco superiore
2 missa non frustra acciderent, equites circumitis hostium castris Crasso renuntiaverunt non eadem esse diligentia ab decumana porta castra munita facilemque aditum habere.

26 Crassus equitum praefectos cohortatus, ut magnis praemiis pollicitationibusque suos excitarent, quid fieri vellet, ostendit. Illi, ut erat imperatum, eductis iis cohortibus, quae praesidio castris relictae intritae ab labore erant, et longiore itinere circumductis, ne ex hostium castris conspici possent, omnium oculis mentibusque ad pugnam intentis celeriter ad eas, quas diximus, munitiones pervenerunt atque his prorutis prius in hostium castris constiterunt, quam plane ab his videri aut, quid rei gereretur, cognosci posset.

Tum vero clamore ab ea parte audito nostri redintegratis viribus, quod plerumque in spe victoriae accidere consuevit, acrius pugnare coeperunt. Hostes undique circumventi desperatis omnibus rebus se per munitiones deicere et fuga salutem petere contenderunt. Quos equitatus apertissimis campis consectatus ex numero milium quinquaginta, quae ex Aquitania Cantabrisque convenisse constabat, vix quarta parte relicta multa nocte se in castra recepit.

Hac audita pugna maxima pars Aquitaniae sese Crasso dedidit obsidesque ultro misit; quo in numero fuerunt Tarbelli, Bigerriones, Ptianii, Vocates, Tarusates, Elusates, Gates, Ausci, Garunni, Sibusates, Cocosates; paucae ultimae nationes anni tempore confisae, quod hiems suberat, id facere neglexerunt.

Eodem fere tempore Caesar, etsi prope exacta iam aestas erat, tamen, quod omni Gallia pacata Morini Menapiique supererant, qui in armis essent neque ad eum umquam legatos de pace misissent, arbitratus id bellum celeriter confici posse eo exercitum duxit; qui longe alia ratione ac reliqui Galli bellum gerere coeperunt. Nam quod intellegebant maximas nationes, quae proelio contendissent, pulsas superatasque esse continentesque silvas ac paludes habebant, eo se suaque omnia contulerunt.

3 Ad quarum initium silvarum cum Caesar pervenisset castraque munire instituisset neque hostis interim visus esset, dispersis in opere nostris subito ex omnibus partibus silvae evolaverunt et in nostros impetum fecerunt. 4 Nostri celeriter arma ceperunt eosque in silvas reppulerunt et compluribus interfectis longius impeditioribus locis secuti paucos ex suis deperdiderunt.

29 Reliquis deinceps diebus Caesar silvas caedere instituit et, ne quis inermibus imprudentibusque militibus ab latere impetus fieri posset, omnem eam materiam, quae erat caesa, conversam ad hostem collocabat et pro 2 vallo ad utrumque latus exstruebat. Incredibili celeritate magno spatio paucis diebus confecto, cum iam pecus atque extrema impedimenta a nostris tenerentur, ipsi densiores silvas peterent, eius modi tempestates sunt consecutae, uti opus necessario intermitteretur et continuatione imbrium diutius sub pellibus milites contineri non possent. 3 Itaque vastatis omnibus eorum agris, vicis aedificiisque incensis Caesar exercitum reduxit et in Aulercis, Lexoviis reliquisque item civitatibus, quae proxime bellum fecerant, in hibernis collocavit.

Viertes Buch

Die Ereignisse des Jahres 55 v. Chr.

Ea, quae secuta est, hieme, qui fuit annus Cn. Pompeio M. Crasso consulibus, Usipetes Germani et item Tencteri magna multitudine hominum flumen Rhenum transierunt non longe a mari, quo Rhenus influit. Causa transeundi fuit, quod ab Suebis complures annos exagitati bello premebantur et agricultura prohibebantur.

Sueborum gens est longe maxima et bellicosissima Germanorum omnium. Hi centum pagos habere dicuntur, ex quibus quotannis singula milia armatorum bellandi causa ex finibus educunt. Reliqui, qui domi manserunt, se atque illos alunt; hi rursus invicem anno post in armis sunt, illi domi remanent. Sic neque agricultura nec ratio atque usus belli intermittitur. Sed privati ac separati agri apud eos nihil est, neque longius anno remanere uno in loco colendi causa licet.

Neque multum frumento, sed maximam partem lacte atque pecore vivunt multumque sunt in venationibus; quae res et cibi genere et cotidiana exercitatione et libertate vitae, quod a pueris nullo officio aut disciplina assuefacti nihil omnino contra voluntatem faciunt, et vires alit et immani corporum magnitudine homines efficit. Atque in eam se consuetudinem adduxerunt, ut locis frigidissimis neque vestitus praeter pelles habeant quidquam, quarum propter exiguitatem magna est corporis pars aperta, et laventur in fluminibus.

Mercatoribus est aditus magis eo, ut, quae bello ceperint, quibus vendant, habeant, quam quo ullam rem ad se importari desiderent. Quin etiam iumentis, quibus maxime Galli delectantur quaeque impenso parant pretio, Germani importatis non utuntur, sed, quae sunt apud eos nata, parva atque deformia, haec cotidiana exercitatione, summi ut sint laboris, efficiunt.

3 Equestribus proeliis saepe ex equis desiliunt ac pedibus proeliantur equosque eodem remanere vestigio assuefecerunt, ad quos se celeriter, cum usus est, recipiunt;
4 neque eorum moribus turpius quidquam aut inertius ha-
5 betur quam ephippiis uti. Itaque ad quemvis numerum ephippiatorum equitum quamvis pauci adire audent.
6 Vinum omnino ad se importari non patiuntur, quod ea re ad laborem ferendum remollescere homines atque effeminari arbitrantur.

3 Publice maximam putant esse laudem quam latissime a suis finibus vacare agros; hac re significari magnum numerum civitatum suam vim sustinere non potuisse.
2 Itaque una ex parte a Suebis circiter milia passuum centum agri vacare dicuntur.
3 Ad alteram partem succedunt Ubii, quorum fuit civitas ampla atque florens, ut est captus Germanorum; hi paulo sunt eiusdem generis ceteris humaniores, propterea quod Rhenum attingunt multumque ad eos mercatores ventitant et ipsi propter propinquitatem Gallicis sunt moribus
4 assuefacti. Hos cum Suebi multis saepe bellis experti propter amplitudinem gravitatemque civitatis finibus expellere non potuissent, tamen vectigales sibi fecerunt ac multo humiliores infirmioresque redegerunt.

4 In eadem causa fuerunt Usipetes et Tencteri, quos supra diximus. Qui complures annos Sueborum vim
2 sustinuerunt, ad extremum tamen agris expulsi et multis locis Germaniae triennium vagati ad Rhenum pervenerunt, quas regiones Menapii incolebant. Hi ad utramque
3 ripam fluminis agros, aedificia vicosque habebant; sed

tantae multitudinis adventu perterriti ex iis aedificiis, quae trans flumen habuerant, demigraverant et cis Rhenum dispositis praesidiis Germanos transire prohibebant.

Illi omnia experti, cum neque vi contendere propter inopiam navium neque clam transire propter custodias Menapiorum possent, reverti se in suas sedes regionesque simulaverunt et tridui viam progressi rursus reverterunt atque omni hoc itinere una nocte confecto equitatu inscios inopinantesque Menapios oppresserunt, qui de Germanorum discessu per exploratores certiores facti sine metu trans Rhenum in suos vicos remigraverant. His interfectis navibusque eorum occupatis, priusquam ea pars Menapiorum, quae citra Rhenum erat, certior fieret, flumen transierunt atque omnibus eorum aedificiis occupatis reliquam partem hiemis se eorum copiis aluerunt.

His de rebus Caesar certior factus et infirmitatem Gallorum veritus, quod sunt in consiliis capiendis mobiles et novis plerumque rebus student, nihil his committendum existimavit.

Est autem hoc Gallicae consuetudinis, uti et viatores etiam invitos consistere cogant et, quid quisque eorum de quaque re audierit aut cognoverit, quaerant et mercatores in oppidis vulgus circumsistat quibusque ex regionibus veniant quasque ibi res cognoverint pronuntiare cogat. His rebus atque auditionibus permoti de summis saepe rebus consilia ineunt, quorum eos in vestigio paenitere necesse est, cum incertis rumoribus serviant et plerique ad voluntatem eorum ficta respondeant.

Qua consuetudine cognita Caesar, ne graviori bello occurreret, maturius, quam consuerat, ad exercitum pro-

2 ficiscitur. Eo cum venisset, ea, quae fore suspicatus erat,
3 facta cognovit: missas legationes ab nonnullis civitatibus ad Germanos invitatosque eos, uti ab Rheno discederent:
4 omnia, quae postulassent, ab se fore parata. Qua spe adducti Germani latius iam vagabantur et in fines Eburonum et Condrusorum, qui sunt Treverorum clientes, pervenerant.
5 Principibus Galliae evocatis Caesar ea, quae cognoverat, dissimulanda sibi existimavit eorumque animis permulsis et confirmatis equitatuque imperato bellum cum Germanis gerere constituit.

7 Re frumentaria comparata equitibusque delectis iter in ea loca facere coepit, quibus in locis esse Germanos
2 audiebat. A quibus cum paucorum dierum iter abesset,
3 legati ab his venerunt, quorum haec fuit oratio: Germanos neque priores populo Romano bellum inferre neque tamen recusare, si lacessantur, quin armis contendant, quod Germanorum consuetudo haec sit a maioribus tradita, quicumque bellum inferant, resistere neque
4 deprecari. Haec tamen dicere: venisse se invitos, eiectos domo; si suam gratiam Romani velint, posse iis utiles esse amicos; vel sibi agros attribuant vel patiantur eos
5 tenere, quos armis possederint; sese unis Suebis concedere, quibus ne dii quidem immortales pares esse possint; reliquum quidem in terris esse neminem, quem non superare possint.

8 Ad haec Caesar, quae visum est, respondit; sed exitus fuit orationis: sibi nullam cum iis amicitiam esse posse,
2 si in Gallia remanerent; neque verum esse, qui suos fines tueri non potuerint, alienos occupare; neque ullos in Gallia vacare agros, qui dari tantae praesertim multi-
3 tudini sine iniuria possint; sed licere, si velint, in Ubiorum finibus considere, quorum sint legati apud se et de

Sueborum iniuriis querantur et a se auxilium petant: hoc se ab Ubiis impetraturum.

Legati haec se ad suos relaturos dixerunt et re deliberata post diem tertium ad Caesarem reversuros; interea ne propius se castra moveret, petierunt. Ne id quidem Caesar ab se impetrari posse dixit. Cognoverat enim magnam partem equitatus ab iis aliquot diebus ante praedandi frumentandique causa ad Ambivaritos trans Mosam missam; hos exspectari equites atque eius rei causa moram interponi arbitrabatur.

[Mosa profluit ex monte Vosego, qui est in finibus Lingonum, et parte quadam ex Rheno recepta, quae appellatur Vacalus, insulam efficit Batavorum neque longius ab Oceano milibus passuum octoginta in Rhenum influit. Rhenus autem oritur ex Lepontiis, qui Alpes incolunt, et longo spatio per fines Nantuatium, Helvetiorum, Sequanorum, Mediomatricorum, Tribocorum, Treverorum citatus fertur et, ubi Oceano appropinquavit, in plures diffluit partes multis ingentibusque insulis effectis, quarum pars magna a feris barbarisque nationibus incolitur, ex quibus sunt, qui piscibus atque ovis avium vivere existimantur, multisque capitibus in Oceanum influit.]

Caesar cum ab hoste non amplius passuum duodecim milibus abesset, ut erat constitutum, ad eum legati revertuntur; qui in itinere congressi magnopere, ne longius progrederetur, orabant. Cum id non impetrassent, petebant, uti ad eos equites, qui agmen antecessissent, praemitteret eosque pugna prohiberet, sibique ut potestatem faceret in Ubios legatos mittendi; quorum si principes ac senatus sibi iure iurando fidem fecisset, ea condicione, quae a Caesare ferretur, se usuros ostendebant: ad has res conficiendas sibi tridui spatium daret.

4 Haec omnia Caesar eodem illo pertinere arbitrabatur, ut tridui mora interposita equites eorum, qui abessent, reverterentur; tamen sese non longius milibus passum
5 quattuor aquationis causa processurum eo die dixit: huc postero die quam frequentissimi convenirent, ut de eorum postulatis cognosceret.
6 Interim ad praefectos, qui cum omni equitatu antecesserant, mittit, qui nuntiarent, ne hostes proelio lacesserent et, si ipsi lacesserentur, sustinerent, quoad ipse cum exercitu propius accessisset.

12 At hostes ubi primum nostros equites conspexerunt, quorum erat quinque milium numerus, cum ipsi non amplius octingentos equites haberent, quod ii, qui frumentandi causa erant trans Mosam profecti, nondum redierant, nihil timentibus nostris, quod legati eorum paulo ante a Caesare discesserant atque is dies indutiis erat ab his petitus, impetu facto celeriter nostros pertur-
2 baverunt; rursus his resistentibus consuetudine sua ad pedes desiluerunt suffossisque equis compluribusque nostris deiectis reliquos in fugam coniecerunt atque ita perterritos egerunt, ut non prius fuga desisterent, quam in conspectum agminis nostri venissent.
3 In eo proelio ex equitibus nostris interficiuntur quat-
4 tuor et septuaginta, in his vir fortissimus Piso Aquitanus, amplissimo genere natus, cuius avus in civitate sua regnum obtinuerat amicus ab senatu nostro appellatus.
5 Hic cum fratri intercluso ab hostibus auxilium ferret, illum ex periculo eripuit, ipse equo vulnerato deiectus,
6 quoad potuit, fortissime restitit; cum circumventus multis vulneribus acceptis cecidisset atque id frater, qui iam proelio excesserat, procul animadvertisset, incitato equo se hostibus obtulit atque interfectus est.

13 Hoc facto proelio Caesar neque iam sibi legatos audiendos neque condiciones accipiendas arbitrabatur

ab iis, qui per dolum atque insidias petita pace ultro bellum intulissent; exspectare vero, dum hostium copiae augerentur equitatusque reverteretur, summae dementiae esse iudicabat et cognita Gallorum infirmitate, quantum iam apud eos hostes uno proelio auctoritatis essent consecuti, sentiebat; quibus ad consilia capienda nihil spatii dandum existimabat.

His constitutis rebus et consilio cum legatis et quaestore communicato, ne quem diem pugnae praetermitteret, opportunissima res accidit, quod postridie eius diei mane eadem et simulatione et perfidia usi Germani frequentes omnibus principibus maioribusque natu adhibitis ad eum in castra venerunt, simul, ut dicebatur, sui purgandi causa, quod contra atque esset dictum et ipsi petissent, proelium pridie commisissent, simul ut, si quid possent, de indutiis fallendo impetrarent. Quos sibi Caesar oblatos gavisus retineri iussit; ipse omnes copias castris eduxit equitatumque, quod recenti proelio perterritum esse existimabat, agmen subsequi iussit.

Acie triplici instituta et celeriter octo milium itinere confecto prius ad hostium castra pervenit, quam, quid ageretur, Germani sentire possent. Qui omnibus rebus subito perterriti, et celeritate adventus nostri et discessu suorum, neque consilii habendi neque arma capiendi spatio dato perturbantur, copiasne adversus hostem ducere an castra defendere an fuga salutem petere praestaret.

Quorum timor cum fremitu et concursu significaretur, milites nostri pristini diei perfidia incitati in castra irruperunt. Quo loco, qui celeriter arma capere potuerunt, paulisper nostris restiterunt atque inter carros impedimentaque proelium commiserunt; at reliqua multitudo puerorum mulierumque — nam cum omnibus suis domo excesserant Rhenumque transierant — passim fugere coepit; ad quos consectandos Caesar equitatum misit.

15 Germani post tergum clamore audito cum suos interfici viderent, armis abiectis signisque militaribus relictis 2 se ex castris eiecerunt et, cum ad confluentem Mosae et Rheni pervenissent, reliqua fuga desperata, magno numero interfecto reliqui se in flumen praecipitaverunt atque ibi timore, lassitudine, vi fluminis oppressi perierunt. 3 Nostri ad unum omnes incolumes perpaucis vulneratis ex tanti belli timore, cum hostium numerus capitum quadringentorum triginta milium fuisset, se in castra receperunt.
4 Caesar iis, quos in castris retinuerat, discedendi potestatem 5 fecit. Illi supplicia cruciatusque Gallorum veriti, quorum agros vexaverant, remanere se apud eum velle dixerunt. Hoc iis Caesar liberaliter concessit.

16 Germanico bello confecto multis de causis Caesar statuit sibi Rhenum esse transeundum; quarum illa fuit iustissima, quod, cum videret Germanos tam facile impelli, ut in Galliam venirent, suis quoque rebus eos timere voluit, cum intellegerent et posse et audere populi Romani exercitum Rhenum transire.
2 Accessit etiam, quod illa pars equitatus Usipetum et Tencterorum, quam supra commemoravi praedandi frumentandique causa Mosam transisse neque proelio interfuisse, post fugam suorum se trans Rhenum in fines 3 Sugambrorum receperat seque cum iis coniunxerat. Ad quos cum Caesar nuntios misisset, qui postularent, eos, qui sibi Galliaeque bellum intulissent, sibi dederent, 4 responderunt: populi Romani imperium Rhenum finire; si se invito Germanos in Galliam transire non aequum existimaret, cur sui quicquam esse imperii aut potestatis trans Rhenum postularet?

Ubii autem, qui uni ex Transrhenanis ad Caesarem
legatos miserant, amicitiam fecerant, obsides dederant,
magnopere orabant, ut sibi auxilium ferret, quod graviter
ab Suebis premerentur; vel, si id facere occupationibus
rei publicae prohiberetur, exercitum modo Rhenum
transportaret: id sibi ad praesens auxilium spemque
reliqui temporis satis futurum. Tantum esse nomen atque
opinionem eius exercitus Ariovisto pulso et hoc novissimo proelio facto etiam ad ultimas Germanorum nationes, uti opinione amicitiae populi Romani tuti esse
possent. Navium magnam copiam ad transportandum
exercitum pollicebantur.

Caesar his de causis, quas commemoravi, Rhenum **17**
transire decreverat; sed navibus transire neque satis
tutum esse arbitrabatur neque suae neque populi
Romani dignitatis esse statuebat. Itaque, etsi summa
difficultas faciendi pontis proponebatur propter latitudinem, rapiditatem altitudinemque fluminis, tamen id
sibi contendendum aut aliter non traducendum exercitum
existimabat.

Rationem pontis hanc instituit: Tigna bina sesquipedalia, paulum ab imo praeacuta, dimensa ad altitudinem fluminis intervallo pedum duorum inter se iungebat.
Haec cum machinationibus immissa in flumen defixerat
festucisque adegerat, non sublicae modo derecte ad perpendiculum, sed prone ac fastigate, ut secundum naturam fluminis procumberent, his item contraria duo ad
eundem modum iuncta intervallo pedum quadragenum
ab inferiore parte contra vim atque impetum fluminis
conversa statuebat. Haec utraque insuper bipedalibus
trabibus immissis, quantum eorum tignorum iunctura
distabat, binis utrimque fibulis ab extrema parte distinebantur; quibus disclusis atque in contrariam partem
revinctis tanta erat operis firmitudo atque ea rerum

natura, ut, quo maior vis aquae se incitavisset, hoc artius
8 illigata tenerentur. Haec derecta materia iniecta con-
texebantur ac longuriis cratibusque consternebantur;
9 ac nihilo setius sublicae et ad inferiorem partem fluminis
oblique agebantur, quae pro ariete subiectae et cum omni
10 opere coniunctae vim fluminis exciperent, et aliae item
supra pontem mediocri spatio, ut, si arborum trunci sive
trabes deiciendi operis causa essent a barbaris immissae,
his defensoribus earum rerum vis minueretur neu ponti
nocerent.

18 Diebus decem, quibus materia coepta erat comportari,
2 omni opere effecto exercitus traducitur. Caesar ad
utramque partem pontis firmo praesidio relicto in fines
3 Sugambrorum contendit. Interim a compluribus civitatibus ad eum legati veniunt; quibus pacem atque amicitiam petentibus liberaliter respondet obsidesque ad se
adduci iubet.

4 At Sugrambri ex eo tempore, quo pons institui coeptus
est, fuga comparata hortantibus iis, quos ex Tencteris
atque Usipetibus apud se habebant, finibus suis excesserant suaque omnia exportaverant seque in solitudinem
ac silvas abdiderant.

19 Caesar paucos dies in eorum finibus moratus omnibus
vicis aedificiisque incensis frumentisque succisis se in
fines Ubiorum recepit atque his auxilium suum pollicitus,
2 si a Suebis premerentur, haec ab iis cognovit: Suebos,
posteaquam per exploratores pontem fieri comperissent,
more suo concilio habito nuntios in omnes partes
dimisisse, uti de oppidis demigrarent, liberos, uxores
suaque omnia in silvis deponerent atque omnes, qui
3 arma ferre possent, unum in locum convenirent. Hunc
esse delectum medium fere regionum earum, quas Suebi
obtinerent; hic Romanorum adventum exspectare atque
ibidem decertare constituisse.

Quod ubi Caesar comperit, omnibus iis rebus con- 4
fectis, quarum rerum causa exercitum traducere constituerat, ut Germanis metum iniceret, ut Sugambros
ulcisceretur, ut Ubios obsidione liberaret, diebus omnino
duodeviginti trans Rhenum consumptis satis et ad
laudem et ad utilitatem populi Romani profectum
arbitratus se in Galliam recepit pontemque rescidit.

Exigua parte aestatis reliqua Caesar, etsi in his locis, 20
quod omnis Gallia ad septentriones vergit, maturae sunt
hiemes, tamen in Britanniam proficisci contendit, quod
omnibus fere Gallicis bellis hostibus nostris inde sub-
ministrata auxilia intellegebat et, si tempus ad bellum 2
gerendum deficeret, tamen magno sibi usui fore arbitrabatur, si modo insulam adisset, genus hominum perspexisset, loca, portus, aditus cognovisset; quae omnia
fere Gallis erant incognita. Neque enim temere praeter 3
mercatores illo adit quisquam, neque his ipsis quidquam
praeter oram maritimam atque eas regiones, quae sunt
contra Galliam, notum est.
Itaque evocatis ad se undique mercatoribus neque 4
quanta esset insulae magnitudo neque quae aut quantae
nationes incolerent neque quem usum belli haberent aut
quibus institutis uterentur neque qui essent ad maiorem
navium multitudinem idonei portus reperire poterat.

Ad haec cognoscenda, priusquam periculum faceret, 21
idoneum esse arbitratus C. Volusenum cum navi longa
praemittit. Huic mandat, ut exploratis omnibus rebus ad 2
se quam primum revertatur.
Ipse cum omnibus copiis in Morinos proficiscitur, quod 3
inde erat brevissimus in Britanniam traiectus. Huc naves 4
undique ex finitimis regionibus et, quam superiore
aestate ad Veneticum bellum fecerat, classem iubet
convenire.

5   Interim consilio eius cognito et per mercatores perlato ad Britannos a compluribus insulae civitatibus ad eum legati veniunt, qui polliceantur obsides dare atque 6 imperio populi Romani obtemperare. Quibus auditis liberaliter pollicitus hortatusque, ut in ea sententia per- 7 manerent, eos domum remittit et cum iis una Commium, quem ipse Atrebatibus superatis regem ibi constituerat, cuius et virtutem et consilium probabat et quem sibi fidelem esse arbitrabatur cuiusque auctoritas in his 8 regionibus magni habebatur, mittit. Huic imperat: quas possit, adeat civitates horteturque, ut populi Romani fidem sequantur, seque celeriter eo venturum nuntiet.

9   Volusenus perspectis regionibus, quantum ei facultatis dari potuit, qui navi egredi ac se barbaris committere non auderet, quinto die ad Caesarem revertitur, quaeque ibi perspexisset, renuntiat.

22   Dum in his locis Caesar navium parandarum causa moratur, ex magna parte Morinorum ad eum legati venerunt, qui se de superioris temporis consilio excusarent, quod homines barbari et nostrae consuetudinis imperiti bellum populo Romano fecissent, seque ea, quae 2 imperasset, facturos pollicerentur. Hoc sibi Caesar satis opportune accidisse arbitratus, quod neque post tergum hostem relinquere volebat neque belli gerendi propter anni tempus facultatem habebat neque has tantularum rerum occupationes Britanniae anteponendas iudicabat, magnum iis numerum obsidum imperat. Quibus adductis eos in fidem recipit.

3   Navibus circiter octoginta onerariis coactis, quot satis esse ad duas transportandas legiones existimabat, quod praeterea navium longarum habebat, quaestori, legatis 4 praefectisque distribuit. Huc accedebant duodeviginti onerariae naves, quae ex eo loco a milibus passuum octo vento tenebantur, quominus in eundem portum venire

possent: has equitibus tribuit. Reliquum exercitum Q. 5
Titurio Sabino et L. Aurunculeio Cottae legatis in
Menapios atque in eos pagos Morinorum, a quibus ad
eum legati non venerant, ducendum dedit. P. Sulpicium 6
Rufum legatum cum eo praesidio, quod satis esse
arbitrabatur, portum tenere iussit.

His constitutis rebus nactus idoneam ad navigandum 23
tempestatem tertia fere vigilia naves solvit equitesque
in ulteriorem portum progredi et naves conscendere et
se sequi iussit. A quibus cum paulo tardius esset adminis- 2
tratum, ipse hora diei circiter quarta cum primis
navibus Britanniam attigit atque ibi in omnibus collibus
expositas hostium copias armatas conspexit. Cuius loci 3
haec erat natura atque ita montibus anguste mare con-
tinebatur, uti ex locis superioribus in litus telum adigi
posset. Hunc ad egrediendum nequaquam idoneum 4
locum arbitratus, dum reliquae naves eo convenirent,
ad horam nonam in ancoris exspectavit.

Interim legatis tribunisque militum convocatis, et quae 5
ex Voluseno cognovisset et quae fieri vellet, ostendit
monuitque, ut rei militaris ratio maximeque maritimae
res postularent, ut, cum celerem atque instabilem motum
haberent, ad nutum et ad tempus omnes res ab iis
administrarentur. His dimissis et ventum et aestum uno 6
tempore nactus secundum dato signo et sublatis ancoris
circiter milia passuum septem ab eo loco progressus
aperto ac plano litore naves constituit.

At barbari consilio Romanorum cognito, praemisso 24
equitatu et essedariis, quo plerumque genere in proeliis
uti consuerunt, reliquis copiis subsecuti nostros navibus
egredi prohibebant. Erat ob has causas summa diffi- 2
cultas, quod naves propter magnitudinem nisi in alto

constitui non poterant, militibus autem ignotis locis, impeditis manibus, magno et gravi onere armorum pressis simul et de navibus desiliendum et in fluctibus
3 consistendum et cum hostibus erat pugnandum, cum illi aut ex arido aut paulum in aquam progressi omnibus membris expeditis, notissimis locis audacter tela conicerent
4 et equos insuefactos incitarent. Quibus rebus nostri perterriti atque huius omnino generis pugnae imperiti non eadem alacritate ac studio, quo in pedestribus uti proeliis consuerant, utebantur.

25 Quod ubi Caesar animadvertit, naves longas, quarum et species erat barbaris inusitatior et motus ad usum expeditior, paulum removeri ab onerariis navibus et remis incitari et ad latus apertum hostium constitui atque inde fundis, sagittis, tormentis hostes propelli ac
2 submoveri iussit. Quae res magno usui nostris fuit; nam et navium figura et remorum motu et inusitato genere tormentorum permoti barbari constiterunt ac paulum modo pedem rettulerunt.
3 At nostris militibus cunctantibus maxime propter altitudinem maris, qui decimae legionis aquilam ferebat, obtestatus deos, ut ea res legioni feliciter eveniret: „Desilite", inquit, „commilitones, nisi vultis aquilam hostibus prodere; ego certe meum rei publicae atque
4 imperatori officium praestitero." Hoc cum voce magna dixisset, se ex navi proiecit atque in hostes aquilam ferre
5 coepit. Tum nostri cohortati inter se, ne tantum dedecus
6 admitteretur, universi ex navi desiluerunt. Hos item ex proximis navibus cum conspexissent, subsecuti hostibus appropinquaverunt.

26 Pugnatum est ab utrisque acriter. Nostri tamen, quod neque ordines servare neque firmiter insistere neque signa subsequi poterant atque alius alia ex navi, quibus-

cumque signis occurrerat, se aggregabat, magnopere
perturbabantur; hostes vero notis omnibus vadis, ubi
ex litore aliquos singulares ex navi egredientes conspexerant, incitatis equis impeditos adoriebantur, plures
paucos circumsistebant, alii ab latere aperto in universos
tela coniciebant.

Quod cum animadvertisset, Caesar scaphas longarum
navium, item speculatoria navigia militibus compleri
iussit et, quos laborantes conspexerat, his subsidia sub-
mittebat. Nostri simul in arido constiterunt, suis omnibus consecutis in hostes impetum fecerunt atque eos in
fugam dederunt; neque longius prosequi potuerunt, quod
equites cursum tenere atque insulam capere non potuerant. Hoc unum ad pristinam fortunam Caesari defuit

Hostes proelio superati, simulatque se ex fuga receperunt, statim ad Caesarem legatos de pace miserunt:
obsides sese daturos quaeque imperasset facturos polliciti
sunt.

Una cum his legatis Commius Atrebas venit, quem
supra demonstraveram a Caesare in Britanniam prae-
missum. Hunc illi e navi egressum, cum ad eos oratoris
modo Caesaris mandata deferret, comprehenderant
atque in vincula coniecerant; tum proelio facto remise-
runt et in petenda pace eius rei culpam in multitudinem
contulerunt et, propter imprudentiam ut ignosceretur,
petiverunt.

Caesar questus, quod, cum ultro in continentem legatis
missis pacem ab se petissent, bellum sine causa intulissent, ignoscere se imprudentiae dixit obsidesque imperavit; quorum illi partem statim dederunt, partem ex
longinquioribus locis arcessitam paucis diebus sese
daturos dixerunt. Interea suos in agros remigrare iusserunt, principesque undique convenire et se civitatesque
suas Caesari commendare coeperunt.

28 His rebus pace confirmata post diem quartum, quam est in Britanniam ventum, naves duodeviginti, de quibus supra demonstratum est, quae equites sustulerant, ex superiore portu leni vento solverunt. Quae cum appropinquarent Britanniae et ex castris viderentur, tanta tempestas subito coorta est, ut nulla earum cursum tenere posset, sed aliae eodem, unde erant profectae, referrentur, aliae ad inferiorem partem insulae, quae est propius solis occasum, magno suo cum periculo deicerentur; quae tamen ancoris iactis cum fluctibus complerentur, necessario adversa nocte in altum provectae continentem petierunt.

29 Eadem nocte accidit, ut esset luna plena, qui dies maritimos aestus maximos in Oceano efficere consuevit, nostrisque id erat incognitum. Ita uno tempore et longas naves, quibus Caesar exercitum transportandum curaverat quasque in aridum subduxerat, aestus complebat et onerarias, quae ad ancoras erant deligatae, tempestas afflictabat, neque ulla nostris facultas aut administrandi aut auxiliandi dabatur.

Compluribus navibus fractis reliquae cum essent funibus, ancoris reliquisque armamentis amissis ad navigandum inutiles, magna, id quod necesse erat accidere, totius exercitus perturbatio facta est. Neque enim naves erant aliae, quibus reportari possent, et omnia deerant, quae ad reficiendas naves erant usui, et, quod omnibus constabat hiemari in Gallia oportere, frumentum in his locis in hiemem provisum non erat.

30 Quibus rebus cognitis principes Britanniae, qui post proelium ad Caesarem convenerant, inter se collocuti, cum et equites et naves et frumentum Romanis deesse intellegerent et paucitatem militum ex castrorum exiguitate cognoscerent, quae hoc erant etiam angustiora, quod sine impedimentis Caesar legiones transportaverat, optimum factu esse duxerunt rebellione facta frumento 2 commeatuque nostros prohibere et rem in hiemem producere, quod his superatis aut reditu interclusis neminem postea belli inferendi causa in Britanniam transiturum confidebant. Itaque rursus coniuratione facta paulatim 3 ex castris discedere et suos clam ex agris deducere coeperunt.

At Caesar, etsi nondum eorum consilia cognoverat, **31** tamen et ex eventu navium suarum et ex eo, quod obsides dare intermiserant, fore id, quod accidit, suspicabatur. Itaque ad omnes casus subsidia comparabat. Nam 2 et frumentum ex agris cotidie in castra conferebat et, quae gravissime afflictae erant naves, earum materia atque aere ad reliquas reficiendas utebatur et, quae ad eas res erant usui, ex continenti comportari iubebat. Itaque, cum summo studio a militibus administraretur, 3 duodecim navibus amissis reliquis ut navigari satis commode posset effecit.

Dum ea geruntur, legione ex consuetudine una frumentatum missa, quae appellabatur septima, neque ulla ad id tempus belli suspicione interposita, cum pars hominum in agris remaneret, pars etiam in castra ventitaret, ii, qui pro portis castrorum in statione erant, Caesari nuntiaverunt pulverem maiorem, quam consuetudo ferret, in ea parte videri, quam in partem legio iter fecisset. Caesar id, quod erat, suspicatus aliquid novi a 2 barbaris initum consilii cohortes, quae in stationibus erant, secum in eam partem proficisci, ex reliquis duas in stationem succedere, reliquas armari et confestim se subsequi iussit.

Cum paulo longius a castris processisset, suos ab 3 hostibus premi atque aegre sustinere et conferta legione

4 ex omnibus partibus tela conici animadvertit. Nam quod omni ex reliquis partibus demesso frumento una pars erat reliqua, suspicati hostes huc nostros esse venturos 5 noctu in silvis delituerant; tum dispersos depositis armis in metendo occupatos subito adorti paucis interfectis reliquos incertis ordinibus perturbaverant, simul equitatu atque essedis circumdederant.

33 Genus hoc est ex essedis pugnae: primo per omnes partes perequitant et tela coniciunt atque ipso terrore equorum et strepitu rotarum ordines plerumque perturbant et, cum se inter equitum turmas insinuaverint, ex 2 essedis desiliunt et pedibus proeliantur. Aurigae interim paulum ex proelio excedunt atque ita currus collocant, ut, si illi a multitudine hostium premantur, expeditum 3 ad suos receptum habeant. Ita mobilitatem equitum, stabilitatem peditum in proeliis praestant, ac tantum usu et cotidiana exercitatione efficiunt, uti in declivi ac praecipiti loco incitatos equos sustinere et brevi moderari ac flectere et per temonem percurrere et in iugo insistere et se inde in currus citissime recipere consuerint.

34 Quibus rebus perturbatis nostris tempore opportunissimo Caesar auxilium tulit; namque eius adventu hostes 2 constiterunt, nostri se ex timore receperunt. Quo facto ad lacessendum hostem et committendum proelium alienum esse tempus arbitratus suo se loco continuit et brevi tempore intermisso in castra legiones reduxit.
3 Dum haec geruntur, nostris omnibus occupatis, qui 4 erant in agris reliqui, discesserunt. Secutae sunt continuos complures dies tempestates, quae et nostros in castris continerent et hostem a pugna prohiberent. 5 Interim barbari nuntios in omnes partes dimiserunt paucitatemque nostrorum militum suis praedicaverunt

et, quanta praedae faciendae atque in perpetuum sui liberandi facultas daretur, si Romanos castris expulissent, demonstraverunt. His rebus celeriter magna multitudine peditatus equitatusque coacta ad castra venerunt.

Caesar etsi idem, quod superioribus diebus acciderat, fore videbat, ut, si essent hostes pulsi, celeritate periculum effugerent, tamen nactus equites circiter triginta, quos Commius Atrebas, de quo ante dictum est, secum transportaverat, legiones in acie pro castris constituit. Commisso proelio diutius nostrorum militum impetum hostes ferre non potuerunt ac terga verterunt. Quos tanto spatio secuti, quantum cursu et viribus efficere potuerunt, complures ex iis occiderunt, deinde omnibus longe lateque aedificiis incensis se in castra receperunt.

Eodem die legati ab hostibus missi ad Caesarem de pace venerunt. His Caesar numerum obsidum, quem ante imperaverat, duplicavit eosque in continentem adduci iussit, quod propinquo die aequinoctii infirmis navibus hiemi navigationem subiciendam non existimabat. Ipse idoneam tempestatem nactus paulo post mediam noctem naves solvit; quae omnes incolumnes ad continentem pervenerunt. Sed ex iis onerariae duae eosdem portus, quos reliquae, capere non potuerunt et paulo infra delatae sunt.

Quibus ex navibus cum essent expositi milites circiter trecenti atque in castra contenderent, Morini, quos Caesar in Britanniam proficiscens pacatos reliquerat, spe praedae adducti primo non ita magno suorum numero eos circumsteterunt ac, si sese interfici nollent, arma ponere iusserunt. Cum illi orbe facto se defenderent, celeriter ad clamorem hominum circiter milia sex convenerunt.

Qua re nuntiata Caesar omnem ex castris equitatum
suis auxilio misit. Interim nostri milites impetum hostium
sustinuerunt atque amplius horis quattuor fortissime
pugnaverunt et paucis vulneribus acceptis complures ex
iis occiderunt. Postea vero quam equitatus noster in
conspectum venit, hostes abiectis armis terga verterunt
magnusque eorum numerus est occisus.

38 Caesar postero die T. Labienum legatum cum iis
legionibus, quas ex Britannia reduxerat, in Morinos, qui
rebellionem fecerant, misit. Qui cum propter siccitates
paludum, quo se reciperent, non haberent — quo perfugio superiore anno erant usi —, omnes fere in potestatem Labieni venerunt.

At Q. Titurius et L. Cotta legati, qui in Menapiorum
fines legiones duxerant, omnibus eorum agris vastatis,
frumentis succisis, aedificiis incensis, quod Menapii se
omnes in densissimas silvas abdiderant, se ad Caesarem
receperunt.

Caesar in Belgis omnium legionum hiberna constituit.
Eo duae omnino civitates ex Britannia obsides miserunt,
reliquae neglexerunt.

His rebus gestis ex litteris Caesaris dierum viginti
supplicatio a senatu decreta est.

Fünftes Buch

Die Ereignisse des Jahres 54 v. Chr.

L. Domitio Ap. Claudio consulibus discedens ab **1**
hibernis Caesar in Italiam, ut quotannis facere consuerat,
legatis imperat, quos legionibus praefecerat, uti, quam
plurimas possint, hieme naves aedificandas veteresque
reficiendas curent. Earum modum formamque demonstrat. Ad celeritatem onerandi subductionisque paulo **2**
facit humiliores, quam quibus in nostro mari uti con-
suevimus, atque id eo magis, quod propter crebras
commutationes aestuum minus magnos ibi fluctus fieri
cognoverat, ad onera ac multitudinem iumentorum
transportandam paulo latiores, quam quibus in reliquis
utimur maribus. Has omnes actuarias imperat fieri, **3**
quam ad rem multum humilitas adiuvat. Ea, quae sunt **4**
usui ad armandas naves, ex Hispania apportari iubet.
Ipse conventibus Galliae citerioris peractis in Illy- **5**
ricum proficiscitur, quod a Pirustis finitimam partem
provinciae incursionibus vastari audiebat. Eo cum **6**
venisset, civitatibus milites imperat certumque in locum
convenire iubet. Qua re nuntiata Pirustae legatos ad **7**
eum mittunt, qui doceant nihil earum rerum publico
factum consilio seseque paratos esse demonstrent omnibus rationibus de iniuriis satisfacere. Accepta oratione **8**
eorum Caesar obsides imperat eosque ad certam diem
adduci iubet; nisi ita fecerint, sese bello civitatem per-
secuturum demonstrat. Iis ad diem adductis, ut impera- **9**
verat, arbitros inter civitates dat, qui litem aestiment
poenamque constituant.

His confectis rebus conventibusque peractis in cite- **2**
riorem Galliam revertitur atque inde ad exercitum pro-

2 ficiscitur. Eo cum venisset, circumitis omnibus hibernis singulari militum studio in summa omnium rerum inopia circiter sescentas eius generis, cuius supra demonstravimus, naves et longas duodetriginta invenit instructas neque multum abesse ab eo, quin paucis diebus deduci
3 possint. Collaudatis militibus atque iis, qui negotio praefuerant, quid fieri velit, ostendit atque omnes ad portum Itium convenire iubet, quo ex portu commodissimum in Britanniam traiectum esse cognoverat, circiter milium triginta a continenti; huic rei quod satis esse visum est militum, relinquit.
4 Ipse cum legionibus expeditis quattuor et equitibus octingentis in fines Treverorum proficiscitur, quod hi neque ad concilia veniebant neque imperio parebant Germanosque Transrhenanos sollicitare dicebantur.

3 Haec civitas longe plurimum totius Galliae equitatu valet magnasque habet copias peditum Rhenumque, ut supra demonstravimus, tangit.
2 In ea civitate duo de principatu inter se contendebant,
3 Indutiomarus et Cingetorix; ex quibus alter, simulatque de Caesaris legionumque adventu cognitum est, ad eum venit, se suosque omnes in officio futuros neque ab amicitia populi Romani defecturos confirmavit, quaeque in Treveris gererentur, ostendit.
4 At Indutiomarus equitatum peditatumque cogere iisque, qui per aetatem in armis esse non poterant, in silvam Arduennam abditis, quae ingenti magnitudine per medios fines Treverorum a flumine Rheno ad initium Remorum pertinet, bellum parare instituit.
5 Sed posteaquam nonnulli principes ex ea civitate et auctoritate Cingetorigis adducti et adventu nostri exercitus perterriti ad Caesarem venerunt et de suis privatis rebus ab eo petere coeperunt, quoniam civitati consulere non possent, Indutiomarus veritus, ne ab omnibus de-

sereretur, legatos ad Caesarem mittit: sese idcirco ab 6
suis discedere atque ad eum venire noluisse, quo facilius
civitatem in officio contineret, ne omnis nobilitatis
discessu plebs propter imprudentiam laberetur; itaque 7
civitatem in sua potestate esse, seque, si Caesar permitteret, ad eum in castra venturum et suas civitatisque
fortunas eius fidei permissurum.

Caesar etsi intellegebat, qua de causa ea dicerentur 4
quaeque eum res ab instituto consilio deterreret, tamen,
ne aestatem in Treveris consumere cogeretur omnibus
rebus ad Britannicum bellum comparatis, Indutiomarum
ad se cum ducentis obsidibus venire iussit. His adductis, 2
in iis filio propinquisque eius omnibus, quos nominatim
evocaverat, consolatus Indutiomarum hortatusque est,
uti in officio maneret.

Nihilo tamen setius principibus Treverorum ad se 3
convocatis hos singillatim Cingetorigi conciliavit, quod
cum merito eius ab se fieri intellegebat, tum magni
interesse arbitrabatur eius auctoritatem inter suos quam
plurimum valere, cuius tam egregiam in se voluntatem
perspexisset.

Id factum graviter tulit Indutiomarus [suam gratiam 4
inter suos minui] et, qui iam ante inimico in nos animo
fuisset, multo gravius hoc dolore exarsit.

His rebus constitutis Caesar ad portum Itium cum 5
legionibus pervenit. Ibi cognoscit sexaginta naves, quae 2
in Meldis factae erant, tempestate reiectas cursum
tenere non potuisse atque eodem, unde erant profectae,
revertisse; reliquas paratas ad navigandum atque omnibus rebus instructas invenit. Eodem equitatus totius 3
Galliae convenit, numero milia quattuor, principesque
ex omnibus civitatibus; ex quibus perpaucos, quorum in 4
se fidem perspexerat, relinquere in Gallia, reliquos

obsidum loco secum ducere decreverat, quod, cum ipse abesset, motum Galliae verebatur.

6 Erat una cum ceteris Dumnorix Haeduus, de quo ante a nobis dictum est. Hunc secum habere imprimis constituerat, quod eum cupidum rerum novarum, cupidum imperii, magni animi, magnae inter Gallos auctoritatis
2 cognoverat. Accedebat huc, quod in concilio Haeduorum Dumnorix dixerat sibi a Caesare regnum civitatis deferri; quod dictum Haedui graviter ferebant neque recusandi aut deprecandi causa legatos ad Caesarem
3 mittere audebant. Id factum ex suis hospitibus Caesar cognoverat. Ille omnibus primo precibus petere contendit, ut in Gallia relinqueretur, partim quod insuetus navigandi mare timeret, partim quod religionibus impediri sese diceret.
4 Posteaquam id obstinate sibi negari vidit, omni spe impetrandi adempta principes Galliae sollicitare, sevocare singulos hortarique coepit, ut in continenti
5 remanerent: non sine causa fieri, ut Gallia omni nobilitate spoliaretur; id esse consilium Caesaris, ut, quos in conspectu Galliae interficere vereretur, hos omnes in
6 Britanniam traductos necaret. Fidem reliquis interponere, ius iurandum poscere, ut, quod esse ex usu Galliae intellexissent, communi consilio administrarent. Haec a compluribus ad Caesarem deferebantur.

7 Qua re cognita Caesar, quod tantum civitati Haeduae dignitatis tribuebat, coërcendum atque deterrendum, quibuscumque rebus posset, Dumnorigem statuebat et,
2 quod longius eius amentiam progredi videbat, prospiciendum, ne quid sibi ac rei publicae nocere posset.
3 Itaque dies circiter viginti quinque in eo loco commoratus, quod Corus ventus navigationem impediebat, qui magnam partem omnis temporis in his locis flare con-

suevit, dabat operam, ut in officio Dumnorigem contineret, nihilo tamen setius omnia eius consilia cognosceret; tandem idoneam nactus tempestatem milites equi- 4 tesque conscendere naves iubet.

At omnium animis impeditis Dumnorix cum equitibus 5 Haeduorum a castris insciente Caesare domum discedere coepit. Qua re nuntiata Caesar intermissa profectione 6 atque omnibus rebus postpositis magnam partem equitatus ad eum insequendum mittit retrahique imperat; si vim faciat neque pareat, interfici iubet, nihil hunc se 7 absente pro sano facturum arbitratus, qui praesentis imperium neglexisset. Ille autem revocatus resistere ac 8 se manu defendere suorumque fidem implorare coepit, saepe clamitans liberum se esse liberaeque civitatis. Illi, 9 ut erat imperatum, circumsistunt hominem atque interficiunt; at equites Haedui ad Caesarem omnes revertuntur.

His rebus gestis, Labieno in continenti cum tribus 8 legionibus et equitum milibus duobus relicto, ut portus tueretur et rei frumentariae provideret quaeque in Gallia agerentur cognosceret consiliumque pro tempore et pro re caperet, ipse cum quinque legionibus et pari 2 numero equitum, quem in continenti relinquebat, solis occasu naves solvit et leni Africo provectus media circiter nocte vento intermisso cursum non tenuit et longius delatus aestu orta luce sub sinistra Britanniam relictam conspexit. Tum rursus aestus commutationem secutus 3 remis contendit, ut eam partem insulae caperet, qua optimum esse egressum superiore aestate cognoverat. Qua in re admodum fuit militum virtus laudanda, qui 4 vectoriis gravibusque navigiis non intermisso remigandi labore longarum navium cursum adaequaverint.

Accessum est ad Britanniam omnibus navibus meri- 5 diano fere tempore, neque in eo loco hostis est visus,

6 sed, ut postea Caesar ex captivis cognovit, cum magnae manus eo convenissent, multitudine navium perterritae, quae cum annotinis privatisque, quas sui quisque commodi causa fecerat, amplius octingentae uno erant visae tempore, a litore discesserant ac se in superiora loca abdiderant.

9 Caesar exposito exercitu et loco castris idoneo capto, ubi ex captivis cognovit, quo in loco hostium copiae consedissent, cohortibus decem ad mare relictis et equitibus trecentis, qui praesidio navibus essent, de tertia vigilia ad hostes contendit eo minus veritus navibus, quod in litore molli atque aperto deligatas ad ancoras relinquebat.

2 Ei praesidio navibusque Q. Atrium praefecit. Ipse noctu progressus milia passuum circiter duodecim hostium copias conspicatus est.

3 Illi equitatu atque essedis ad flumen progressi ex loco superiore nostros prohibere et proelium committere coe-
4 perunt. Repulsi ab equitatu se in silvas abdiderunt locum nacti egregie et natura et opere munitum, quem domestici belli, ut videbatur, causa iam ante praepara-
5 verant; nam crebris arboribus succisis omnes introitus
6 erant praeclusi. Ipsi ex silvis rari propugnabant nostros-
7 que intra munitiones ingredi prohibebant. At milites legionis septimae testudine facta et aggere ad munitiones adiecto locum ceperunt eosque ex silvis expulerunt
8 paucis vulneribus acceptis. Sed eos fugientes longius Caesar prosequi vetuit, et quod loci naturam ignorabat et quod magna parte diei consumpta munitioni castrorum tempus relinqui volebat.

10 Postridie eius diei mane tripertito milites equitesque in expeditionem misit, ut eos, qui fugerant, perseque-
2 rentur. His aliquantum itineris progressis, cum iam

extremi essent in prospectu, equites a Q. Atrio ad Caesarem venerunt, qui nuntiarent superiore nocte maxima coorta tempestate prope omnes naves afflictas atque in litus eiectas esse, quod neque ancorae funesque sustinerent neque nautae gubernatoresque vim tempestatis pati possent; itaque ex eo concursu navium magnum esse incommodum acceptum.

His rebus cognitis Caesar legiones equitatumque revocari iubet, ipse ad naves revertitur; eadem fere, quae ex nuntiis cognoverat, coram perspicit, sic ut amissis circiter quadraginta navibus reliquae tamen refici posse magno negotio viderentur. Itaque ex legionibus fabros deligi et ex continenti alios arcessi iubet; Labieno scribit, ut, quam plurimas possit, iis legionibus, quae sint apud eum, naves instituat.

Ipse, etsi res erat multae operae ac laboris, tamen commodissimum esse statuit omnes naves subduci et cum castris una munitione coniungi. In his rebus circiter dies decem consumit ne nocturnis quidem temporibus ad laborem militum intermissis. Subductis navibus castrisque egregie munitis easdem copias, quas ante, praesidio navibus relinquit, ipse eodem, unde redierat, proficiscitur.

Eo cum venisset, maiores iam undique in eum locum copiae Britannorum convenerant summa imperii bellique administrandi communi consilio permissa Cassivellauno, cuius fines a maritimis civitatibus flumen dividit, quod appellatur Tamesis. Huic superiore tempore cum reliquis civitatibus continentia bella intercesserant; sed nostro adventu permoti Britanni hunc toti bello imperioque praefecerant.

[Britanniae pars interior ab iis incolitur, quos natos in insula ipsi memoria proditum dicunt, maritima pars

ab iis, qui praedae ac belli inferendi causa ex Belgio
transierunt — qui omnes fere iisdem nominibus civitatum appellantur, quibus orti ex civitatibus eo pervenerunt — et bello illato ibi remanserunt atque agros colere
coeperunt. Hominum est infinita multitudo creberrima-
que aedificia fere Gallicis consimilia, pecoris magnus
numerus. Utuntur aut aere aut nummo aureo aut taleis
ferreis ad certum pondus examinatis pro nummo.

Nascitur ibi plumbum album in mediterraneis regionibus, in maritimis ferrum, sed eius exigua est copia;
aere utuntur importato. Materia cuiusque generis ut in
Gallia est praeter fagum atque abietem.

Leporem et gallinam et anserem gustare fas non
putant; haec tamen alunt animi voluptatisque causa.
Loca sunt temperatiora quam in Gallia remissioribus
frigoribus.

13 Insula natura triquetra, cuius unum latus est contra
Galliam. Huius lateris alter angulus, qui est ad Cantium, quo fere omnes ex Gallia naves appelluntur, ad
orientem solem, inferior ad meridiem spectat. Hoc latus
tenet circiter milia passuum quingenta.

Alterum vergit ad Hispaniam atque occidentem solem;
qua ex parte est Hibernia insula, dimidio minor, ut
existimatur, quam Britannia, sed pari spatio transmissus
atque ex Gallia est in Britanniam. In hoc medio cursu
est insula, quae appellatur Mona; complures praeterea
minores obiectae insulae existimantur, de quibus insulis
nonnulli scripserunt dies continuos triginta sub brumam
esse noctem. Nos nihil de eo percontationibus reperie-
bamus, nisi certis ex aqua mensuris breviores esse quam
in continenti noctes videbamus. Huius est longitudo
lateris, ut fert illorum opinio, septingentorum milium.

Tertium est contra septentriones; cui parti nulla est
obiecta terra, sed eius angulus alter maxime ad Ger-

maniam spectat. Hoc milia passuum octingentorum in
longitudinem esse existimatur. Ita omnis insula est in
circuitu vicies centum milium passuum.

Ex his omnibus longe sunt humanissimi, qui Cantium
incolunt, quae regio est maritima omnis, neque multum
a Gallica differunt consuetudine. Interiores plerique frumenta non serunt, sed lacte et carne vivunt pellibusque
sunt vestiti. Omnes vero se Britanni vitro inficiunt, quod
caeruleum efficit colorem, atque hoc horribiliores sunt
in pugna aspectu; capilloque sunt promisso atque omni
parte corporis rasa praeter caput et labrum superius.
Uxores habent deni duodenique inter se communes et
maxime fratres cum fratribus parentesque cum liberis;
sed qui sunt ex iis nati, eorum habentur liberi, quo
primum virgo quaeque deducta est.]

Equites hostium essedariique acriter proelio cum equitatu nostro in itinere conflixerunt, ita tamen, ut nostri
omnibus partibus superiores fuerint atque eos in silvas
collesque compulerint; sed compluribus interfectis cupidius insecuti nonnullos ex suis amiserunt.

At illi intermisso spatio, imprudentibus nostris atque
occupatis in munitione castrorum, subito se ex silvis
eiecerunt impetuque in eos facto, qui erant in statione
pro castris collocati, acriter pugnaverunt, duabusque
missis subsidio cohortibus a Caesare atque his primis
legionum duarum, cum eae perexiguo intermisso loci
spatio inter se constitissent, novo genere pugnae perterritis nostris per medios audacissime perruperunt
seque inde incolumes receperunt. Eo die Q. Laberius
Durus tribunus militum interficitur. Illi pluribus submissis cohortibus repelluntur.

Toto hoc in genere pugnae, cum sub oculis omnium
ac pro castris dimicaretur, intellectum est nostros

propter gravitatem armorum, quod neque insequi cedentes possent neque ab signis discedere auderent,
2 minus aptos esse ad huius generis hostem, equites autem magno cum periculo proelio dimicare, propterea quod illi etiam consulto plerumque cederent et, cum paulum ab legionibus nostros removissent, ex essedis desilirent
3 et pedibus dispari proelio contenderent. Equestris autem proelii ratio et cedentibus et insequentibus par atque
4 idem periculum inferebat. Accedebat huc, ut numquam conferti, sed rari magnisque intervallis proeliarentur stationesque dispositas haberent atque alios alii deinceps exciperent integrique et recentes defatigatis succederent.

17 Postero die procul a castris hostes in collibus constiterunt rarique se ostendere et lenius quam pridie
2 nostros equites proelio lacessere coeperunt. Sed meridie, cum Caesar pabulandi causa tres legiones atque omnem equitatum cum C. Trebonio legato misisset, repente ex omnibus partibus ad pabulatores advolaverunt, sic uti ab signis legionibusque non absisterent.
3 Nostri acriter in eos impetu facto reppulerunt neque finem sequendi fecerunt, quoad subsidio confisi equites, cum post se legiones viderent, praecipites hostes egerunt
4 magnoque eorum numero interfecto neque sui colligendi neque consistendi aut ex essedis desiliendi facultatem dederunt.
5 Ex hac fuga protinus, quae undique convenerant, auxilia discesserunt, neque post id tempus umquam summis nobiscum copiis hostes contenderunt.

18 Caesar cognito consilio eorum ad flumen Tamesim in fines Cassivellauni exercitum duxit; quod flumen uno omnino loco pedibus, atque hoc aegre, transiri potest.
2 Eo cum venisset, animadvertit ad alteram fluminis ripam
3 magnas esse copias hostium instructas. Ripa autem erat

acutis sudibus praefixis munita, eiusdemque generis sub aqua defixae sudes flumine tegebantur.

His rebus cognitis a perfugis captivisque Caesar praemisso equitatu confestim legiones subsequi iussit. Sed ea celeritate atque eo impetu milites ierunt, cum capite solo ex aqua exstarent, ut hostes impetum legionum atque equitum sustinere non possent ripasque dimitterent ac se fugae mandarent.

Cassivellaunus, ut supra demonstravimus, omni deposita spe contentionis, dimissis amplioribus copiis, milibus circiter quattuor essedariorum relictis itinera nostra servabat paulumque ex via excedebat locisque impeditis ac silvestribus sese occultabat atque iis regionibus, quibus nos iter facturos cognoverat, pecora atque homines ex agris in silvas compellebat et, cum equitatus noster liberius praedandi vastandique causa se in agros effuderat, omnes viis notis semitisque essedarios ex silvis emittebat et magno cum periculo nostrorum equitum cum iis confligebat atque hoc metu latius vagari prohibebat. Relinquebatur, ut neque longius ab agmine legionum discedi Caesar pateretur et tantum agris vastandis incendiisque faciendis hostibus noceretur, quantum labore atque itinere legionarii milites efficere poterant.

Interim Trinovantes, prope firmissima earum regionum civitas — ex qua Mandubracius adulescens Caesaris fidem secutus ad eum in continentem venerat, cuius pater in ea civitate regnum obtinuerat interfectusque erat a Cassivellauno, ipse fuga mortem vitaverat —, legatos ad Caesarem mittunt pollicenturque sese ei dedituros atque imperata facturos; petunt, ut Mandubracium ab iniuria Cassivellauni defendat atque in civitatem mittat, qui praesit imperiumque obtineat. His Caesar imperat obsides quadraginta frumentumque

4 exercitui Mandubraciumque ad eos mittit. Illi imperata celeriter fecerunt, obsides ad numerum frumentumque miserunt.

21 Trinovantibus defensis atque ab omni militum iniuria prohibitis Cenimagni, Segontiaci, Ancalites, Bibroci, Cassi legationibus missis sese Caesari dedunt.
2 Ab his cognoscit non longe ex eo loco oppidum Cassivellauni abesse silvis paludibusque munitum, quo satis magnus hominum pecorisque numerus convenerit.
3 Oppidum autem Britanni vocant, cum silvas impeditas vallo atque fossa munierunt, quo incursionis hostium
4 vitandae causa convenire consuerunt. Eo proficiscitur cum legionibus; locum reperit egregie natura atque opere munitum; tamen hunc duabus ex partibus oppugnare contendit.
5 Hostes paulisper morati militum nostrorum impetum non tulerunt seseque alia ex parte
6 oppidi eiecerunt. Magnus ibi numerus pecoris repertus multique in fuga sunt comprehensi atque interfecti.

22 Dum haec in his locis geruntur, Cassivellaunus ad Cantium, quod esse ad mare supra demonstravimus — quibus regionibus quattuor reges praeerant, Cingetorix, Carvilius, Taximagulus, Segovax —, nuntios mittit atque his imperat, uti coactis omnibus copiis castra navalia de
2 improviso adoriantur atque oppugnent. Hi cum ad castra venissent, nostri eruptione facta, multis eorum interfectis, capto etiam nobili duce Lugotorige, suos incolumes reduxerunt.
3 Cassivellaunus hoc proelio nuntiato, tot detrimentis acceptis, vastatis finibus, maxime etiam permotus defectione civitatum, legatos per Atrebatem Commium de
4 deditione ad Caesarem mittit. Caesar cum constituisset hiemare in continenti propter repentinos Galliae motus neque multum aestatis superesset atque id facile extrahi

posse intellegeret, obsides imperat et, quid in annos singulos vectigalis populo Romano Britannia penderet, constituit; interdicit atque imperat Cassivellauno, ne Mandubracio neu Trinovantibus noceat.

Obsidibus acceptis exercitum reducit ad mare, naves invenit refectas. His deductis, quod et captivorum magnum numerum habebat et nonnullae tempestate deperierant naves, duobus commeatibus exercitum reportare instituit. Ac sic accidit, uti ex tanto navium numero tot navigationibus neque hoc neque superiore anno ulla omnino navis, quae milites portaret, desideraretur, at ex iis, quae inanes ex continenti ad eum remitterentur prioris commeatus expositis militibus et quas postea Labienus faciendas curaverat numero sexaginta, perpaucae locum caperent, reliquae fere omnes reicerentur.
Quas cum aliquamdiu Caesar frustra exspectasset, ne anni tempore a navigatione excluderetur, quod aequinoctium suberat, necessario angustius milites collocavit ac summa tranquillitate consecuta, secunda cum solvisset vigilia, prima luce terram attigit omnesque incolumes naves perduxit.

Subductis navibus concilioque Gallorum Samarobrivae peracto, quod eo anno frumentum in Gallia propter siccitates angustius provenerat, coactus est aliter ac superioribus annis exercitum in hibernis collocare legionesque in plures civitates distribuere.
Ex quibus unam in Morinos ducendam C. Fabio legato dedit, alteram in Nervios Q. Ciceroni, tertiam in Esuvios L. Roscio; quartam in Remis cum T. Labieno in confinio Treverorum hiemare iussit; tres in Belgio collocavit; his M. Crassum quaestorem et L. Munatium Plancum et C. Trebonium legatos praefecit. Unam legionem, quam proxime trans Padum conscripserat, et cohortes quinque

in Eburones, quorum pars maxima est inter Mosam ac Rhenum, qui sub imperio Ambiorigis et Catuvolci erant,
5 misit. His militibus Q. Titurium Sabinum et L. Aurunculeium Cottam legatos praeesse iussit.
6 Ad hunc modum distributis legionibus facillime inopiae rei frumentariae sese mederi posse existimavit.
7 Atque harum tamen omnium legionum hiberna praeter eam, quam L. Roscio in pacatissimam et quietissimam partem ducendam dederat, milibus passuum ducentis
8 continebantur. Ipse interea, quoad legiones collocatas munitaque hiberna cognovisset, in Gallia morari constituit.

25 Erat in Carnutibus summo loco natus Tasgetius, cuius
2 maiores in sua civitate regnum obtinuerant. Huic Caesar pro eius virtute atque in se benevolentia, quod in omnibus bellis singulari eius opera fuerat usus, maiorum
3 locum restituerat. Tertium iam hunc annum regnantem inimici multis palam ex civitate auctoribus interfecerunt.
4 Defertur ea res ad Caesarem. Ille veritus, quod ad plures res pertinebat, ne civitas eorum impulsu deficeret. L. Plancum cum legione ex Belgio celeriter in Carnutes proficisci iubet ibique hiemare, quorumque opera cognoverit Tasgetium interfectum, hos comprehensos ad se mittere.
5 Interim ab omnibus legatis quaestoribusque, quibus legiones tradiderat, certior factus est in hiberna perventum locumque esse munitum.

26 Diebus circiter quindecim, quibus in hiberna ventum est, initium repentini tumultus ac defectionis ortum est
2 ab Ambiorige et Catuvolco. Qui cum ad fines regni sui Sabino Cottaeque praesto fuissent frumentumque in hiberna comportavissent, Indutiomari Treveri nuntiis impulsi suos concitaverunt subitoque oppressis lignatoribus magna manu ad castra oppugnanda venerunt.

Cum celeriter nostri arma cepissent vallumque ascendissent atque una ex parte Hispanis equitibus emissis equestri proelio superiores fuissent, desperata re hostes suos ab oppugnatione reduxerunt.

Tum suo more conclamaverunt, uti aliqui ex nostris ad colloquium prodiret: habere sese, quae de re communi dicere vellent, quibus rebus controversias minui posse sperarent.

Mittitur ad eos C. Arpinius, eques Romanus, familiaris Titurii, et Q. Iunius ex Hispania quidam, qui iam ante missu Caesaris ad Ambiorigem ventitare consuerat. Apud quos Ambiorix ad hunc modum locutus est:

Sese pro Caesaris in se beneficiis plurimum ei confiteri debere, quod eius opera stipendio liberatus esset, quod Atuatucis, finitimis suis, pendere consuesset, quodque ei et filius et fratris filius a Caesare remissi essent, quos Atuatuci obsidum numero missos apud se in servitute et catenis tenuissent; neque id, quod fecerit de oppugnatione castrorum, aut iudicio aut voluntate sua fecisse, sed coactu civitatis, suaque esse eius modi imperia, ut non minus haberet iuris in se multitudo quam ipse in multitudinem.

Civitati porro hanc fuisse belli causam, quod repentinae Gallorum coniurationi resistere non potuerit. Id se facile ex humilitate sua probare posse, quod non adeo sit imperitus rerum, ut suis copiis populum Romanum superari posse confidat. Sed esse Galliae commune consilium: omnibus hibernis Caesaris oppugnandis hunc esse dictum diem, ne qua legio alteri legioni subsidio venire posset. Non facile Gallos Gallis negare potuisse, praesertim cum de recuperanda communi libertate consilium initum videretur.

Quibus quoniam pro pietate satisfecerit, habere nunc se rationem officii pro beneficiis Caesaris: monere, orare

Titurium pro hospitio, ut suae ac militum saluti consulat. Magnam manum Germanorum conductam Rhenum
transisse; hanc affore biduo. Ipsorum esse consilium,
velintne prius, quam finitimi sentiant, eductos ex
hibernis milites aut ad Ciceronem aut ad Labienum
deducere, quorum alter milia passuum circiter quinquaginta, alter paulo amplius ab iis absit. Illud se
polliceri et iure iurando confirmare, tutum se iter per
suos fines daturum. Quod cum faciat, et civitati sese
consulere, quod hibernis levetur, et Caesari pro eius
meritis gratiam referre.

Hac oratione habita discedit Ambiorix.

Arpinius et Iunius, quae audierant, ad legatos deferunt. Illi repentina re perturbati, etsi ab hoste ea dicebantur, tamen non neglegenda existimabant maximeque
hac re permovebantur, quod civitatem ignobilem atque
humilem Eburonum sua sponte populo Romano bellum
facere ausam vix erat credendum.

Itaque ad consilium rem deferunt, magnaque inter
eos exsistit controversia.

L. Aurunculeius compluresque tribuni militum et primorum ordinum centuriones nihil temere agendum
neque ex hibernis iniussu Caesaris discedendum
existimabant, quantasvis Gallorum, magnas etiam
copias Germanorum sustineri posse munitis hibernis
docebant: rem esse testimonio, quod primum hostium
impetum multis ultro vulneribus illatis fortissime susti-
nuerint; re frumentaria non premi; interea et ex
proximis hibernis et a Caesare conventura subsidia;
postremo quid esse levius aut turpius, quam auctore
hoste de summis rebus capere consilium?

Contra ea Titurius sero facturos clamitabat, cum
maiores manus hostium adiunctis Germanis convenissent

aut cum aliquid calamitatis in proximis hibernis esset acceptum. Brevem consulendi esse occasionem. Caesarem 2 se arbitrari profectum in Italiam; neque aliter Carnutes interficiendi Tasgetii consilium fuisse capturos neque Eburones, si ille adesset, tanta contemptione nostri ad castra venturos.

Sese non hostem auctorem, sed rem spectare: subesse 3 Rhenum; magno esse Germanis dolori Ariovisti mortem et superiores nostras victorias; ardere Galliam tot con- 4 tumeliis acceptis sub populi Romani imperium redactam, superiore gloria rei militaris exstincta. Postremo quis 5 hoc sibi persuaderet sine certa spe Ambiorigem ad eius modi consilium descendisse? Suam sententiam in utram- 6 que partem esse tutam, si nihil esset durius, nullo cum periculo ad proximam legionem perventuros; si Gallia omnis cum Germanis consentiret, unam esse in celeritate positam salutem. Cottae quidem atque eorum, qui dis- 7 sentirent, consilium quem haberet exitum? In quo, si non praesens periculum, at certe longinqua obsidione fames esset timenda.

Hac in utramque partem disputatione habita, cum a 30 Cotta primisque ordinibus acriter resisteretur, „Vincite", inquit, „si ita vultis", Sabinus, et id clariore voce, ut magna pars militum exaudiret; „neque is sum", inquit, 2 „qui gravissime ex vobis mortis periculo terrear. Hi sapient: si gravius quid acciderit, abs te rationem reposcent; qui, si per te liceat, perendino die cum proximis 3 hibernis coniuncti communem cum reliquis belli casum sustineant, non reiecti et relegati longe a ceteris aut ferro aut fame intereant."

Consurgitur ex consilio; comprehendunt utrumque et 31 orant, ne sua dissensione et pertinacia rem in summum periculum deducant: facilem esse rem, seu maneant seu 2 proficiscantur, si modo unum omnes sentiant ac probent;

3 contra in dissensione nullam se salutem perspicere. Res disputatione ad mediam noctem perducitur. Tandem dat Cotta permotus manus: superat sententia Sabini. Pronuntiatur prima luce ituros.
4 Consumitur vigiliis reliqua pars noctis, cum sua quisque miles circumspiceret, quid secum portare posset, quid ex instrumento hibernorum relinquere cogeretur.
5 Omnia excogitantur, quare nec sine periculo maneatur et languore militum et vigiliis periculum augeatur.
6 Prima luce sic ex castris proficiscuntur, ut quibus esset persuasum non ab hoste, sed ab homine amicissimo consilium datum, longissimo agmine maximisque impedimentis.

32 At hostes, posteaquam ex nocturno fremitu vigiliisque de profectione eorum senserunt, collocatis insidiis bipertito in silvis opportuno atque occulto loco a milibus passuum circiter duobus Romanorum adventum exspectabant,
2 et cum se maior pars agminis in magnam convallem demisisset, ex utraque parte eius vallis subito se ostenderunt novissimosque premere et primos prohibere ascensu atque iniquissimo nostris loco proelium committere coeperunt.

33 Tum demum Titurius, qui nihil ante providisset, trepidare et concursare cohortesque disponere, haec tamen ipsa timide atque ut eum omnia deficere viderentur; quod plerumque iis accidere consuevit, qui in ipso negotio consilium capere coguntur.
2 At Cotta, qui cogitasset haec posse in itinere accidere atque ob eam causam profectionis auctor non fuisset, nulla in re communi saluti deerat et in appellandis cohortandisque militibus imperatoris et in pugna militis officia praestabat.
3 Cum propter longitudinem agminis minus facile per se omnia obire et, quid quoque loco faciendum esset,

providere possent, pronuntiari iusserunt, ut impedimenta relinquerent atque in orbem consisterent. Quod consilium, etsi in eius modi casu reprehendendum non est, tamen incommode cecidit; nam et nostris militibus spem minuit et hostes ad pugnam alacriores effecit, quod non sine summo timore et desperatione id factum videbatur. Praeterea accidit — quod fieri necesse erat —, ut vulgo milites ab signis discederent, quaeque quisque eorum carissima haberet, ab impedimentis petere atque arripere properaret, clamore et fletu omnia complerentur.

At barbaris consilium non defuit. Nam duces eorum tota acie pronuntiari iusserunt, ne quis ab loco discederet: illorum esse praedam atque illis reservari, quaecumque Romani reliquissent; proinde omnia in victoria posita existimarent.

Nostri, tametsi ab duce et a fortuna deserebantur, tamen omnem spem salutis in virtute ponebant et, quotiens quaeque cohors procurrerat, ab ea parte magnus numerus hostium cadebat. Qua re animadversa Ambiorix pronuntiari iubet, ut procul tela coniciant neu propius accedant et, quam in partem Romani impetum fecerint, cedant; rursus se ad signa recipientes insequantur.

Quo praecepto ab iis diligentissime observato, cum quaepiam cohors ex orbe excesserat atque impetum fecerat, hostes velocissime refugiebant. Interim eam partem nudari necesse erat et ab latere aperto tela recipere. Rursus, cum in eum locum, unde erant progressi, reverti coeperant, et ab iis, qui cesserant, et ab iis, qui proximi steterant, circumveniebantur; sin autem locum tenere vellent, nec virtuti locus relinquebatur neque ab tanta multitudine coniecta tela conferti vitare poterant.

5 Tamen tot incommodis conflictati, multis vulneribus acceptis resistebant et magna parte diei consumpta, cum a prima luce ad horam octavam pugnaretur, nihil, quod
6 ipsis esset indignum, committebant. Tum T. Balventio, qui superiore anno primum pilum duxerat, viro forti et magnae auctoritatis, utrumque femur tragula traicitur;
7 Q. Lucanius, eiusdem ordinis, fortissime pugnans, dum
8 circumvento filio subvenit, interficitur; L. Cotta legatus omnes cohortes ordinesque adhortans in adversum os funda vulneratur.

36 His rebus permotus Q. Titurius, cum procul Ambiorigem suos cohortantem conspexisset, interpretem suum Cn. Pompeium ad eum mittit rogatum, ut sibi militibus-
2 que parcat. Ille appellatus respondet: si velit secum colloqui, licere; sperare se a multitudine impetrari posse, quod ad militum salutem pertineat; ipsi vero nihil nocitum iri, inque eam rem se suam fidem interponere.
3 Ille cum Cotta saucio communicat: si videatur, pugna ut excedant et cum Ambiorige una colloquantur; sperare se ab eo de sua ac militum salute impetrari posse. Cotta se ad armatum hostem iturum negat atque in eo perseverat.

37 Sabinus, quos in praesentia tribunos militum circum se habebat, et primorum ordinum centuriones se sequi iubet et, cum propius Ambiorigem accessisset, iussus arma abicere imperatum facit suisque, ut idem faciant,
2 imperat. Interim, dum de condicionibus inter se agunt longiorque consulto sermo ab Ambiorige instituitur,
3 paulatim circumventus interficitur. Tum vero suo more victoriam conclamant atque ululatum tollunt impetuque
4 in nostros facto ordines perturbant. Ibi L. Cotta pugnans interficitur cum maxima parte militum. Reliqui se in castra recipiunt, unde erant egressi.

Ex quibus L. Petrosidius aquilifer, cum magna multi- 5
tudine hostium premeretur, aquilam intra vallum proicit,
ipse pro castris fortissime pugnans occiditur. Illi aegre 6
ad noctem oppugnationem sustinent; nocte ad unum
omnes desperata salute se ipsi interficiunt.
Pauci ex proelio elapsi incertis itineribus per silvas 7
ad T. Labienum legatum in hiberna perveniunt atque
eum de rebus gestis certiorem faciunt.

Hac victoria sublatus Ambiorix statim cum equitatu 38
in Atuatucos, qui erant eius regno finitimi, proficiscitur;
neque noctem neque diem intermittit peditatumque se
subsequi iubet. Re demonstrata Atuatucisque concitatis 2
postero die in Nervios pervenit hortaturque, ne sui in
perpetuum liberandi atque ulciscendi Romanos pro iis,
quas acceperint, iniuriis occasionem dimittant; inter- 3
fectos esse legatos duos magnamque partem exercitus
interisse demonstrat; nihil esse negotii subito oppressam 4
legionem, quae cum Cicerone hiemet, interfici; ad eam
rem se profitetur adiutorem. Facile hac oratione
Nerviis persuadet.

Itaque confestim dimissis nuntiis ad Ceutrones, Gru- 39
dios, Levacos, Pleumoxios, Geidumnos, qui omnes sub
eorum imperio sunt, quam maximas possunt manus
cogunt et de improviso ad Ciceronis hiberna advolant
nondum ad eum fama de Titurii morte perlata.
Huic quoque accidit, quod fuit necesse, ut nonnulli 2
milites, qui lignationis munitionisque causa in silvas
discessissent, repentino equitum adventu interciperentur.
His circumventis magna manu Eburones, Nervii, Atua- 3
tuci atque horum omnium socii clientesque legionem
oppugnare incipiunt. Nostri celeriter ad arma concurrunt, vallum conscendunt. Aegre is dies sustentatur, 4
quod omnem spem hostes in celeritate ponebant atque

hanc adeptos victoriam in perpetuum se fore victores confidebant.

40   Mittuntur ad Caesarem confestim a Cicerone litterae magnis propositis praemiis, si pertulissent; obsessis omnibus viis missi intercipiuntur. Noctu ex ea materia, quam munitionis causa comportaverant, turres admodum centum viginti excitantur; incredibili celeritate, quae deesse operi videbantur, perficiuntur. Hostes postero die multo maioribus coactis copiis castra oppugnant, fossam complent. A nostris eadem ratione, qua pridie, resistitur. Hoc idem reliquis deinceps fit diebus. Nulla pars nocturni temporis ad laborem intermittitur; non aegris, non vulneratis facultas quietis datur. Quaecumque ad proximi diei oppugnationem opus sunt, noctu comparantur; multae praeustae sudes, magnus muralium pilorum numerus instituitur; turres contabulantur, pinnae loricaeque ex cratibus attexuntur.

Ipse Cicero, cum tenuissima valetudine esset, ne nocturnum quidem sibi tempus ad quietem relinquebat, ut ultro militum concursu ac vocibus sibi parcere cogeretur.

41   Tum duces principesque Nerviorum, qui aliquem sermonis aditum causamque amicitiae cum Cicerone habebant, colloqui se velle dicunt. Facta potestate eadem, quae Ambiorix cum Titurio egerat, commemorant: omnem Galliam esse in armis; Germanos Rhenum transisse; Caesaris reliquorumque hiberna oppugnari. Addunt etiam de Sabini morte; Ambiorigem ostentant fidei faciendae causa.

Errare eos dicunt, si quidquam ab iis praesidii sperent, qui suis rebus diffidant; sese tamen hoc esse in Ciceronem populumque Romanum animo, ut nihil nisi hiberna recusent atque hanc inveterascere consuetudinem nolint;

licere illis per se incolumibus ex hibernis discedere et, 6
quascumque in partes velint, sine metu proficisci.
　Cicero ad haec unum modo respondet: non esse con- 7
suetudinem populi Romani accipere ab hoste armato
condicionem; si ab armis discedere velint, se adiutore 8
utantur legatosque ad Caesarem mittant; sperare se pro
eius iustitia, quae petierint, impetraturos.

　Ab hac spe repulsi Nervii vallo pedum decem et 42
fossa pedum quindecim hiberna cingunt. Haec et 2
superiorum annorum consuetudine a nobis cognoverant
et, quosdam de exercitu nacti captivos, ab his docebantur; sed nulla ferramentorum copia, quae essent ad hunc 3
usum idonea, gladiis caespites circumcidere, manibus
sagulisque terram exhaurire cogebantur.
　Qua quidem ex re hominum multitudo cognosci potuit; 4
nam minus horis tribus trium milium in circuitu munitionem perfecerunt. Reliquis diebus turres ad altitu- 5
dinem valli, falces testudinesque, quas idem captivi docuerant, parare ac facere coeperunt.

　Septimo oppugnationis die maximo coorto vento fer- 43
ventes glandes et fervefacta iacula in casas, quae more
Gallico stramentis erant tectae, iacere coeperunt. Haec 2
celeriter ignem comprehenderunt et venti magnitudine
in omnem locum castrorum distulerunt. Hostes maximo 3
clamore, sicuti parta iam atque explorata victoria, turres
testudinesque agere et scalis vallum ascendere coeperunt.
　At tanta militum virtus atque ea praesentia animi fuit, 4
ut, cum undique flamma torrerentur maximaque telorum
multitudine premerentur suaque omnia impedimenta
atque omnes fortunas conflagrare intellegerent, non
modo de vallo decederet nemo, sed paene ne respiceret
quidem quisquam, ac tum omnes acerrime fortissimeque
pugnarent.

5 Hic dies nostris longe gravissimus fuit; sed tamen hunc habuit eventum, ut eo die maximus numerus hostium vulneraretur atque interficeretur, ut se sub ipso vallo constipaverant recessumque primis ultimi non dabant.

6 Paulum quidem intermissa flamma et quodam loco turri adacta et contingente vallum tertiae cohortis centuriones ex eo, quo stabant, loco recesserunt suosque omnes removerunt, nutu vocibusque hostes, si introire vellent, vocare coeperunt; quorum progredi ausus est

7 nemo. Tum ex omni parte lapidibus coniectis deturbati turrisque succensa est.

44 Erant in ea legione fortissimi viri, centuriones, qui iam primis ordinibus appropinquarent, T. Pullo et L.

2 Vorenus. Hi perpetuas inter se controversias habebant, uter alteri anteferretur, omnibusque annis de loco summis simultatibus contendebant.

3 Ex his Pullo, cum acerrime ad munitiones pugnaretur, „Quid dubitas", inquit, „Vorene, aut quem locum probandae virtutis tuae exspectas? Hic dies de nostris

4 controversiis iudicabit." Haec cum dixisset, procedit extra munitiones, quaeque pars hostium confertissima est visa, irrumpit.

5 Ne Vorenus quidem sese tum vallo continet, sed omni-
6 um veritus existimationem subsequitur. Mediocri spatio relicto Pullo pilum in hostes immittit atque unum ex multitudine procurrentem traicit; quo percusso exanimatoque hunc scutis protegunt hostes, in illum universi tela

7 coniciunt neque dant progrediendi facultatem. Transfigitur scutum Pulloni et verutum in balteo defigitur.

8 Avertit hic casus vaginam et gladium educere conanti dextram moratur manum, impeditum hostes circumsistunt.

Succurrit inimicus illi Vorenus et laboranti subvenit. Ad hunc se confestim a Pullone omnis multitudo convertit; illum veruto arbitrantur occisum. Vorenus gladio comminus rem gerit atque uno interfecto reliquos paulum propellit; dum cupidius instat, in locum inferiorem delatus concidit. Huic rursus circumvento subsidium fert Pullo, atque ambo incolumes compluribus interfectis summa cum laude sese intra munitiones recipiunt.

Sic fortuna in contentione et certamine utrumque versavit, ut alter alteri inimicus auxilio salutique esset neque diiudicari posset, uter utri virtute anteferendus videretur.

Quanto erat in dies gravior atque asperior oppugnatio, et maxime quod magna parte militum confecta vulneribus res ad paucitatem defensorum pervenerat, tanto crebriores litterae nuntiique ad Caesarem mittebantur; quorum pars deprehensa in conspectu nostrorum militum cum cruciatu necabatur.

Erat unus intus Nervius nomine Vertico, loco natus honesto, qui a prima obsidione ad Ciceronem perfugerat suamque ei fidem praestiterat. Hic servo spe libertatis magnisque persuadet praemiis, ut litteras ad Caesarem deferat. Has ille in iaculo illigatas effert et Gallus inter Gallos sine ulla suspicione versatus ad Caesarem pervenit. Ab eo de periculis Ciceronis legionisque cognoscitur.

Caesar acceptis litteris hora circiter undecima diei statim nuntium in Bellovacos ad M. Crassum quaestorem mittit, cuius hiberna aberant ab eo milia passuum viginti quinque; iubet media nocte legionem proficisci celeriterque ad se venire. Exit cum nuntio Crassus. Alterum ad C. Fabium legatum mittit, ut in Atrebatium fines legionem adducat, qua sibi iter faciendum sciebat.

4 Scribit T. Labieno, si rei publicae commodo facere possit, cum legione ad fines Nerviorum veniat. Reliquam partem exercitus, quod paulo aberat longius, non putat exspectandam; equites circiter quadringentos ex proximis hibernis cogit.

47 Hora circiter tertia ab antecursoribus de Crassi adventu certior factus eo die milia passuum viginti progreditur. 2 Crassum Samarobrivae praeficit legionemque ei attribuit, quod ibi impedimenta exercitus, obsides civitatum, litteras publicas frumentumque omne, quod eo 3 tolerandae hiemis causa devexerat, relinquebat. Fabius, ut imperatum erat, non ita multum moratus in itinere cum legione occurrit.
4 Labienus interitu Sabini et caede cohortium cognita, cum omnes ad eum Treverorum copiae venissent, veritus, ne, si ex hibernis fugae similem profectionem fecisset, hostium impetum sustinere non posset, praesertim quos recenti victoria efferri sciret, litteras Caesari remittit, 5 quanto cum periculo legionem ex hibernis educturus esset; rem gestam in Eburonibus perscribit; docet omnes equitatus peditatusque copias Treverorum tria milia passuum longe ab suis castris consedisse.

48 Caesar consilio eius probato, etsi opinione trium legionum deiectus ad duas reciderat, tamen unum communi 2 saluti auxilium in celeritate ponebat. Venit magnis itineribus in Nerviorum fines. Ibi ex captivis cognoscit, quae apud Ciceronem gerantur quantoque in periculo 3 res sit. Tum cuidam ex equitibus Gallis magnis praemiis 4 persuadet, uti ad Ciceronem epistulam deferat. Hanc Graecis conscriptam litteris mittit, ne intercepta epistula 5 nostra ab hostibus consilia cognoscantur. Si adire non possit, monet, ut tragulam cum epistula ad ammentum 6 deligata intra munitiones castrorum abiciat. In litteris

scribit se cum duabus legionibus profectum celeriter affore; hortatur, ut pristinam virtutem retineat.

Gallus periculum veritus, ut erat praeceptum, tragulam mittit. Haec casu ad turrim adhaesit neque a nostris biduo animadversa tertio die a quodam milite conspicitur, dempta ad Ciceronem defertur. Ille perlectam in conventu militum recitat maximaque omnes laetitia afficit. Tum fumi incendiorum procul videbantur, quae res omnem dubitationem adventus legionum expulit.

Galli re cognita per exploratores obsidionem relinquunt, ad Caesarem omnibus copiis contendunt. Haec erant armata circiter milia sexaginta.

Cicero data facultate Gallum alium ab eodem Verticone, quem supra demonstravimus, repetit, qui litteras ad Caesarem deferat. Hunc admonet, iter caute diligenterque faciat. Perscribit in litteris hostes ab se discessisse omnemque ad eum multitudinem convertisse.

Quibus litteris circiter media nocte Caesar allatis suos facit certiores eosque ad dimicandum animo confirmat. Postero die luce prima movet castra et circiter milia passuum quattuor progressus trans vallem et rivum multitudinem hostium conspicatur.

Erat magni periculi res cum tantis copiis iniquo loco dimicare; tum, quoniam obsidione liberatum Ciceronem sciebat, aequo animo remittendum de celeritate existimabat. Considit et, quam aequissimo potest loco, castra communit atque haec, etsi erant exigua per se, vix hominum milium septem, praesertim nullis cum impedimentis, tamen angustiis viarum, quam maxime potest, contrahit eo consilio, ut in summam contemptionem hostibus veniat. Interim speculatoribus in omnes partes dimissis explorat, quo commodissime itinere vallem transire possit.

Eo die parvulis equestribus proeliis ad aquam factis utrique se suo loco continent: Galli, quod ampliores

3 copias, quae nondum convenerant, exspectabant, Caesar, si forte timoris simulatione hostes in suum locum elicere posset, ut citra vallem pro castris proelio contenderet; si id efficere non posset, ut exploratis itineribus minore cum periculo vallem rivumque transiret.

4 Prima luce hostium equitatus ad castra accedit proe-
5 liumque cum nostris equitibus committit. Caesar consulto equites cedere seque in castra recipere iubet; simul ex omnibus partibus castra altiore vallo muniri portasque obstrui atque in his administrandis rebus quam maxime concursari et cum simulatione agi timoris iubet.

51 Quibus omnibus rebus hostes invitati copias traducunt
2 aciemque iniquo loco constituunt, nostris vero etiam de vallo deductis propius accedunt et tela intra munitionem ex omnibus partibus coniciunt praeconibusque circummissis pronuntiari iubent: seu quis Gallus seu Romanus velit ante horam tertiam ad se transire, sine periculo
3 licere; post id tempus non fore potestatem. Ac sic nostros contempserunt, ut obstructis in speciem portis singulis ordinibus caespitum, quod ea non posse introrumpere viderentur, alii vallum manu scindere. alii
4 fossas complere inciperent. Tum Caesar omnibus portis eruptione facta equitatuque emisso celeriter hostes in fugam dat, sic uti omnino pugnandi causa resisteret nemo, magnumque ex iis numerum occidit atque omnes armis exuit.

52 Longius prosequi veritus, quod silvae paludesque intercedebant, omnibus suis incolumibus eodem die ad
2 Ciceronem pervenit. Institutas turres, testudines munitionesque hostium admiratur; producta legione cognoscit non decimum quemque esse reliquum militem sine
3 vulnere; ex his omnibus iudicat rebus, quanto cum
4 periculo et quanta virtute res sint administratae. Cice-

ronem pro eius merito legionemque collaudat; centuriones singillatim tribunosque militum appellat, quorum egregiam fuisse virtutem testimonio Ciceronis cognoverat. De casu Sabini et Cottae certius ex captivis cognoscit.

Postero die contione habita rem gestam proponit, milites consolatur et confirmat: quod detrimentum culpa et temeritate legati sit acceptum, hoc aequiore animo ferendum docet, quod beneficio deorum immortalium et virtute eorum expiato incommodo neque hostibus diutina laetitia neque ipsis longior dolor relinquatur.

Interim ad Labienum per Remos incredibili celeritate de victoria Caesaris fama perfertur, ut, cum ab hibernis Ciceronis milia passuum circiter sexaginta abesset eoque post horam nonam diei Caesar pervenisset, ante mediam noctem ad portas castrorum clamor oreretur, quo clamore significatio victoriae gratulatioque ab Remis Labieno fieret. Hac fama ad Treveros perlata Indutiomarus, qui postero die castra Labieni oppugnare decreverat, noctu profugit copiasque omnes in Treveros reducit.

Caesar Fabium cum sua legione remittit in hiberna, ipse cum tribus legionibus circum Samarobrivam trinis hibernis hiemare constituit et, quod tanti motus Galliae exstiterant, totam hiemem ipse ad exercitum manere decrevit. Nam illo incommodo de Sabini morte perlato omnes fere Galliae civitates de bello consultabant, nuntios legationesque in omnes partes dimittebant et, quid reliqui consilii caperent atque unde initium belli fieret, explorabant nocturnaque in locis desertis concilia habebant.

Neque ullum fere totius hiemis tempus sine sollicitudine Caesaris intercessit, quin aliquem de consiliis ac motu Gallorum nuntium acciperet.

6 In his ab L. Roscio quaestore, quem legioni tertiae decimae praefecerat, certior factus est magnas copias earum civitatum, quae Aremoricae appellantur, oppugnandi sui causa convenisse neque longius milibus 7 passuum octo ab hibernis suis afuisse, sed nuntio allato de victoria Caesaris discessisse, adeo ut fugae similis discessus videretur.

54 At Caesar principibus cuiusque civitatis ad se evocatis alios territando, cum se scire, quae fierent, denuntiaret, alios cohortando magnum partem Galliae in officio tenuit.
2 Tamen Senones, quae est civitas imprimis firma et magnae inter Gallos auctoritatis, Cavarinum, quem Caesar apud eos regem constituerat — cuius frater Moritasgus adventu in Galliam Caesaris cuiusque maiores regnum obtinuerant —, interficere publico consilio conati, cum ille praesensisset ac profugisset, usque 3 ad fines insecuti regno domoque expulerunt et missis ad Caesarem satisfaciendi causa legatis, cum is omnem ad se senatum venire iussisset, dicto audientes non fuerunt.
4 Ac tantum apud homines barbaros valuit esse aliquos repertos principes belli inferendi tantamque omnibus voluntatum commutationem attulit, ut praeter Haeduos et Remos — quos praecipuo semper in honore Caesar habuit, alteros pro vetere ac perpetua erga populum Romanum fide, alteros pro recentibus Gallici belli officiis — nulla fere civitas fuerit non suspecta nobis.
5 Idque adeo haud scio mirandumne sit, cum compluribus aliis de causis, tum maxime, quod, qui virtute belli omnibus gentibus praeferebantur, tantum se eius opinionis deperdidisse, ut populi Romani imperia perferrent, gravissime dolebant.

Treveri vero atque Indutiomarus totius hiemis nullum tempus intermiserunt, quin trans Rhenum legatos mitterent, civitates sollicitarent, pecunias pollicerentur, magna parte exercitus nostri interfecta multo minorem superesse dicerent partem. Neque tamen ulli civitati Germanorum persuaderi potuit, ut Rhenum transiret, cum se bis expertos dicerent, Ariovisti bello et Tencterorum transitu; non esse amplius fortunam temptaturos.

Hac spe lapsus Indutiomarus nihilo minus copias cogere, exercere, a finitimis equos parare, exsules damnatosque tota Gallia magnis praemiis ad se allicere coepit. Ac tantam sibi iam his rebus in Gallia auctoritatem comparaverat, ut undique ad eum legationes concurrerent, gratiam atque amicitiam publice privatimque peterent.

Ubi intellexit ultro ad se veniri, altera ex parte Senones Carnutesque conscientia facinoris instigari, altera Nervios Atuatucosque bellum Romanis parare, neque sibi voluntariorum copias defore, si ex finibus suis progredi coepisset, armatum concilium indicit. Hoc more Gallorum est initium belli; quo lege communi omnes puberes armati convenire coguntur; qui ex iis novissimus venit, in conspectu multitudinis omnibus cruciatibus affectus necatur.

In eo concilio Cingetorigem, alterius principem factionis, generum suum, quem supra demonstravimus Caesaris secutum fidem ab eo non discessisse, hostem iudicat bonaque eius publicat. His rebus confectis in concilio pronuntiat: arcessitum se a Senonibus et Carnutibus aliisque compluribus Galliae civitatibus; huc iturum per fines Remorum eorumque agros populaturum ac, priusquam id faciat, castra Labieni oppugnaturum. Quae fieri velit, praecipit.

57 Labienus, cum et loci natura et manu munitissimis castris sese teneret, de suo ac legionis periculo nihil timebat; ne quam occasionem rei bene gerendae
2 dimitteret, cogitabat. Itaque a Cingetorige atque eius propinquis oratione Indutiomari cognita, quam in concilio habuerat, nuntios mittit ad finitimas civitates equitesque undique evocat; his certam diem conveniendi dicit.
3 Interim prope cotidie cum omni equitatu Indutiomarus sub castris eius vagabatur, alias ut situm castrorum cognosceret, alias colloquendi aut territandi causa; equites plerumque omnes tela intra vallum coniciebant.
4 Labienus suos intra munitionem continebat timorisque opinionem, quibuscumque poterat rebus, augebat.

58 Cum maiore in dies contemptione Indutiomarus ad castra accederet, nocte una intromissis equitibus omnium finitimarum civitatum, quos arcessendos curaverat, tanta diligentia omnes suos custodiis intra castra continuit, ut nulla ratione ea res enuntiari aut ad Treveros perferri posset.
2 Interim ex consuetudine cotidiana Indutiomarus ad castra accedit atque ibi magnam partem diei consumit; equites tela coniciunt et magna cum contumelia ver-
3 borum nostros ad pugnam evocant. Nullo ab nostris dato responso, ubi visum est, sub vesperum dispersi ac dissipati discedunt.
4 Subito Labienus duabus portis omnem equitatum emittit; praecipit atque interdicit, perterritis hostibus atque in fugam coniectis — quod fore, sicut accidit, videbat — unum omnes petant Indutiomarum, neu quis quem alium prius vulneret, quam illum interfectum viderit, quod mora reliquorum spatium nactum illum effugere nolebat; magna proponit iis, qui occiderint,
5 praemia; submittit cohortes equitibus subsidio.

Comprobat hominis consilium fortuna et, cum unum 6
omnes peterent, in ipso fluminis vado deprehensus Indutiomarus interficitur caputque eius refertur in castra; redeuntes equites, quos possunt, consectantur atque occidunt.

Hac re cognita omnes Eburonum et Nerviorum, quae 7
convenerant, copiae discedunt, pauloque habuit post id factum Caesar Galliam quietiorem.

Sechstes Buch

Die Ereignisse des Jahres 53 v. Chr.

1   Multis de causis Caesar maiorem Galliae motum exspectans per M. Silanum, C. Antistium Reginum, T.
2 Sextium legatos dilectum habere instituit; simul ab Cn. Pompeio proconsule petit, quoniam ipse ad urbem cum imperio rei publicae causa remaneret, quos ex Cisalpina Gallia consul sacramento rogavisset, ad signa convenire
3 et ad se proficisci iuberet, magni interesse etiam in reliquum tempus ad opinionem Galliae existimans tantas videri Italiae facultates, ut, si quid esset in bello detrimenti acceptum, non modo id brevi tempore sarciri, sed etiam maioribus augeri copiis posset.
4   Quod cum Pompeius et rei publicae et amicitiae tribuisset, celeriter confecto per suos dilectu tribus ante exactam hiemem et constitutis et adductis legionibus duplicato earum cohortium numero, quas cum Q. Titurio amiserat, et celeritate et copiis docuit, quid populi Romani disciplina atque opes possent.

2   Interfecto Indutiomaro, ut docuimus, ad eius propinquos a Treveris imperium defertur. Illi finitimos Germanos sollicitare et pecuniam polliceri non desistunt.
2 Cum a proximis impetrare non possent, ulteriores temptant. Inventis nonnullis civitatibus iure iurando inter se confirmant obsidibusque de pecunia cavent; Ambiorigem sibi societate et foedere adiungunt.
3   Quibus rebus cognitis Caesar, cum undique bellum parari videret, Nervios, Atuatucos, Menapios adiunctis Cisrhenanis omnibus Germanis esse in armis, Senones ad imperatum non venire et cum Carnutibus finitimisque

civitatibus consilia communicare, a Treveris Germanos crebris legationibus sollicitari: maturius sibi de bello cogitandum putavit.

Itaque nondum hieme confecta proximis quattuor coactis legionibus de improviso in fines Nerviorum contendit et, priusquam illi aut convenire aut profugere possent, magno pecoris atque hominum numero capto atque ea praeda militibus concessa vastatisque agris in deditionem venire atque obsides sibi dare coëgit. Eo celeriter confecto negotio rursus in hiberna legiones reduxit.

Concilio Galliae primo vere, ut instituerat, indicto, cum reliqui praeter Senones, Carnutes Treverosque venissent, initium belli ac defectionis hoc esse arbitratus, ut omnia postponere videretur, concilium Luteciam Parisiorum transfert. Confines erant hi Senonibus civitatemque patrum memoria coniunxerant, sed ab hoc consilio afuisse existimabantur. Hac re pro suggestu pronuntiata eodem die cum legionibus in Senones proficiscitur magnisque itineribus eo pervenit.

Cognito eius adventu Acco, qui princeps eius consilii fuerat, iubet in oppida multitudinem convenire. Conantibus, priusquam id effici posset, adesse Romanos nuntiatur. Necessario sententia desistunt legatosque deprecandi causa ad Caesarem mittunt; adeunt per Haeduos, quorum antiquitus erat in fide civitas. Libenter Caesar petentibus Haeduis dat veniam excusationemque accipit, quod aestivum tempus instantis belli, non quaestionis esse arbitrabatur. Obsidibus imperatis centum hos Haeduis custodiendos tradit.

Eodem Carnutes legatos obsidesque mittunt usi deprecatoribus Remis, quorum erant in clientela; eadem ferunt responsa. Peragit consilium Caesar equitesque imperat civitatibus.

5 Hac parte Galliae pacata totus et mente et animo in
2 bellum Treverorum et Ambiorigis insistit. Cavarinum
cum equitatu Senonum secum proficisci iubet, ne quis
aut ex huius iracundia aut ex eo, quod meruerat, odio
3 civitatis motus exsistat. His rebus constitutis, quod pro
explorato habebat Ambiorigem proelio non esse con-
tenturum, reliqua eius consilia animo circumspiciebat.
4 Erant Menapii propinqui Eburonum finibus, perpetuis
paludibus silvisque muniti, qui uni ex Gallia de pace ad
Caesarem legatos numquam miserant. Cum his esse
hospitium Ambiorigi sciebat; item per Treveros venisse
5 Germanis in amicitiam cognoverat. Haec prius illi
detrahenda auxilia existimabat, quam ipsum bello
lacesseret, ne desperata salute aut se in Menapios abderet
aut cum Transrhenanis congredi cogeretur.
6 Hoc inito consilio totius exercitus impedimenta ad
Labienum in Treveros mittit duasque ad eum legiones
proficisci iubet; ipse cum legionibus expeditis quinque in
7 Menapios proficiscitur. Illi nulla coacta manu loci praesidio freti in silvas paludesque confugiunt suaque eodem
conferunt.

6 Caesar partitis copiis cum C. Fabio legato et M. Crasso
quaestore celeriterque effectis pontibus adit tripertito,
aedificia vicosque incendit, magno pecoris atque homi-
2 num numero potitur. Quibus rebus coacti Menapii
3 legatos ad eum pacis petendae causa mittunt. Ille obsidibus acceptis hostium se habiturum numero confirmat,
si aut Ambiorigem aut eius legatos finibus suis recepis-
4 sent. His confirmatis rebus Commium Atrebatem cum
equitatu custodis loco in Menapiis relinquit, ipse in
Treveros proficiscitur.

7 Dum haec a Caesare geruntur, Treveri magnis coactis
peditatus equitatusque copiis Labienum cum una legione,
2 quae in eorum finibus hiemabat, adoriri parabant; iam-

que ab eo non longius bidui via aberant, cum duas venisse legiones missu Caesaris cognoscunt. Positis 3 castris a milibus passuum quindecim auxilia Germanorum exspectare constituunt.

Labienus hostium cognito consilio sperans temeritate 4 eorum fore aliquam dimicandi facultatem praesidio quinque cohortium impedimentis relicto cum viginti quinque cohortibus magnoque equitatu contra hostem proficiscitur et mille passuum intermisso spatio castra communit.

Erat inter Labienum atque hostem difficili transitu 5 flumen ripisque praeruptis. Hoc neque ipse transire in animo habebat neque hostes transituros existimabat. Augebatur auxiliorum cotidie spes. Loquitur consulto 6 palam, quoniam Germani appropinquare dicantur, sese suas exercitusque fortunas in dubium non devocaturum et postero die prima luce castra moturum. Celeriter haec 7 ad hostes deferuntur, ut ex magno Gallorum equitum numero nonnullos Gallicis rebus favere natura cogebat.

Labienus nocte tribunis militum primisque ordinibus 8 convocatis, quid sui sit consilii, proponit et, quo facilius hostibus timoris det suspicionem, maiore strepitu et tumultu, quam populi Romani fert consuetudo, castra moveri iubet. His rebus fugae similem profectionem efficit. Haec quoque per exploratores ante lucem in 9 tanta propinquitate castrorum ad hostes deferuntur.

Vix agmen novissimum extra munitiones processerat, 8 cum Galli cohortati inter se, ne speratam praedam ex manibus dimitterent — longum esse perterritis Romanis Germanorum auxilium exspectare, neque suam pati dignitatem, ut tantis copiis tam exiguam manum, praesertim fugientem atque impeditam, adoriri non audeant — flumen transire et iniquo loco proelium committere non dubitant.

2 Quae fore suspicatus Labienus, ut omnes citra flumen eliceret, eadem usus simulatione itineris placide progre-
3 diebatur. Tum praemissis paulum impedimentis atque in tumulo quodam collocatis „Habetis", inquit, „milites, quam petistis facultatem: hostem impedito atque iniquo
4 loco tenetis. Praestate eandem nobis ducibus virtutem, quam saepenumero imperatori praestitistis, atque illum adesse et haec coram cernere existimate."
5 Simul signa ad hostem converti aciemque derigi iubet et paucis turmis praesidio ad impedimenta missis reli-
6 quos equites ad latera disponit. Celeriter nostri clamore sublato pila in hostes immittunt. Illi, ubi praeter spem, quos fugere credebant, infestis signis ad se ire viderunt, impetum ferre non potuerunt ac primo concursu in fugam coniecti proximas silvas petierunt.
7 Quos Labienus equitatu consectatus magno numero interfecto, compluribus captis paucis post diebus civitatem recepit. Nam Germani, qui auxilio veniebant, per-
8 cepta Treverorum fuga sese domum contulerunt. Cum his propinqui Indutiomari, qui defectionis auctores
9 fuerant, comitati eos ex civitate excesserunt. Cingetorigi, quem ab initio permansisse in officio demonstravimus, principatus atque imperium est traditum.

9 Caesar, postquam ex Menapiis in Treveros venit,
2 duabus de causis Rhenum transire constituit; quarum una erat, quod Germani auxilia contra se Treveris miserant, altera, ne ad eos Ambiorix receptum haberet.
3 His constitutis rebus paulo supra eum locum, quo ante
4 exercitum traduxerat, facere pontem instituit. Nota atque instituta ratione magno militum studio paucis
5 diebus opus efficitur. Firmo in Treveris ad pontem praesidio relicto, ne quis ab his subito motus oreretur, reliquas copias equitatumque traducit.

Ubii, qui ante obsides dederant atque in deditionem 6
venerant, sui purgandi causa ad eum legatos mittunt,
qui doceant neque ex sua civitate auxilia in Treveros
missa neque ab se fidem laesam; petunt atque orant, ut 7
sibi parcat, ne communi odio Germanorum innocentes
pro nocentibus poenas pendant; si amplius obsidum
velit dari, pollicentur. Cognita Caesar causa reperit ab 8
Suebis auxilia missa esse; Ubiorum satisfactionem
accipit, aditus viasque in Suebos perquirit.

Interim paucis post diebus fit ab Ubiis certior Suebos 10
omnes in unum locum copias cogere atque iis nationibus,
quae sub eorum sint imperio, denuntiare, ut auxilia peditatus equitatusque mittant. His cognitis rebus rem fru- 2
mentariam providet, castris idoneum locum deligit;
Ubiis imperat, ut pecora deducant suaque omnia ex
agris in oppida conferant, sperans barbaros atque
imperitos homines inopia cibariorum adductos ad iniquam pugnandi condicionem posse deduci; mandat, ut 3
crebros exploratores in Suebos mittant quaeque apud eos
gerantur cognoscant.

Illi imperata faciunt et paucis diebus intermissis re- 4
ferunt: Suebos omnes, posteaquam certiores nuntii de
exercitu Romanorum venerint, cum omnibus suis sociorumque copiis, quas coëgissent, penitus ad extremos
fines se recepisse; silvam esse ibi infinita magnitudine, 5
quae appelletur Bacenis; hanc longe introrsus pertinere
et pro nativo muro obiectam Cheruscos ab Sueborum
Suebosque a Cheruscorum iniuriis incursionibusque
prohibere; ad eius silvae initium Suebos adventum Romanorum exspectare constituisse.

Quoniam ad hunc locum perventum est, non alienum 11
esse videtur de Galliae Germaniaeque moribus et, quo
differant hae nationes inter sese, proponere.

2   In Gallia non solum in omnibus civitatibus atque in omnibus pagis partibusque, sed paene etiam in singulis
3 domibus factiones sunt, earumque factionum principes sunt, qui summam auctoritatem eorum iudicio habere existimantur, quorum ad arbitrium iudiciumque summa
4 omnium rerum consiliorumque redeat. Idque eius rei causa antiquitus institutum videtur, ne quis ex plebe contra potentiorem auxilii egeret; suos enim quisque opprimi et circumveniri non patitur, neque, aliter si
5 faciat, ullam inter suos habet auctoritatem. Haec eadem ratio est in summa totius Galliae; namque omnes civitates divisae sunt in duas partes.

12   Cum Caesar in Galliam venit, alterius factionis prin-
2 cipes erant Haedui, alterius Sequani. Hi cum per se minus valerent, quod summa auctoritas antiquitus erat in Haeduis magnaeque eorum erant clientelae, Germanos atque Ariovistum sibi adiunxerant eosque ad se
3 magnis iacturis pollicitationibusque perduxerant. Proeliis vero compluribus factis secundis atque omni nobilitate
4 Haeduorum interfecta tantum potentia antecesserant, ut magnam partem clientium ab Haeduis ad se traducerent obsidesque ab his principum filios acciperent et publice iurare cogerent nihil se contra Sequanos consilii inituros et partem finitimi agri per vim occupatam possiderent
5 Galliaeque totius principatum obtinerent. Qua necessitate adductus Diviciacus auxilii petendi causa Romam ad senatum profectus infecta re redierat.
6   Adventu Caesaris facta commutatione rerum, obsidibus Haeduis redditis, veteribus clientelis restitutis, novis per Caesarem comparatis, quod ii, qui se ad eorum amicitiam aggregaverant, meliore condicione atque aequiore imperio se uti videbant, reliquis rebus eorum gratia dignitateque amplificata Sequani principatum
7 dimiserant. In eorum locum Remi successerant; quos

quod adaequare apud Caesarem gratia intellegebatur, ii, qui propter veteres inimicitias nullo modo cum Haeduis coniungi poterant, se Remis in clientelam dicabant. Hos illi diligenter tuebantur; ita novam et repente 8 collectam auctoritatem tenebant. Eo tamen statu res 9 erat, ut longe principes Haedui haberentur, secundum locum dignitatis Remi obtinerent.

In omni Gallia eorum hominum, qui aliquo sunt 13 numero atque honore, genera sunt duo. Nam plebes paene servorum habetur loco, quae nihil audet per se, nulli adhibetur concilio. Plerique, cum aut aere alieno 2 aut magnitudine tributorum aut iniuria potentiorum premuntur, sese in servitutem dicant nobilibus, quibus in hos eadem omnia sunt iura, quae dominis in servos.
Sed de his duobus generibus alterum est druidum, 3 alterum equitum. Illi rebus divinis intersunt, sacri- 4 ficia publica ac privata procurant, religiones interpretantur; ad hos magnus adulescentium numerus disciplinae causa concurrit magnoque hi sunt apud eos honore. Nam fere de omnibus controversiis publicis 5 privatisque constituunt et, si quod est facinus admissum, si caedes facta, si de hereditate, de finibus controversia est, idem decernunt; praemia poenasque constituunt; si 6 qui aut privatus aut populus eorum decreto non stetit, sacrificiis interdicunt. Haec poena apud eos est gravissima. Quibus ita est interdictum, hi numero impiorum 7 ac sceleratorum habentur, his omnes decedunt, aditum eorum sermonemque defugiunt, ne quid ex contagione incommodi accipiant, neque iis petentibus ius redditur neque honos ullus communicatur.
His autem omnibus druidibus praeest unus, qui sum- 8 mam inter eos habet auctoritatem. Hoc mortuo aut, si 9 qui ex reliquis excellit dignitate, succedit aut, si sunt plures pares, suffragio druidum deligitur; nonnumquam

¹⁰ etiam armis de principatu contendunt. Hi certo anni tempore in finibus Carnutum, quae regio totius Galliae media habetur, considunt in loco consecrato. Huc omnes undique, qui controversias habent, conveniunt eorumque ¹¹ decretis iudiciisque parent. Disciplina in Britannia reperta atque inde in Galliam translata existimatur, et nunc, qui diligentius eam rem cognoscere volunt, plerumque illo discendi causa proficiscuntur.

14 Druides a bello abesse consuerunt neque tributa una ² cum reliquis pendunt. Tantis excitati praemiis et sua sponte multi in disciplinam conveniunt et a parentibus ³ propinquisque mittuntur. Magnum ibi numerum versuum ediscere dicuntur. Itaque annos nonnulli vicenos in disciplina permanent. Neque fas esse existimant ea litteris mandare, cum in reliquis fere rebus, publicis privatisque ⁴ rationibus, Graecis litteris utantur. Id mihi duabus de causis instituisse videntur, quod neque in vulgus disciplinam efferri velint neque eos, qui discant, litteris confisos minus memoriae studere, quod fere plerisque accidit, ut praesidio litterarum diligentiam in perdis- ⁵ cendo ac memoriam remittant. Imprimis hoc volunt persuadere non interire animas, sed ab aliis post mortem transire ad alios, atque hoc maxime ad virtutem excitari ⁶ putant metu mortis neglecto. Multa praeterea de sideribus atque eorum motu, de mundi ac terrarum magnitudine, de rerum natura, de deorum immortalium vi ac potestate disputant et iuventuti tradunt.

15 Alterum genus est equitum. Hi, cum est usus atque aliquod bellum incidit — quod ante Caesaris adventum fere quotannis accidere solebat, uti aut ipsi iniurias inferrent aut illatas propulsarent —, omnes in bello ver- ² santur, atque eorum ut quisque est genere copiisque amplissimus, ita plurimos circum se ambactos clientesque habet. Hanc unam gratiam potentiamque noverunt.

Natio est omnis Gallorum admodum dedita religioni- **16**
bus atque ob eam causam, qui sunt affecti gravioribus 2
morbis quique in proeliis periculisque versantur, aut pro
victimis homines immolant aut se immolaturos vovent
administrisque ad ea sacrificia druidibus utuntur, quod, 3
pro vita hominis nisi hominis vita reddatur, non posse
deorum immortalium numen placari arbitrantur, publi-
ceque eiusdem generis habent instituta sacrificia. Alii 4
immani magnitudine simulacra habent, quorum con-
texta viminibus membra vivis hominibus complent:
quibus succensis circumventi flamma exanimantur homines. Supplicia eorum, qui in furto aut latrocinio aut 5
aliqua noxia sint comprehensi, gratiora dis immortalibus
esse arbitrantur; sed cum eius generis copia deficit,
etiam ad innocentium supplicia descendunt.

Deorum maxime Mercurium colunt — huius sunt **17**
plurima simulacra, hunc omnium inventorem artium
ferunt, hunc viarum atque itinerum ducem, hunc ad
quaestus pecuniae mercaturasque habere vim maximam
arbitrantur —, post hunc Apollinem et Martem et Iovem
et Minervam. De his eandem fere quam reliquae gentes 2
habent opinionem: Apollinem morbos depellere, Minervam operum atque artificiorum initia tradere, Iovem
imperium caelestium tenere, Martem bella regere.

Huic, cum proelio dimicare constituerunt, ea, quae 3
bello ceperint, plerumque devovent; cum superaverunt,
animalia capta immolant, reliquas res in unum locum
conferunt. Multis in civitatibus harum rerum exstructos 4
cumulos locis consecratis conspicari licet; neque saepe 5
accidit, ut neglecta quispiam religione aut capta occul-
tare aut posita tollere auderet, gravissimumque ei rei
supplicium cum cruciatu constitutum est.

Galli se omnes ab Dite patre prognatos praedicant **18**
idque ab druidibus proditum dicunt. Ob eam causam 2

spatia omnis temporis non numero dierum, sed noctium finiunt; dies natales et mensum et annorum initia sic observant, ut noctem dies subsequatur.

3 In reliquis vitae institutis hoc fere ab reliquis differunt, quod suos liberos, nisi cum adoleverunt, ut munus militiae sustinere possint, palam ad se adire non patiuntur filiumque puerili aetate in publico in conspectu patris assistere turpe ducunt.

19 Viri, quantas pecunias ab uxoribus dotis nomine acceperunt, tantas ex suis bonis aestimatione facta cum 2 dotibus communicant. Huius omnis pecuniae coniunctim ratio habetur fructusque servantur; uter eorum vita superarit, ad eum pars utriusque cum fructibus superiorum temporum pervenit.

3 Viri in uxores sicuti in liberos vitae necisque habent potestatem; et cum pater familiae illustriore loco natus decessit, eius propinqui conveniunt et, de morte si res in suspicionem venit, de uxoribus in servilem modum quaestionem habent et, si compertum est, igni atque omnibus tormentis excruciatas interficiunt.

4 Funera sunt pro cultu Gallorum magnifica et sumptuosa; omniaque, quae vivis cordi fuisse arbitrantur, in ignem inferunt, etiam animalia, ac paulo supra hanc memoriam servi et clientes, quos ab iis dilectos esse constabat, iustis funebribus confectis una cremabantur.

20 Quae civitates commodius suam rem publicam administrare existimantur, habent legibus sanctum, si quis quid de re publica a finitimis rumore ac fama acceperit, uti ad magistratum deferat neve cum quo alio commu-
2 nicet, quod saepe homines temerarios atque imperitos falsis rumoribus terreri et ad facinus impelli et de sum-
3 mis rebus consilium capere cognitum est. Magistratus, quae visa sunt, occultant, quae esse ex usu iudicaverunt,

multitudini produnt. De re publica nisi per concilium loqui non conceditur.

Germani multum ab hac consuetudine differunt. Nam neque druides habent, qui rebus divinis praesint, neque sacrificiis student. Deorum numero eos solos ducunt, quos cernunt et quorum aperte opibus iuvantur, Solem et Vulcanum et Lunam; reliquos ne fama quidem acceperunt.
Vita omnis in venationibus atque in studiis rei militaris consistit: a parvis labori ac duritiae student. Qui diutissime impuberes permanserunt, maximam inter suos ferunt laudem; hoc ali staturam, vires nervosque confirmari putant. Intra annum vero vicesimum feminae notitiam habuisse in turpissimis habent rebus. Cuius rei nulla est occultatio, quod et promiscue in fluminibus perluuntur et pellibus aut parvis renonum tegimentis utuntur magna corporis parte nuda.

Agriculturae non student, maiorque pars eorum victus in lacte, caseo, carne consistit.
Neque quisquam agri modum certum aut fines habet proprios, sed magistratus ac principes in annos singulos gentibus cognationibusque hominum quique una coierunt, quantum et quo loco visum est agri, attribuunt atque anno post alio transire cogunt. Eius rei multas afferunt causas: ne assidua consuetudine capti studium belli gerendi agricultura commutent; ne latos fines parare studeant potentioresque humiliores possessionibus expellant; ne accuratius ad frigora atque aestus vitandos aedificent; ne qua oriatur pecuniae cupiditas, qua ex re factiones dissensionesque nascuntur; ut animi aequitate plebem contineant, cum suas quisque opes cum potentissimis aequari videat.

23 Civitatibus maxima laus est quam latissime circum se vastatis finibus solitudines habere. Hoc proprium virtutis existimant expulsos agris finitimos cedere neque quemquam prope se audere consistere; simul hoc se fore tutiores arbitrantur repentinae incursionis timore sublato.

Cum bellum civitas aut illatum defendit aut infert, magistratus, qui ei bello praesint et vitae necisque habeant potestatem, deliguntur. In pace nullus est communis magistratus, sed principes regionum atque pagorum inter suos ius dicunt controversiasque minuunt.

Latrocinia nullam habent infamiam, quae extra fines cuiusque civitatis fiunt, atque ea iuventutis exercendae ac desidiae minuendae causa fieri praedicant. Atque ubi quis ex principibus in concilio dixit se ducem fore, qui sequi velint, profiteantur, consurgunt ii, qui et causam et hominem probant, suumque auxilium pollicentur atque a multitudine collaudantur; qui ex his secuti non sunt, in desertorum ac proditorum numero ducuntur, omniumque his rerum postea fides derogatur.

Hospitem violare fas non putant; qui quacumque de causa ad eos venerunt, ab iniuria prohibent sanctosque habent, hisque omnium domus patent victusque communicatur.

24 Ac fuit antea tempus, cum Germanos Galli virtute superarent, ultro bella inferrent, propter hominum multitudinem agrique inopiam trans Rhenum colonias mitterent. Itaque ea, quae fertilissima Germaniae sunt, loca circum Hercyniam silvam, quam Eratostheni et quibusdam Graecis fama notam esse video, quam illi Orcyniam appellant, Volcae Tectosages occupaverunt atque ibi consederunt; quae gens ad hoc tempus his sedibus sese continet summamque habet iustitiae et bellicae laudis opinionem.

Nunc, quoniam in eadem inopia, egestate, patientia, 4
qua ante, Germani permanent, eodem victu et cultu
corporis utuntur, Gallis autem provinciarum propin- 5
quitas et transmarinarum rerum notitia multa ad
copiam atque usus largitur, paulatim assuefacti superari 6
multisque victi proeliis ne se quidem ipsi cum illis virtute comparant.

[Huius Hercyniae silvae, quae supra demonstrata est, 25
latitudo novem dierum iter expedito patet: non enim
aliter finiri potest, neque mensuras itinerum noverunt.
Oritur ab Helvetiorum et Nemetum et Rauracorum 2
finibus rectaque fluminis Danuvii regione pertinet ad
fines Dacorum et Anartium; hinc se flectit sinistrorsus 3
diversis a flumine regionibus multarumque gentium
fines propter magnitudinem attingit; neque quisquam 4
est huius Germaniae, qui se aut adisse ad initium eius
silvae dicat, cum dierum iter sexaginta processerit, aut,
quo ex loco oriatur, acceperit. Multaque in ea genera 5
ferarum nasci constat, quae reliquis in locis visa non
sint; ex quibus quae maxime differant a ceteris et
memoriae prodenda videantur, haec sunt.

Est bos cervi figura, cuius a media fronte inter aures 26
unum cornu exsistit excelsius magisque derectum his,
quae nobis nota sunt, cornibus; ab eius summo sicut 2
palmae ramique late diffunduntur. Eadem est feminae 3
marisque natura, eadem forma magnitudoque cornuum.

Sunt item, quae appellantur alces. Harum est con- 27
similis capris figura et varietas pellium, sed magnitudine
paulo antecedunt mutilaeque sunt cornibus et crura sine
nodis articulisque habent; neque quietis causa procum- 2
bunt neque, si quo afflictae casu conciderunt, erigere se
ac sublevare possunt. His sunt arbores pro cubilibus; ad 3
eas se applicant atque ita paulum modo reclinatae

4 quietem capiunt. Quarum ex vestigiis cum est animadversum a venatoribus, quo se recipere consuerint, omnes eo loco aut ab radicibus subruunt aut accidunt arbores tantum, ut summa species earum stantium relinquatur.
5 Huc cum se consuetudine reclinaverunt, infirmas arbores pondere affligunt atque una ipsae concidunt.

28 Tertium est genus eorum, qui uri appellantur. Hi sunt magnitudine paulo infra elephantos, specie et colore et
2 figura tauri. Magna vis eorum est et magna velocitas; neque homini neque ferae, quam conspexerunt, parcunt.
3 Hos studiose foveis captos interficiunt; hoc se labore durant adulescentes atque hoc genere venationis exercent et, qui plurimos ex his interfecerunt, relatis in publicum cornibus, quae sint testimonio, magnam ferunt
4 laudem. Sed assuescere ad homines et mansuefieri ne
5 parvuli quidem excepti possunt. Amplitudo cornuum et figura et species multum a nostrorum boum cornibus
6 differt. Haec studiose conquisita ab labris argento circumcludunt atque in amplissimis epulis pro poculis utuntur.]

29 Caesar, postquam per Ubios exploratores comperit Suebos se in silvas recepisse, inopiam frumenti veritus, quod, ut supra demonstravimus, minime omnes Germani agriculturae student, constituit non progredi longius;
2 sed ne omnino metum reditus sui barbaris tolleret atque ut eorum auxilia tardaret, reducto exercitu partem ultimam pontis, quae ripas Ubiorum contingebat, in
3 longitudinem pedum ducentorum rescindit atque in extremo ponte turrim tabulatorum quattuor constituit praesidiumque cohortium duodecim pontis tuendi causa ponit magnisque eum locum munitionibus firmat. Ei loco praesidioque C. Volcacium Tullum adulescentem praeficit.

Ipse, cum maturescere frumenta inciperent, ad bellum 4
Ambiorigis profectus per Arduennam silvam [— quae est
totius Galliae maxima atque ab ripis Rheni finibusque
Treverorum ad Nervios pertinet milibusque amplius ducentis in longitudinem patet —] L. Minucium Basilum
cum omni equitatu praemittit, si quid celeritate itineris
atque opportunitate temporis proficere possit; monet, ut 5
ignes in castris fieri prohibeat, ne qua eius adventus
procul significatio fiat; sese confestim subsequi dicit.

Basilus, ut imperatum est, facit. Celeriter contraque 30
omnium opinionem confecto itinere multos in agris inopinantes deprehendit; eorum indicio ad ipsum Ambiorigem contendit, quo in loco cum paucis equitibus esse
dicebatur.
Multum cum in omnibus rebus, tum in re militari 2
potest fortuna. Nam ut magno accidit casu, ut in ipsum
incautum etiam atque imparatum incideret, priusque
eius adventus ab hominibus videretur, quam fama ac
nuntius afferretur, sic magnae fuit fortunae omni
militari instrumento, quod circum se habebat, erepto
raedis equisque comprehensis ipsum effugere mortem.
Sed hoc factum est, quod aedificio circumdato silva — 3
ut sunt fere domicilia Gallorum, qui vitandi aestus causa
plerumque silvarum ac fluminum petunt propinquitates
— comites familiaresque eius angusto in loco paulisper
equitum nostrorum vim sustinuerunt. His pugnantibus 4
illum in equum quidam ex suis intulit; fugientem silvae
texerunt. Sic et ad subeundum periculum et ad vitandum
multum fortuna valuit.

Ambiorix copias suas iudicione non conduxerit, quod 31
proelio dimicandum non existimaret, an tempore exclusus et repentino equitum adventu prohibitus, cum reliquum exercitum subsequi crederet, dubium est. Sed certe 2

dimissis per agros nuntiis sibi quemque consulere iussit.
Quorum pars in Arduennam silvam, pars in continentes
3 paludes profugit; qui proximi Oceano fuerunt, hi insulis
4 se occultaverunt, quas aestus efficere consuerunt; multi
ex suis finibus egressi se suaque omnia alienissimis crediderunt.
5 Catuvolcus, rex dimidiae partis Eburonum, qui una
cum Ambiorige consilium inierat, aetate iam confectus
cum laborem belli aut fugae ferre non posset, omnibus
precibus detestatus Ambiorigem, qui eius consilii auctor
fuisset, taxo, cuius magna in Gallia Germaniaque copia
est, se exanimavit.

32 Segni Condrusique, ex gente et numero Germanorum,
qui sunt inter Eburones Treverosque, legatos ad Caesarem miserunt oratum, ne se in hostium numero duceret
neve omnium Germanorum, qui essent citra Rhenum,
unam esse causam iudicaret: nihil se de bello cogitavisse,
2 nulla Ambiorigi auxilia misisse. Caesar explorata re
quaestione captivorum, si qui ad eos Eburones ex fuga
convenissent, ad se ut deducerentur, imperavit; si ita
fecissent, fines eorum se violaturum negavit.
3 Tum copiis in tres partes distributis impedimenta
4 omnium legionum Atuatucam contulit. Id castelli nomen
est. Hoc fere est in mediis Eburonum finibus, ubi Titu-
5 rius et Aurunculeius hiemandi causa consederant. Hunc
cum reliquis rebus locum probabat, tum quod superioris
anni munitiones integrae manebant, ut militum laborem
sublevaret. Praesidio impedimentis legionem quartam
decimam reliquit, unam ex iis tribus, quas proxime con-
6 scriptas ex Italia traduxerat. Ei legioni castrisque Q.
Tullium Ciceronem praefecit ducentosque equites ei
attribuit.

33 Partito exercitu T. Labienum cum legionibus tribus
ad Oceanum versus in eas partes, quae Menapios

attingunt, proficisci iubet; C. Trebonium cum pari legionum numero ad eam regionem, quae Atuatucis adiacet, depopulandam mittit; ipse cum reliquis tribus ad flumen Scaldim, quod influit in Mosam, extremasque Arduennae partes ire constituit, quo cum paucis equitibus profectum Ambiorigem audiebat.

Discedens post diem septimum sese reversurum confirmat, quam ad diem ei legioni, quae in praesidio relinquebatur, frumentum deberi sciebat. Labienum Treboniumque hortatur, si rei publicae commodo facere possint, ad eam diem revertantur, ut rursus communicato consilio exploratisque hostium rationibus aliud initium belli capere possint.

Erat, ut supra demonstravimus, manus certa nulla, non oppidum, non praesidium, quod se armis defenderet, sed in omnes partes dispersa multitudo. Ubi cuique aut vallis abdita aut locus silvestris aut palus impedita spem praesidii aut salutis aliquam offerebat, consederat. Haec loca vicinitatibus erant nota, magnamque res diligentiam requirebat, non in summa exercitus tuenda — nullum enim poterat universis a perterritis ac dispersis periculum accidere —, sed in singulis militibus conservandis; quae tamen ex parte res ad salutem exercitus pertinebat. Nam et praedae cupiditas multos longius evocabat et silvae incertis occultisque itineribus confertos adire prohibebant. Si negotium confici stirpemque hominum sceleratorum interfici vellet, dimittendae plures manus diducendique erant milites; si continere ad signa manipulos vellet, ut instituta ratio et consuetudo exercitus Romani postulabat, locus ipse erat praesidio barbaris, neque ex occulto insidiandi et dispersos circumveniendi singulis deerat audacia.

Ut in eius modi difficultatibus, quantum diligentia provideri poterat, providebatur, ut potius in nocendo

aliquid praetermitteretur, etsi omnium animi ad ulciscendum ardebant, quam cum aliquo militum
8 detrimento noceretur. Dimittit ad finitimas civitates nuntios Caesar; omnes evocat spe praedae ad diripiendos Eburones, ut potius in silvis Gallorum vita quam legionarius miles periclitetur, simul ut magna multitudine circumfusa pro tali facinore stirps ac nomen
9 civitatis tollatur. Magnus undique numerus celeriter convenit.

35 Haec in omnibus Eburonum partibus gerebantur diesque appetebat septimus, quem ad diem Caesar ad impedimenta legionemque reverti constituerat.
2 Hic, quantum in bello fortuna possit et quantos afferat
3 casus, cognosci potuit. Dissipatis ac perterritis hostibus, ut demonstravimus, manus erat nulla, quae parvam
4 modo causam timoris afferret. Trans Rhenum ad Germanos pervenit fama diripi Eburones atque ultro omnes
5 ad praedam evocari. Cogunt equitum duo milia Sugambri, qui sunt proximi Rheno, a quibus receptos ex fuga Tenteros atque Usipetes supra docuimus.
6 Transeunt Rhenum navibus ratibusque triginta milibus passuum infra eum locum, ubi pons erat perfectus praesidiumque a Caesare relictum; primos Eburonum fines adeunt; multos ex fuga dispersos excipiunt, magno pecoris numero, cuius sunt cupidissimi barbari, potiuntur.
7 Invitati praeda longius procedunt. Non hos paludes bello latrociniisque natos, non silvae morantur. Quibus in locis sit Caesar, ex captivis quaerunt; profectum longius reperiunt omnemque exercitum discessisse cognoscunt.
8 Atque unus ex captivis: „Quid vos", inquit, „hanc miseram ac tenuem sectamini praedam, quibus licet
9 iam esse fortunatissimos? Tribus horis Atuatucam venire potestis; huc omnes suas fortunas exercitus Romanorum

contulit; praesidii tantum est, ut ne murus quidem cingi possit neque quisquam egredi extra munitiones audeat." Hac oblata spe Germani, quam nacti erant praedam, in occulto relinquunt; ipsi Atuatucam contendunt usi eodem duce, cuius haec indicio cognoverant.

Cicero, qui omnes superiores dies praeceptis Caesaris summa diligentia milites in castris continuisset ac ne calonem quidem quemquam extra munitionem egredi passus esset, septimo die diffidens de numero dierum Caesarem fidem servaturum, quod longius eum progressum audiebat neque ulla de reditu eius fama afferebatur, simul eorum permotus vocibus, qui illius patientiam paene obsessionem appellabant, si quidem ex castris egredi non liceret, nullum eius modi casum exspectans, quo novem oppositis legionibus maximoque equitatu, dispersis ac paene deletis hostibus in milibus passuum tribus offendi posset, quinque cohortes frumentatum in proximas segetes mittit, quas inter et castra unus omnino collis intererat. Complures erant in castris ex legionibus aegri relicti; ex quibus, qui hoc spatio dierum convaluerant, circiter trecenti, sub vexillo una mittuntur; magna praeterea multitudo calonum, magna vis iumentorum, quae in castris subsederat, facta potestate sequitur.

Hoc ipso tempore casu Germani equites interveniunt protinusque eodem illo, quo venerant, cursu ab decumana porta in castra irrumpere conantur; nec prius sunt visi obiectis ab ea parte silvis, quam castris appropinquarent, usque eo, ut, qui sub vallo tenderent mercatores, recipiendi sui facultatem non haberent. Inopinantes nostri re nova perturbantur, ac vix primum impetum cohors in statione sustinet. Circumfunduntur hostes ex reliquis partibus, si quem aditum reperire possint. Aegre portas nostri tuentur, reliquos aditus locus ipse per se munitioque defendit.

6 Totis trepidatur castris, atque alius ex alio causam tumultus quaerit; neque quo signa ferantur neque quam 7 in partem quisque contendat provident. Alius castra iam capta pronuntiat, alius deleto exercitu atque 8 imperatore victores barbaros venisse contendit; plerique novas sibi ex loco religiones fingunt Cottaeque et Titurii calamitatem, qui in eodem castello occiderint, ante 9 oculos ponunt. Tali timore omnibus perterritis confirmatur opinio barbaris, ut ex captivo audierant, nullum 10 esse intus praesidium; perrumpere nituntur seque ipsi adhortantur, ne tantam fortunam ex manibus dimittant.

38 Erat aeger in praesidio relictus P. Sextius Baculus, qui primum pilum apud Caesarem duxerat, cuius mentionem superioribus proeliis fecimus, ac diem iam quintum cibo 2 caruerat. Hic diffisus suae atque omnium saluti inermis ex tabernaculo prodit; videt imminere hostes atque in summo rem esse discrimine; capit arma a proximis atque 3 in porta consistit. Sequuntur hunc centuriones eius cohortis, quae in statione erat; paulisper una proelium 4 sustinent. Relinquit animus Sextium gravibus acceptis 5 vulneribus; aegre per manus traditus servatur. Hoc spatio interposito reliqui sese confirmant tantum, ut in munitionibus consistere audeant speciemque defensorum praebeant.

39 Interim confecta frumentatione milites nostri clamorem exaudiunt; praecurrunt equites; quanto res sit in 2 periculo, cognoscunt. Hic vero nulla munitio est, quae perterritos recipiat; modo conscripti atque usus militaris imperiti ad tribunum militum centurionesque ora con- 3 vertunt; quid ab his praecipiatur, exspectant. Nemo est tam fortis, quin rei novitate perturbetur. Barbari signa 4 procul conspicati oppugnatione desistunt; redisse primo legiones credunt, quas longius discessisse ex captivis

cognoverant; postea dispecta paucitate ex omnibus partibus impetum faciunt.

Calones in proximum tumulum procurrunt. Hinc celeriter deiecti se in signa manipulosque coniciunt; eo magis timidos perterrent milites. Alii, cuneo facto ut celeriter perrumpant, censent — quoniam tam propinqua sint castra, etsi pars aliqua circumventa ceciderit, at reliquos servari posse confidunt —, alii, ut in iugo consistant atque eundem omnes ferant casum. Hoc veteres non probant milites, quos sub vexillo una profectos docuimus. Itaque inter se cohortati duce C. Trebonio, equite Romano, qui iis erat praepositus, per medios hostes perrumpunt incolumesque ad unum omnes in castra perveniunt. Hos subsecuti equites calonesque eodem impetu militum virtute servantur.

At ii, qui in iugo constiterant, nullo etiam nunc usu rei militaris percepto neque in eo, quod probaverant, consilio permanere, ut se loco superiore defenderent, neque eam, quam profuisse aliis vim celeritatemque viderant, imitari potuerunt, sed se in castra recipere conati iniquum in locum demiserunt. Centuriones, quorum nonnulli ex inferioribus ordinibus reliquarum legionum virtutis causa in superiores erant ordines huius legionis traducti, ne ante partam rei militaris laudem amitterent, fortissime pugnantes conciderunt. Militum pars horum virtute submotis hostibus praeter spem incolumis in castra pervenit, pars a barbaris circumventa periit.

Germani desperata expugnatione castrorum, quod nostros iam constitisse in munitionibus videbant, cum ea praeda, quam in silvis deposuerant, trans Rhenum sese receperunt. Ac tantus fuit etiam post discessum hostium terror, ut ea nocte, cum C. Volusenus missus cum equi-

tatu in castra venisset, fidem non faceret adesse cum
incolumi Caesarem exercitu. Sic omnium animos timor
occupaverat, ut paene alienata mente deletis omnibus
copiis equitatum se ex fuga recepisse dicerent neque incolumi exercitu Germanos castra oppugnaturos fuisse
contenderent. Quem timorem Caesaris adventus sustulit.

42 Reversus ille eventus belli non ignorans unum, quod
cohortes ex praesidio essent emissae, questus — ne minimum quidem casui locum relinqui debuisse — multum
fortunam in repentino hostium adventu potuisse
iudicavit, multo etiam amplius, quod paene ab ipso
vallo portisque castrorum barbaros avertisset. Quarum
omnium rerum maxime admirandum videbatur, quod
Germani, qui eo consilio Rhenum transierant, ut Ambiorigis fines depopularentur, ad castra Romanorum delati
optatissimum Ambiorigi beneficium obtulerant.

43 Caesar rursus ad vexandos hostes profectus equites
magno coacto numero ex finitimis civitatibus in omnes
partes dimittit. Omnes vici atque omnia aedificia, quae
quisque conspexerat, incendebantur; praeda ex omnibus
locis agebatur; frumenta non solum a tanta multitudine
iumentorum atque hominum consumebantur, sed etiam
anni tempore atque imbribus procubuerant, ut, si qui
etiam in praesentia se occultassent, tamen his deducto
exercitu rerum omnium inopia pereundum videretur.

Ac saepe in eum locum ventum est tanto in omnes
partes dimisso equitatu, ut modo visum ab se Ambiorigem in fuga circumspicerent captivi nec plane etiam
abisse ex conspectu contenderent, ut spe consequendi
illata atque infinito labore suscepto, qui se summam a
Caesare gratiam inituros putarent, paene naturam
studio vincerent semperque paulum ad summam
felicitatem defuisse videretur, atque ille latebris occul-

tatus se eriperet et noctu alias regiones partesque peteret non maiore equitum praesidio quam quattuor, quibus solis vitam suam committere audebat.

Tali modo vastatis regionibus exercitum Caesar duarum cohortium damno Durocortorum Remorum deduxit concilioque in eum locum Galliae indicto de coniuratione Senonum et Carnutum quaestionem habere instituit et de Accone, qui princeps eius consilii fuerat, graviore sententia pronuntiata more maiorum supplicium sumpsit. Nonnulli iudicium veriti profugerunt. Quibus cum aqua atque igni interdixisset, duas legiones ad fines Treverorum, duas in Lingonibus, sex reliquas in Senonum finibus Agedinci in hibernis collocavit frumentoque exercitui proviso, ut instituerat, in Italiam ad conventus agendos profectus est.

Siebtes Buch

Die Ereignisse des Jahres 52 v. Chr.

1 Quieta Gallia Caesar, ut constituerat, in Italiam ad conventus agendos proficiscitur. Ibi cognoscit de P. Clodii caede de senatusque consulto certior factus, ut omnes iuniores Italiae coniurarent, dilectum tota provincia habere instituit.
2 Eae res in Galliam Transalpinam celeriter perferuntur. Addunt ipsi et affingunt rumoribus Galli, quod res poscere videbatur, retineri urbano motu Caesarem neque in tantis dissensionibus ad exercitum venire
3 posse. Hac impulsi occasione, qui iam ante se populi Romani imperio subiectos dolerent, liberius atque audacius de bello consilia inire incipiunt.
4 Indictis inter se principes Galliae conciliis silvestribus
5 ac remotis locis queruntur de Acconis morte; hunc casum ad ipsos recidere posse demonstrant; miserantur communem Galliae fortunam; omnibus pollicitationibus ac praemiis deposcunt, qui belli initium faciant et sui
6 capitis periculo Galliam in libertatem vindicent. Imprimis rationem esse habendam dicunt, priusquam eorum clandestina consilia efferantur, ut Caesar ab exercitu
7 intercludatur. Id esse facile, quod neque legiones audeant absente imperatore ex hibernis egredi neque impera-
8 tor sine praesidio ad legiones pervenire possit. Postremo in acie praestare interfici quam non veterem belli gloriam libertatemque, quam a maioribus acceperint, recuperare.

2 His rebus agitatis profitentur Carnutes se nullum periculum communis salutis causa recusare principesque

ex omnibus bellum facturos pollicentur et, quoniam in 2
praesentia obsidibus cavere inter se non possint, ne res
efferatur, at iure iurando ac fide sanciatur petunt,
collatis militaribus signis, quo more eorum gravissima
caerimonia continetur, ne facto initio belli ab reliquis
deserantur. Tum collaudatis Carnutibus, dato iure 3
iurando ab omnibus, qui aderant, tempore eius rei constituto a concilio disceditur.

Ubi ea dies venit, Carnutes Cotuato et Conconneto- 3
dumno ducibus, desperatis hominibus, Cenabum signo
dato concurrunt civesque Romanos, qui negotiandi causa
ibi constiterant, in his C. Fufium Citam, honestum equitem Romanum, qui rei frumentariae iussu Caesaris praeerat, interficiunt bonaque eorum diripiunt.

Celeriter ad omnes Galliae civitates fama perfertur. 2
Nam ubi quae maior atque illustrior incidit res, clamore
per agros regionesque significant; hunc alii deinceps
excipiunt et proximis tradunt, ut tum accidit. Nam 3
quae Cenabi oriente sole gesta essent, ante primam
confectam vigiliam in finibus Arvernorum audita sunt,
quod spatium est milium circiter centum sexaginta.

Simili ratione ibi Vercingetorix, Celtilli filius, Arver- 4
nus, summae potentiae adulescens, cuius pater principatum totius Galliae obtinuerat et ob eam causam, quod
regnum appetebat, a civitate erat interfectus, convocatis
suis clientibus facile incendit. Cognito eius consilio ad 2
arma concurritur. Prohibetur a Gobannitione, patruo
suo, reliquisque principibus, qui hanc temptandam fortunam non existimabant; expellitur ex oppido Gergovia.
Non desistit tamen atque in agris habet dilectum 3
egentium ac perditorum. Hac coacta manu, quoscumque
adit ex civitate, ad suam sententiam perducit; hortatur, 4
ut communis libertatis causa arma capiant, magnisque

coactis copiis adversarios suos, a quibus paulo ante erat
eiectus, expellit ex civitate. Rex ab suis appellatur.
5 Dimittit quoqueversus legationes; obtestatur, ut in fide
6 maneant. Celeriter sibi Senones, Parisios, Pictones, Ca-
durcos, Turonos, Aulercos, Lemovices, Andes reliquosque omnes, qui Oceanum attingunt, adiungit; omnium
consensu ad eum defertur imperium.
7 Qua oblata potestate omnibus his civitatibus obsides
imperat, certum numerum militum ad se celeriter adduci
8 iubet, armorum quantum quaeque civitas domi quodque
ante tempus efficiat constituit; imprimis equitatui
9 studet. Summae diligentiae summam imperii severitatem
10 addit; magnitudine supplicii dubitantes cogit. Nam
maiore commisso delicto igni atque omnibus tormentis
necat, leviore de causa auribus desectis aut singulis
effossis oculis domum remittit, ut sint reliquis documen-
to et magnitudine poenae perterreant alios.

5 His suppliciis celeriter coacto exercitu Lucterium Ca-
durcum, summae hominem audaciae, cum parte copiarum in Rutenos mittit; ipse in Bituriges proficiscitur.
2 Eius adventu Bituriges ad Haeduos, quorum erant in
fide, legatos mittunt subsidium rogatum, quo facilius
hostium copias sustinere possint.
3 Haedui de consilio legatorum, quos Caesar ad exercitum reliquerat, copias equitatus peditatusque subsidio
4 Biturigibus mittunt. Qui cum ad flumen Ligerim venissent, quod Bituriges ab Haeduis dividit, paucos dies ibi
morati neque flumen transire ausi domum revertuntur
5 legatisque nostris renuntiant se Biturigum perfidiam
veritos revertisse, quibus id consilii fuisse cognoverint,
ut, si flumen transissent, una ex parte ipsi, altera
6 Arverni se circumsisterent. Id eane de causa, quam
legatis pronuntiaverint, an perfidia adducti fecerint,
quod nihil nobis constat, non videtur pro certo esse

ponendum. Bituriges eorum discessu statim se cum 7
Arvernis coniungunt.

His rebus in Italiam Caesari nuntiatis, cum iam ille 6
urbanas res virtute Cn. Pompei commodiorem in statum
pervenisse intellegeret, in Transalpinam Galliam profectus est. Eo cum venisset, magna difficultate afficie- 2
batur, qua ratione ad exercitum pervenire posset. Nam 3
si legiones in provinciam arcesseret, se absente in itinere
proelio dimicaturas intellegebat; si ipse ad exercitum 4
contenderet, ne iis quidem eo tempore, qui quieti viderentur, suam salutem recte committi videbat.

Interim Lucterius Cadurcus in Rutenos missus eam 7
civitatem Arvernis conciliat. Progressus in Nitiobroges 2
et Gabalos ab utrisque obsides accipit et magna coacta
manu in provinciam Narbonem versus irruptionem
facere contendit.

Qua re nuntiata Caesar omnibus consiliis anteverten- 3
dum existimavit, ut Narbonem proficisceretur. Eo cum 4
venisset, timentes confirmat, praesidia in Rutenis provincialibus, Volcis Arecomicis, Tolosatibus circumque
Narbonem, quae loca hostibus erant finitima, constituit,
partem copiarum ex provincia supplementumque, quod 5
ex Italia adduxerat, in Helvios, qui fines Arvernorum
contingunt, convenire iubet.

His rebus comparatis, represso iam Lucterio et re- 8
moto, quod intrare intra praesidia periculosum putabat,
in Helvios proficiscitur. Etsi mons Cebenna, qui Arver- 2
nos ab Helviis discludit, durissimo tempore anni altissima nive iter impediebat, tamen discussa nive in altitudinem pedum sex atque ita viis patefactis summo
militum labore ad fines Arvernorum pervenit. Quibus 3
oppressis inopinantibus, quod se Cebenna ut muro
munitos existimabant ac ne singulari quidem umquam

homini eo tempore anni semitae patuerant, equitibus
imperat, ut, quam latissime possint, vagentur et quam
maximum hostibus terrorem inferant.

4 Celeriter haec fama ac nuntiis ad Vercingetorigem
perferuntur; quem perterriti omnes Arverni circumsistunt atque obsecrant, ut suis fortunis consulat neu se
ab hostibus diripi patiatur, praesertim cum videat omne
5 ad se bellum translatum. Quorum ille precibus permotus
castra ex Biturigibus movet in Arvernos versus.

9 At Caesar biduum in his locis moratus, quod haec de
Vercingetorige usu ventura opinione praeceperat, per
causam supplementi equitatusque cogendi ab exercitu
2 discedit, Brutum adulescentem his copiis praeficit; hunc
monet, ut in omnes partes equites quam latissime pervagentur; daturum se operam, ne longius triduo a castris
absit.
3 His constitutis rebus suis inopinantibus quam maxi-
4 mis potest itineribus Viennam pervenit. Ibi nactus
recentem equitatum, quem multis ante diebus eo
praemiserat, neque diurno neque nocturno itinere intermisso per fines Haeduorum in Lingones contendit, ubi
duae legiones hiemabant, ut, si quid etiam de sua salute
5 ab Haeduis iniretur consilii, celeritate praecurreret. Eo
cum pervenisset, ad reliquas legiones mittit priusque
omnes in unum locum cogit, quam de eius adventu
Arvernis nuntiari posset.
6 Hac re cognita Vercingetorix rursus in Bituriges exercitum reducit atque inde profectus Gorgobinam, Boiorum oppidum, quos ibi Helvetico proelio victos Caesar
collocaverat Haeduisque attribuerat, oppugnare instituit.

10 Magnam haec res Caesari difficultatem ad consilium
capiendum afferebat: si reliquam partem hiemis uno

loco legiones contineret, ne stipendiariis Haeduorum expugnatis cuncta Gallia deficeret, quod nullum amicis in eo praesidium positum videret; si maturius ex hibernis educeret, ne ab re frumentaria duris subvectionibus laboraret. Praestare visum est tamen omnes difficultates 2 perpeti quam tanta contumelia accepta omnium suorum voluntates alienare. Itaque cohortatus Haeduos de 3 supportando commeatu praemittit ad Boios, qui de suo adventu doceant hortenturque, ut in fide maneant atque hostium impetum magno animo sustineant. Duabus 4 Agedinci legionibus atque impedimentis totius exercitus relictis ad Boios proficiscitur.

Altero die cum ad oppidum Senonum Vellaunodunum 11 venisset, ne quem post se hostem relinqueret et quo expeditiore re frumentaria uteretur, oppugnare instituit eoque biduo circumvallavit; tertio die missis ex oppido 2 legatis de deditione arma conferri, iumenta produci, sescentos obsides dari iubet. Ea qui conficeret, C. Tre- 3 bonium legatum relinquit: ipse, ut quam primum iter conficeret, Cenabum Carnutum proficiscitur.

Qui tum primum allato nuntio de oppugnatione 4 Vellaunoduni, cum longius eam rem ductum iri existimarent, praesidium Cenabi tuendi causa, quod eo mitterent, comparabant. Huc biduo pervenit. Castris ante 5 oppidum positis diei tempore exclusus in posterum oppugnationem differt quaeque ad eam rem usui sint mili- 6 tibus imperat et, quod oppidum Cenabum pons fluminis Ligeris contingebat, veritus, ne noctu ex oppido profugerent, duas legiones in armis excubare iubet.

Cenabenses paulo ante mediam noctem silentio ex 7 oppido egressi flumen transire coeperunt. Qua re per 8 exploratores nuntiata Caesar legiones, quas expeditas esse iusserat, portis incensis intromittit atque oppido potitur perpaucis ex hostium numero desideratis, quin

cuncti caperentur, quod pontis atque itinerum angustiae
9 multitudini fugam intercluserant. Oppidum diripit
atque incendit, praedam militibus donat, exercitum Ligerim traducit atque in Biturigum fines pervenit.

12 Vercingetorix, ubi de Caesaris adventu cognovit, oppugnatione desistit atque obviam Caesari proficiscitur.
2 Ille oppidum Biturigum positum in via Noviodunum op-
3 pugnare instituerat. Quo ex oppido cum legati ad eum
venissent oratum, ut sibi ignosceret suaeque vitae con-
suleret, ut celeritate reliquas res conficeret, qua pleraque
erat consecutus, arma conferri, equos produci, obsides
4 dari iubet. Parte iam obsidum tradita, cum reliqua
administrarentur, centurionibus et paucis militibus
intromissis, qui arma iumentaque conquirerent, equitatus
hostium procul visus est, qui agmen Vercingetorigis
5 antecesserat. Quem simulatque oppidani conspexerunt
atque in spem auxilii venerunt, clamore sublato arma
capere, portas claudere, murum complere coeperunt.
6 Centuriones in oppido, cum ex significatione Gallorum
novi aliquid ab iis iniri consilii intellexissent, gladiis
destrictis portas occupaverunt suosque omnes incolumes
receperunt.

13 Caesar ex castris equitatum educi iubet proeliumque
equestre committit; laborantibus iam suis Germanos
equites circiter quadringentos submittit, quos ab initio
2 secum habere instituerat. Eorum impetum Galli sustinere
non potuerunt atque in fugam coniecti multis amissis se
ad agmen receperunt. Quibus profligatis rursus oppidani
perterriti comprehensos eos, quorum opera plebem con-
citatam existimabant, ad Caesarem perduxerunt seseque
ei dediderunt.
3 Quibus rebus confectis Caesar ad oppidum Avaricum,
quod erat maximum munitissimumque in finibus Bituri-

gum atque agri fertilissima regione, profectus est, quod
eo oppido recepto civitatem Biturigum se in potestatem
redacturum confidebat.

Vercingetorix tot continuis incommodis Vellaunoduni, **14**
Cenabi, Novioduni acceptis suos ad concilium convocat.
Docet longe alia ratione esse bellum gerendum atque 2
antea gestum sit. Omnibus modis huic rei studendum, ut
pabulatione et commeatu Romani prohibeantur. Id esse 3
facile, quod equitatu ipsi abundent et quod anni tempore
subleventur. Pabulum secari non posse; necessario 4
dispersos hostes ex aedificiis petere; hos omnes cotidie
ab equitibus deleri posse.

Praeterea communis salutis causa rei familiaris com- 5
moda neglegenda; vicos atque aedificia incendi oportere
hoc spatio [a Boia] quoqueversus, quo pabulandi causa
adire posse videantur. Harum ipsis rerum copiam sup- 6
petere, quod, quorum in finibus bellum geratur, eorum
opibus subleventur; Romanos aut inopiam non laturos 7
aut magno cum periculo longius a castris processuros;
neque interesse, ipsosne interficiant impedimentisne 8
exuant, quibus amissis bellum geri non possit.

Praeterea oppida incendi oportere, quae non munitione 9
et loci natura ab omni sint periculo tuta, ne suis sint ad
detractandam militiam receptacula neu Romanis pro-
posita ad copiam commeatus praedamque tollendam.
Haec si gravia aut acerba videantur, multo illa gravius 10
aestimari debere, liberos, coniuges in servitutem abs-
trahi, ipsos interfici, quae sit necesse accidere victis.

Omnium consensu hac sententia probata uno die **15**
amplius viginti urbes Biturigum incenduntur. In omni- 2
bus partibus incendia conspiciuntur; quae etsi magno
cum dolore omnes ferebant, tamen hoc sibi solacii pro-
ponebant, quod se prope explorata victoria celeriter
amissa recuperaturos confidebant.

3   Deliberatur de Avarico in communi concilio, incendi
4 placeat an defendi. Procumbunt omnibus Gallis ad
pedes Bituriges, ne pulcherrimam prope totius Galliae
urbem, quae et praesidio et ornamento sit civitati, suis
5 manibus succendere cogantur; facile se loci natura
defensuros dicunt, quod prope ex omnibus partibus
flumine et palude circumdata unum habeat et perangus-
6 tum aditum. Datur petentibus venia dissuadente primo
Vercingetorige, post concedente et precibus ipsorum et
misericordia vulgi. Defensores oppido idonei deliguntur.

16   Vercingetorix minoribus itineribus Caesarem subsequitur et locum castris deligit paludibus silvisque muni-
2 tum ab Avarico longe milia passuum sedecim. Ibi per
certos exploratores in singula diei tempora, quae ad
Avaricum gererentur, cognoscebat et, quid fieri vellet,
3 imperabat. Omnes nostras pabulationes frumentationes-
que observabat dispersosque, cum longius necessario
procederent, adoriebatur magnoque incommodo affi-
ciebat, etsi, quantum ratione provideri poterat, ab nostris
occurrebatur, ut incertis temporibus diversisque itineribus iretur.

17   Caesar castris ad eam partem oppidi positis, quae
intermissa flumine et palude aditum, ut supra diximus,
angustum habebat, aggerem apparare, vineas agere,
turres duas constituere coepit; nam circumvallare loci
2 natura prohibebat. De re frumentaria Boios atque
Haeduos adhortari non destitit; quorum alteri, quod
nullo studio agebant, non multum adiuvabant, alteri
non magnis facultatibus, quod civitas erat exigua et
infirma, celeriter, quod habuerunt, consumpserunt.
3   Summa difficultate rei frumentariae affecto exercitu
tenuitate Boiorum, indiligentia Haeduorum, incendiis
aedificiorum, usque eo, ut complures dies frumento

milites caruerint et pecore ex longinquioribus vicis adacto extremam famem sustentarint, nulla tamen ex iis vox est audita populi Romani maiestate et superioribus victoriis indigna. Quin etiam Caesar cum in opere 4 singulas legiones appellaret et, si acerbius inopiam ferrent, se dimissurum oppugnationem diceret, universi ab eo, ne id faceret, petebant: sic se complures annos illo 5 imperante meruisse, ut nullam ignominiam acciperent, numquam infecta re discederent; hoc se ignominiae loco 6 laturos, si inceptam oppugnationem reliquissent; prae- 7 stare omnes perferre acerbitates, quam non civibus Romanis, qui Cenabi perfidia Gallorum interissent, parentarent. Haec eadem centurionibus tribunisque militum 8 mandabant, ut per eos ad Caesarem deferrentur.

Cum iam muro turres appropinquassent, ex captivis 18 Caesar cognovit Vercingetorigem consumpto pabulo castra movisse propius Avaricum atque ipsum cum equitatu expeditisque, qui inter equites proeliari consuessent, insidiandi causa eo profectum, quo nostros postero die pabulatum venturos arbitraretur. Quibus rebus cognitis 2 media nocte silentio profectus ad hostium castra mane pervenit. Illi celeriter per exploratores adventu Cae- 3 saris cognito carros impedimentaque sua in artiores silvas abdiderunt, copias omnes in loco edito atque aperto instruxerunt. Qua re nuntiata Caesar celeriter 4 sarcinas conferri, arma expediri iussit.

Collis erat leniter ab infimo acclivis. Hunc ex omni- 19 bus fere partibus palus difficilis atque impedita cingebat non latior pedibus quinquaginta. Hoc se colle inter- 2 ruptis pontibus Galli fiducia loci continebant generatimque distributi omnia vada ac transitus eius paludis certis custodiis obtinebant sic animo parati, ut, si eam paludem

Romani perrumpere conarentur, haesitantes premerent
3 ex loco superiore; ut, qui propinquitatem loci videret,
paratos prope aequo Marte ad dimicandum existimaret,
qui iniquitatem condicionis perspiceret, inani simulatione sese ostentare cognosceret.
4 Indignantes milites Caesar, quod conspectum suum
hostes ferre possent tantulo spatio interiecto, et signum
proelii exposcentes edocet, quanto detrimento et quot
virorum fortium morte necesse sit constare victoriam;
5 quos cum sic animo paratos videat, ut nullum pro sua
laude periculum recusent, summae se iniquitatis condemnari debere, nisi eorum vitam sua laude habeat
6 cariorem. Sic milites consolatus eodem die reducit in
castra reliquaque, quae ad oppugnationem oppidi pertinebant, administrare instituit.

20 Vercingetorix, cum ad suos redisset, proditionis insimulatus, quod castra propius Romanos movisset, quod
cum omni equitatu discessisset, quod sine imperio tantas
copias reliquisset, quod eius discessu Romani tanta op-
2 portunitate et celeritate venissent: non haec omnia fortuito aut sine consilio accidere potuisse; regnum illum
Galliae malle Caesaris concessu quam ipsorum habere
3 beneficio — tali modo accusatus haec respondit: quod
castra movisset, factum inopia pabuli etiam ipsis hortantibus; quod propius Romanos accessisset, persuasum
loci opportunitate, qui se ipse sine munitione defenderet;
4 equitum vero operam neque in loco palustri desiderari
5 debuisse et illic fuisse utilem, quo sint profecti. Summam imperii se consulto nulli discedentem tradidisse,
ne is multitudinis studio ad dimicandum impelleretur;
cui rei propter animi mollitiem studere omnes videret,
6 quod diutius laborem ferre non possent. Romani si casu
intervenerint, fortunae, si alicuius indicio vocati, huic
habendam gratiam, quod et paucitatem eorum ex loco

superiore cognoscere et virtutem despicere potuerint, qui dimicare non ausi turpiter se in castra receperint. Imperium se a Caesare per proditionem nullum desiderare, quod habere victoria possit, quae iam sit sibi atque omnibus Gallis explorata; quin etiam ipsis remittere, si sibi magis honorem tribuere quam ab se salutem accipere videantur.

„Haec ut intellegatis", inquit, „a me sincere pronuntiari, audite Romanos milites." Producit servos, quos in pabulatione paucis ante diebus exceperat et fame vinculisque excruciaverat. Hi iam ante edocti, quae interrogati pronuntiarent, milites se esse legionarios dicunt: fame atque inopia adductos clam ex castris exisse, si quid frumenti aut pecoris in agris reperire possent; simili omnem exercitum inopia premi, nec iam vires sufficere cuiusquam nec ferre operis laborem posse; itaque statuisse imperatorem, si nihil in oppugnatione oppidi profecisset, triduo exercitum deducere.

„Haec", inquit, „a me", Vercingetorix, „beneficia habetis, quem proditionis insimulatis, cuius opera sine vestro sanguine tantum exercitum victorem fame paene consumptum videtis; quem turpiter se ex hac fuga recipientem ne qua civitas suis finibus recipiat, a me provisum est."

Conclamat omnis multitudo et suo more armis concrepat, quod facere in eo consuerunt, cuius orationem approbant: summum esse Vercingetorigem ducem, nec de eius fide dubitandum, nec maiore ratione bellum administrari posse.

Statuunt, ut decem milia hominum delecta ex omnibus copiis in oppidum submittantur, nec solis Biturigibus communem salutem committendam censent, quod paene in eo, si id oppidum retinuissent, summam victoriae constare intellegebant.

22 Singulari militum nostrorum virtuti consilia cuiusque modi Gallorum occurrebant, ut est summae genus sollertiae atque ad omnia imitanda et efficienda, quae a quoque traduntur, aptissimum. Nam et laqueis falces avertebant, quas, cum destinaverant, tormentis introrsus reducebant, et aggerem cuniculis subtrahebant, eo scientius, quod apud eos magnae sunt ferrariae atque omne genus cuniculorum notum atque usitatum est. Totum autem murum ex omni parte turribus contabulaverant atque has coriis intexerant.

Tum crebris diurnis nocturnisque eruptionibus aut aggeri ignem inferebant aut milites occupatos in opere adoriebantur et nostrarum turrium altitudinem, quantum has cotidianus agger expresserat, commissis suarum turrium malis adaequabant et apertos cuniculos praeusta et praeacuta materia et pice fervefacta et maximi ponderis saxis morabantur moenibusque appropinquare prohibebant.

23 Muri autem omnes Gallici hac fere forma sunt: trabes derectae perpetuae in longitudinem paribus intervallis distantes inter se binos pedes in solo collocantur. Hae revinciuntur introrsus et multo aggere vestiuntur; ea autem, quae diximus, intervalla grandibus in fronte saxis efferciuntur. His collocatis et coagmentatis alius insuper ordo additur, ut idem illud intervallum servetur neque inter se contingant trabes, sed paribus intermissis spatiis singulae singulis saxis interiectis arte contineantur. Sic deinceps omne opus contexitur, dum iusta muri altitudo expleatur.

Hoc cum in speciem varietatemque opus deforme non est alternis trabibus ac saxis, quae rectis lineis suos ordines servant, tum ad utilitatem et defensionem urbium summam habet opportunitatem, quod et ab incendio lapis et ab ariete materia defendit, quae perpetuis trabibus pedum quadragenum plerumque introrsus revincta neque perrumpi neque distrahi potest.

His tot rebus impedita oppugnatione milites, cum toto tempore frigore et assiduis imbribus tardarentur, tamen continenti labore omnia haec superaverunt et diebus viginti quinque aggerem latum pedes trecentos triginta, altum pedes octoginta exstruxerunt.

Cum is murum hostium paene contingeret et Caesar ad opus consuetudine excubaret militesque hortaretur, ne quod omnino tempus ab opere intermitteretur, paulo ante tertiam vigiliam est animadversum fumare aggerem, quem cuniculo hostes succenderant, eodemque tempore toto muro clamore sublato duabus portis ab utroque latere turrium eruptio fiebat. Alii faces atque aridam materiam de muro in aggerem eminus iaciebant, picem reliquasque res, quibus ignis excitari potest, fundebant, ut, quo primum occurreretur aut cui rei ferretur auxilium, vix ratio iniri posset. Tamen, quod instituto Caesaris duae semper legiones pro castris excubabant pluresque partitis temporibus erant in opere, celeriter factum est, ut alii eruptionibus resisterent, alii turres reducerent aggeremque interscinderent, omnis vero ex castris multitudo ad restinguendum concurreret.

Cum in omnibus locis consumpta iam reliqua parte noctis pugnaretur semperque hostibus spes victoriae redintegraretur, eo magis, quod deustos pluteos turrium videbant nec facile adire apertos ad auxiliandum animadvertebant, semperque ipsi recentes defessis succederent omnemque Galliae salutem in illo vestigio temporis positam arbitrarentur, accidit inspectantibus nobis, quod dignum memoria visum praetereundum non existimavimus.

2 Quidam ante portam oppidi Gallus, qui per manus sebi ac picis traditas glebas in ignem e regione turris proiciebat, scorpione ab latere dextro traiectus exani-
3 matusque concidit. Hunc ex proximis unus iacentem transgressus eodem illo munere fungebatur; eadem ratione ictu scorpionis exanimato altero successit tertius
4 et tertio quartus, nec prius ille est a propugnatoribus vacuus relictus locus, quam restincto aggere atque omni parte submotis hostibus finis est pugnandi factus.

26 Omnia experti Galli, quod res nulla successerat, postero die consilium ceperunt ex oppido profugere
2 hortante et iubente Vercingetorige. Id silentio noctis conatos non magna iactura suorum sese effecturos sperabant, propterea quod neque longe ab oppido castra Vercingetorigis aberant et palus perpetua, quae intercedebat, Romanos ad insequendum tardabat.
3 Iamque hoc facere noctu apparabant, cum matres familiae repente in publicum procurrerunt flentesque proiectae ad pedes suorum omnibus precibus petierunt, ne se et communes liberos hostibus ad supplicium dederent, quos ad capiendam fugam naturae et virium
4 infirmitas impediret. Ubi eos in sententia perstare viderunt, quod plerumque in summo periculo timor misericordiam non recipit, conclamare et significare de
5 fuga Romanis coeperunt. Quo timore perterriti Galli, ne ab equitatu Romanorum viae praeoccuparentur, consilio destiterunt.

27 Postero die Caesar promota turri perfectisque operibus, quae facere instituerat, magno coorto imbri non inutilem hanc ad capiendum consilium tempestatem arbitratus, quod paulo incautius custodias in muro dispositas videbat, suos quoque languidius in opere versari iussit
2 et, quid fieri vellet, ostendit. Legionibusque intra vineas

in occulto expeditis, cohortatus, ut aliquando pro tantis laboribus fructum victoriae perciperent, iis, qui primi murum ascendissent, praemia proposuit militibusque signum dedit. Illi subito ex omnibus partibus evolaverunt murumque celeriter compleverunt.

Hostes re nova perterriti, muro turribusque deiecti **28** in foro ac locis patentioribus cuneatim constiterunt, hoc animo, ut, si qua ex parte obviam veniretur, acie instructa depugnarent. Ubi neminem in aequum locum sese demittere, sed toto undique muro circumfundi viderunt, veriti, ne omnino spes fugae tolleretur, abiectis armis ultimas oppidi partes continenti impetu petiverunt, parsque ibi, cum angusto exitu portarum se ipsi premerent, a militibus, pars iam egressa portis ab equitibus est interfecta. Nec fuit quisquam, qui praedae studeret. Sic et Cenabensi caede et labore operis incitati non aetate confectis, non mulieribus, non infantibus pepercerunt.

Denique ex omni numero, qui fuit circiter milium quadraginta, vix octingenti, qui primo clamore audito se ex oppido eiecerant, incolumes ad Vercingetorigem pervenerunt. Quos ille multa iam nocte silentio sic ex fuga excepit — veritus, ne qua in castris ex eorum concursu et misericordia vulgi seditio oreretur —, ut procul in via dispositis familiaribus suis principibusque civitatum disparandos deducendosque ad suos curaret, quae cuique civitati pars castrorum ab initio obvenerat.

Postero die concilio convocato consolatus cohortatusque est, ne se admodum animo demitterent neve perturbarentur incommodo. Non virtute neque in acie vicisse Romanos, sed artificio quodam et scientia oppugnationis, cuius rei fuerint ipsi imperiti. Errare, si qui in bello omnes secundos rerum proventus exspectent. Sibi numquam placuisse Avaricum defendi, cuius rei testes ipsos haberet, sed factum imprudentia Biturigum et nimia obsequentia reliquorum, uti hoc incommodum acciperetur.

5 Id tamen se celeriter maioribus commodis sanaturum.
6 Nam quae ab reliquis Gallis civitates dissentirent, has sua diligentia adiuncturum atque unum consilium totius Galliae effecturum, cuius consensui ne orbis quidem terrarum possit obsistere, idque se prope iam effectum
7 habere. Interea aequum esse ab iis communis salutis causa impetrari, ut castra munire instituerent, quo facilius repentinos hostium impetus sustinere possent.

30 Fuit haec oratio non ingrata Gallis, et maxime, quod ipse animo non defecerat tanto accepto incommodo neque se in occultum abdiderat et conspectum multitu-
2 dinis fugerat; plusque animo providere et praesentire existimabatur, quod re integra primo incendendum
3 Avaricum, post deserendum censuerat. Itaque ut reliquorum imperatorum res adversae auctoritatem minuunt, sic huius ex contrario dignitas incommodo accepto in dies augebatur.
4 Simul in spem veniebant eius affirmatione de reliquis adiungendis civitatibus; primumque eo tempore Galli castra munire instituerunt, et sic erant animo consternati homines insueti laboris, ut omnia, quae imperarentur, sibi facienda et perferenda existimarent.

31 Nec minus, quam est pollicitus, Vercingetorix animo laborabat, ut reliquas civitates adiungeret, atque earum
2 principes donis pollicitationibusque alliciebat. Huic rei idoneos homines deligebat, quorum quisque aut oratione subdola aut amicitia facillime capere posset.
3 Qui Avarico expugnato refugerant, armandos vestien-
4 dosque curat; simul, ut deminutae copiae redintegrarentur, imperat certum numerum militum civitatibus, quem

et quam ante diem in castra adduci velit, sagittariosque omnes, quorum erat permagnus in Gallia numerus, conquiri et ad se mitti iubet. His rebus celeriter id, quod Avarici deperierat, expletur. Interim Teutomatus, Olloviconis filius, rex Nitiobrogum, cuius pater ab senatu nostro amicus erat appellatus, cum magno numero equitum suorum et quos ex Aquitania conduxerat ad eum pervenit.

Caesar Avarici complures dies commoratus summamque ibi copiam frumenti et reliqui commeatus nactus exercitum ex labore atque inopia reficit. Iam prope hieme confecta, cum ipso anni tempore ad gerendum bellum vocaretur et ad hostem proficisci constituisset, sive eum ex paludibus silvisque elicere sive obsidione premere posset, legati ad eum principes Haeduorum veniunt oratum, ut maxime necessario tempore civitati subveniat: summo esse in periculo rem, quod, cum singuli magistratus antiquitus creari atque regiam potestatem annum obtinere consuessent, duo magistratum gerant et se uterque eorum legibus creatum esse dicat. Horum esse alterum Convictolitavem, florentem et illustrem adulescentem, alterum Cotum, antiquissima familia natum atque ipsum hominem summae potentiae et magnae cognationis, cuius frater Valetiacus proximo anno eundem magistratum gesserit. Civitatem esse omnem in armis, divisum senatum, divisum populum, suas cuiusque eorum clientelas. Quod si diutius alatur controversia, fore, uti pars cum parte civitatis confligat; id ne accidat, positum in eius diligentia atque auctoritate.

Caesar, etsi a bello atque hoste discedere detrimentosum esse existimabat, tamen non ignorans, quanta ex dissensionibus incommoda oriri consuessent, ne tanta et tam coniuncta populo Romano civitas, quam ipse semper aluisset omnibusque rebus ornasset, ad vim atque arma

descenderet atque ea pars, quae minus sibi confideret, auxilia a Vercingetorige arcesseret, huic rei praeverten-
2 dum existimavit et, quod legibus Haeduorum iis, qui summum magistratum obtinerent, excedere ex finibus non liceret, ne quid de iure aut de legibus eorum deminuisse videretur, ipse in Haeduos proficisci statuit senatumque omnem et quos inter controversia esset ad se Decetiam evocavit.
3 Cum prope omnis civitas eo convenisset docereturque paucis clam convocatis alio loco, alio tempore atque oportuerit fratrem a fratre renuntiatum, cum leges duos ex una familia vivo utroque non solum magistratus creari vetarent, sed etiam in senatu esse prohiberent,
4 Cotum imperium deponere coëgit, Convictolitavem, qui per sacerdotes more civitatis intermissis magistratibus esset creatus, potestatem obtinere iussit.

34 Hoc decreto interposito cohortatus Haeduos, ut controversiarum ac dissensionis obliviscerentur atque omnibus omissis rebus huic bello servirent eaque, quae meruissent, praemia ab se devicta Gallia exspectarent equitatumque omnem et peditum milia decem sibi celeriter mitterent, quae in praesidiis rei frumentariae causa
2 disponeret, exercitum in duas partes divisit: quattuor legiones in Senones Parisiosque Labieno ducendas dedit, sex ipse in Arvernos ad oppidum Gergoviam secundum flumen Elaver duxit; equitatus partem illi attribuit,
3 partem sibi reliquit. Qua re cognita Vercingetorix omnibus interruptis eius fluminis pontibus ab altera fluminis parte iter facere coepit.

35 Cum uterque utrique esset exercitus in conspectu fereque e regione castrorum Caesaris castra poneret Vercingetorix dispositis exploratoribus, necubi effecto ponte Romani copias traducerent, erat in magnis Caesari difficultatibus res, ne maiorem aestatis partem flumine

impediretur, quod non fere ante autumnum Elaver vado transiri solet. Itaque, ne id accideret, silvestri loco castris positis e regione unius eorum pontium, quos Vercingetorix rescindendos curaverat, postero die cum duabus legionibus in occulto restitit; reliquas copias cum omnibus impedimentis, ut consueverat, misit partitis quibusdam cohortibus, ut numerus legionum constare videretur. His, quam longissime possent, progredi iussis, cum iam ex diei tempore coniecturam caperet in castra perventum, isdem sublicis, quarum pars inferior integra remanebat, pontem reficere coepit. Celeriter effecto opere legionibusque traductis et loco castris idoneo delecto reliquas copias revocavit. Vercingetorix re cognita, ne contra suam voluntatem dimicare cogeretur, magnis itineribus antecessit.

Caesar ex eo loco quintis castris Gergoviam pervenit equestrique eo die proelio levi facto, perspecto urbis situ, quae posita in altissimo monte omnes aditus difficiles habebat, de oppugnatione desperavit, de obsessione non prius agendum constituit, quam rem frumentariam expedisset.

At Vercingetorix castris prope oppidum in monte positis mediocribus circum se intervallis separatim singularum civitatum copias collocaverat, atque omnibus eius iugi collibus occupatis, qua dispici poterat, horribilem speciem praebebat, principesque earum civitatum, quos sibi ad consilium capiendum delegerat, prima luce cotidie ad se convenire iubebat, seu quid communicandum seu quid administrandum videretur, neque ullum fere diem intermittebat, quin equestri proelio interiectis sagittariis, quid in quoque esset animi ac virtutis suorum, periclitaretur.

Erat e regione oppidi collis sub ipsis radicibus montis egregie munitus atque ex omni parte circumcisus; quem

si tenerent nostri, et aquae magna parte et pabulatione
6 libera prohibituri hostes videbantur. Sed is locus prae-
7 sidio ab his non infirmo tenebatur. Tamen silentio noctis
Caesar ex castris egressus, priusquam subsidio ex oppido
veniri posset, deiecto praesidio potitus loco duas ibi
legiones collocavit fossamque duplicem duodenum pedum a maioribus castris ad minora perduxit, ut tuto ab
repentino hostium incursu etiam singuli commeare
possent.

37 Dum haec ad Gergoviam geruntur, Convictolitavis
Haeduus, cui magistratum adiudicatum a Caesare demonstravimus, sollicitatus ab Arvernis pecunia cum quibusdam adulescentibus colloquitur, quorum erat princeps
Litaviccus atque eius fratres, amplissima familia nati
2 adulescentes. Cum his praemium communicat hortatur-
3 que, ut se liberos et imperio natos meminerint. Unam
esse Haeduorum civitatem, quae certissimam Galliae
victoriam distineat; eius auctoritate reliquas contineri;
qua traducta locum consistendi Romanis in Gallia non
4 fore. Esse nonnullo se Caesaris beneficio affectum, sic
tamen, ut iustissimam apud eum causam obtinuerit; sed
5 plus communi libertati tribuere. Cur enim potius Haedui
de suo iure et de legibus ad Caesarem disceptatorem
quam Romani ad Haeduos veniant?
6 Celeriter adulescentibus et oratione magistratus et
praemio deductis, cum se vel principes eius consilii fore
profiterentur, ratio perficiendi quaerebatur, quod
civitatem temere ad suscipiendum bellum adduci posse
7 non confidebant. Placuit, ut Litaviccus decem illis
milibus, quae Caesari ad bellum mitterentur, praefice-
retur atque ea ducenda curaret fratresque eius ad Caesarem praecurrerent. Reliqua qua ratione agi placeat,
constituunt.

Litaviccus accepto exercitu cum milia passuum circiter **38**
triginta a Gergovia abesset, convocatis subito militibus
lacrimans „Quo proficiscimur", inquit, „milites? Omnis **2**
noster equitatus, omnis nobilitas interiit; principes civitatis, Eporedorix et Viridomarus, insimulati proditionis
ab Romanis indicta causa interfecti sunt. Haec ab his **3**
cognoscite, qui ex ipsa caede effugerunt; nam ego fratribus atque omnibus meis propinquis interfectis dolore
prohibeor, quae gesta sunt, pronuntiare."

Producuntur ii, quos ille edocuerat, quae dici vellet, **4**
atque eadem, quae Litaviccus pronuntiaverat, multitudini exponunt: omnes equites Haeduorum interfectos, **5**
quod collocuti cum Arvernis dicerentur; ipsos se inter
multitudinem militum occultasse atque ex media caede
effugisse.

Conclamant Haedui et Litaviccum obsecrant, ut sibi **6**
consulat. „Quasi vero", inquit ille, „consilii sit res, ac **7**
non necesse sit nobis Gergoviam contendere et cum
Arvernis nosmet coniungere. An dubitamus, quin nefario **8**
facinore admisso Romani iam ad nos interficiendos
concurrant? Proinde, si quid in nobis animi est, perse-
quamur eorum mortem, qui indignissime interierunt,
atque hos latrones interficiamus."

Ostendit cives Romanos, qui eius praesidii fiducia **9**
una ierant. Continuo magnum numerum frumenti commeatusque diripit, ipsos crudeliter excruciatos interficit.
Nuntios tota civitate Haeduorum dimittit, eodem men- **10**
dacio de caede equitum et principum permovet; hortatur,
ut simili ratione, atque ipse fecerit, suas iniurias perse-
quantur.

Eporedorix Haeduus, summo loco natus adulescens **39**
et summae domi potentiae, et una Viridomarus, pari
aetate et gratia, sed genere dispari, quem Caesar ab
Diviciaco sibi traditum ex humili loco ad summam

dignitatem perduxerat, in equitum numero convenerant
2 nominatim ab eo evocati. His erat inter se de principatu contentio, et in illa magistratuum controversia alter pro Convictolitave, alter pro Coto summis opibus pugnaverat.
3 Ex his Eporedorix cognito Litavicci consilio media fere nocte rem ad Caesarem defert; orat, ne patiatur civitatem pravis adulescentium consiliis ab amicitia populi Romani deficere; quod futurum provideat, si se tot hominum milia cum hostibus coniunxerint, quorum salutem neque propinqui neglegere neque civitas levi momento aestimare possit.

40 Magna affectus sollicitudine hoc nuntio Caesar, quod semper Haeduorum civitati praecipue indulserat, nulla interposita dubitatione legiones expeditas quattuor equi-
2 tatumque omnem ex castris educit; nec fuit spatium tali tempore ad contrahenda castra, quod res posita in celeritate videbatur; C. Fabium legatum cum legionibus dua-
3 bus castris praesidio relinquit. Fratres Litavicci cum comprehendi iussisset, paulo ante reperit ad hostes pro-
4 fugisse. Adhortatus milites, ne necessario tempore itineris labore permoveantur, cupidissimis omnibus progressus milia passuum viginti quinque agmen Haeduorum conspicatur; immisso equitatu iter eorum moratur atque impedit interdicitque omnibus, ne quemquam
5 interficiant. Eporedorigem et Viridomarum, quos illi interfectos existimabant, inter equites versari suosque appellare iubet.
6 His cognitis et Litavicci fraude perspecta Haedui manus tendere et proiectis armis mortem deprecari inci-
7 piunt. Litaviccus cum suis clientibus, quibus more Gallorum nefas est etiam in extrema fortuna deserere patronos, Gergoviam profugit.

41 Caesar nuntiis ad civitatem Haeduorum missis, qui suo beneficio conservatos docerent, quos iure belli interficere potuisset, tribusque horis exercitui ad quietem datis castra ad Gergoviam movet.

2 Medio fere itinere equites a Fabio missi, quanto res in periculo fuerit, exponunt. Summis copiis castra oppugnata demonstrant, cum crebro integri defessis succederent nostrosque assiduo labore defatigarent, quibus propter magnitudinem castrorum perpetuo esset isdem in vallo permanendum. **3** Multitudine sagittarum atque omni genere telorum multos vulneratos; ad haec sustinenda magno usui fuisse tormenta. **4** Fabium discessu eorum duabus relictis portis obstruere ceteras pluteosque vallo addere et se in posterum diem ad similem casum parare. **5** His rebus cognitis Caesar summo studio militum ante ortum solis in castra pervenit.

42 Dum haec ad Gergoviam geruntur, Haedui primis nuntiis ab Litavicco acceptis nullum sibi ad cognoscendum spatium relinquunt. Impellit alios avaritia, alios **2** iracundia et temeritas — quae maxime illi hominum generi est innata —, ut levem auditionem habeant pro re comperta. **3** Bona civium Romanorum diripiunt, caedes faciunt, in servitutem abstrahunt. **4** Adiuvat rem proclinatam Convictolitavis plebemque ad furorem impellit, ut facinore admisso ad sanitatem reverti pudeat.

5 M. Aristium, tribunum militum, iter ad legionem facientem fide data ex oppido Cavillono educunt; idem facere cogunt eos, qui negotiandi causa ibi constiterant. **6** Hos continuo in itinere adorti omnibus impedimentis exuunt; repugnantes diem noctemque obsident; multis utrimque interfectis maiorem multitudinem ad arma concitant.

43 Interim nuntio allato omnes eorum milites in potestate Caesaris teneri concurrunt ad Aristium, nihil publico

2 factum consilio demonstrant; quaestionem de bonis direptis decernunt, Litavicci fratrumque bona publicant, 3 legatos ad Caesarem sui purgandi gratia mittunt. Haec faciunt recuperandorum suorum causa; sed contaminati facinore et capti compendio ex direptis bonis, quod ea res ad multos pertinebat, et timore poenae exterriti consilia clam de bello inire incipiunt civitatesque reliquas legationibus sollicitant.

4 Quae tametsi Caesar intellegebat, tamen, quam mitissime potest, legatos appellat: nihil se propter inscientiam levitatemque vulgi gravius de civitate iudicare neque de 5 sua in Haeduos benevolentia deminuere. Ipse maiorem Galliae motum exspectans, ne ab omnibus civitatibus circumsisteretur, consilia inibat, quemadmodum a Gergovia discederet ac rursus omnem exercitum contraheret nec profectio nata a timore defectionis similisque fugae videretur.

44 Haec cogitanti accidere visa est facultas bene gerendae rei. Nam cum in minora castra operis perspiciendi causa venisset, animadvertit collem, qui ab hostibus tenebatur, nudatum hominibus, qui superioribus diebus 2 vix prae multitudine cerni potuerat. Admiratus quaerit ex perfugis causam, quorum magnus ad eum cotidie numerus confluebat.

3 Constabat inter omnes — quod iam ipse Caesar per exploratores cognoverat — dorsum esse eius iugi prope aequum, sed silvestre et angustum, qua esset aditus ad 4 alteram partem oppidi; huic loco vehementer illos timere nec iam aliter sentire, uno colle ab Romanis occupato si alterum amisissent, quin paene circumvallati atque 5 omni exitu et pabulatione interclusi viderentur: ad hunc muniendum locum omnes a Vercingetorige evocatos.

45 Hac re cognita Caesar mittit complures equitum turmas eo de media nocte; imperat his, ut paulo tumultuosius omnibus locis pervagentur. Prima luce magnum numerum iumentorum ex castris mulorumque produci deque his stramenta detrahi mulionesque cum cassidibus equitum specie ac simulatione collibus circumvehi iubet. His paucos addit equites, qui latius ostentationis causa vagentur. Longo circuitu easdem omnes iubet petere regiones. Haec procul ex oppido videbantur, ut erat a Gergovia despectus in castra, neque tanto spatio, certi quid esset, explorari poterat. Legionem unam eodem iugo mittit et paulum progressam inferiore constituit loco silvisque occultat. Augetur Gallis suspicio, atque omnes illo ad munitionem copiae traducuntur.

Vacua castra hostium Caesar conspicatus tectis insignibus suorum occultatisque signis militaribus raros milites, ne ex oppido animadverterentur, ex maioribus castris in minora traducit legatisque, quos singulis legionibus praefecerat, quid fieri velit, ostendit; imprimis monet, ut contineant milites, ne studio pugnandi aut spe praedae longius progrediantur; quid iniquitas loci habeat incommodi, proponit: hoc una celeritate posse vitari; occasionis esse rem, non proelii. His rebus expositis signum dat et ab dextra parte alio ascensu eodem tempore Haeduos mittit.

Murus oppidi a planitie atque initio ascensus recta regione, si nullus amfractus intercederet, mille ducentos passus aberat; quidquid huc circuitus ad molliendum clivum accesserat, id spatium itineris augebat. A medio fere colle in longitudinem, ut natura montis ferebat, ex grandibus saxis sex pedum murum, qui nostrorum impetum tardaret, praeduxerant Galli atque inferiore omni spatio vacuo relicto superiorem partem collis usque ad murum oppidi densissimis castris compleverant.

Milites dato signo celeriter ad munitionem perveniunt eamque transgressi trinis castris potiuntur; ac tanta fuit in castris capiendis celeritas, ut Teutomatus, rex Nitiobrogum, subito in tabernaculo oppressus, ut meridie conquieverat, superiore parte corporis nuda, vulnerato equo vix se ex manibus praedantium militum eriperet.

47 Consecutus id, quod animo proposuerat, Caesar receptui cani iussit legionisque decimae, quacum erat, 2 continuo signa constiterunt. At reliquarum legionum milites non audito sono tubae, quod satis magna vallis intercedebat, tamen a tribunis militum legatisque, ut 3 erat a Caesare praeceptum, retinebantur; sed elati spe celeris victoriae et hostium fuga et superiorum temporum secundis proeliis nihil adeo arduum sibi existimabant, quod non virtute consequi possent, neque prius finem sequendi fecerunt, quam oppidi muro portisque appropinquarent.

4 Tum vero ex omnibus urbis partibus orto clamore, qui longius aberant, repentino tumultu perterriti, cum hostem intra portas esse existimarent, sese ex oppido 5 eiecerunt. Matres familiae de muro vestem argentumque iactabant et pectore nudo prominentes passis manibus Romanos obtestabantur, ut sibi parcerent neu, sicut Avarici fecissent, ne a mulieribus quidem atque infantibus 6 abstinerent; nonnullae de muro per manus demissae sese militibus tradebant.

7 L. Fabius, centurio legionis octavae, quem inter suos eo die dixisse constabat excitari se Avaricensibus praemiis neque commissurum, ut prius quisquam murum ascenderet, tres suos nactus manipulares atque ab iis sublevatus murum ascendit; hos ipse rursus singulos exceptans in murum extulit.

48 Interim ii, qui ad alteram partem oppidi, ut supra demonstravimus, munitionis causa convenerant, primo exaudito clamore, inde etiam crebris nuntiis incitati oppidum a Romanis teneri, praemissis equitibus magno cursu eo contenderunt. Eorum ut quisque primus venerat, sub muro consistebat suorumque pugnantium numerum augebat. Quorum cum magna multitudo convenisset, matres familiae, quae paulo ante Romanis de muro manus tendebant, suos obtestari et more Gallico passum capillum ostentare liberosque in conspectum proferre coeperunt.

Erat Romanis nec loco nec numero aequa contentio; simul et cursu et spatio pugnae defatigati non facile recentes atque integros sustinebant.

Caesar, cum iniquo loco pugnari hostiumque copias augeri videret, praemetuens suis ad T. Sextium legatum, quem minoribus castris praesidio reliquerat, misit, ut cohortes ex castris celeriter educeret et sub infimo colle ab dextro latere hostium constitueret, ut, si nostros loco depulsos vidisset, quo minus libere hostes insequerentur, terreret. Ipse paulum ex eo loco cum legione progressus, ubi constiterat, eventum pugnae exspectabat.

Cum acerrime comminus pugnaretur, hostes loco et numero, nostri virtute confiderent, subito sunt Haedui visi ab latere nostris aperto, quos Caesar ab dextra parte alio ascensu manus distinendae causa miserat. Hi similitudine armorum vehementer nostros perterruerunt, ac tametsi dextris umeris exsertis animadvertebantur, quod insigne pactum esse consuerat, tamen id ipsum sui fallendi causa milites ab hostibus factum existimabant. Eodem tempore L. Fabius centurio quique una murum ascenderant circumventi atque interfecti de muro praecipitabantur.

M. Petronius, eiusdem legionis centurio, cum portam excidere conatus esset, a multitudine oppressus ac sibi desperans multis iam vulneribus acceptis manipularibus suis, qui illum erant secuti, „Quoniam", inquit, „me una vobiscum servare non possum, vestrae quidem certe vitae prospiciam, quos cupiditate gloriae adductus in periculum deduxi. Vos data facultate vobis consulite." Simul in medios hostes irrupit duobusque interfectis reliquos a porta paulum submovit. Conantibus auxiliari suis „Frustra", inquit, „meae vitae subvenire conamini, quem iam sangius viresque deficiunt. Proinde abite, dum est facultas, vosque ad legionem recipite." Ita pugnans paulo post concidit ac suis saluti fuit.

51 Nostri cum undique premerentur, quadraginta sex centurionibus amissis deiecti sunt loco. Sed intolerantius Gallos insequentes legio decima tardavit, quae pro subsidio paulo aequiore loco constiterat. Hanc rursus tertiae decimae legionis cohortes exceperunt, quae ex castris minoribus eductae cum T. Sextio legato ceperant locum superiorem. Legiones, ubi primum planitiem attigerunt, infestis contra hostem signis constiterunt. Vercingetorix ab radicibus collis suos intra munitiones reduxit. Eo die milites paulo minus septingenti sunt desiderati.

52 Postero die Caesar contione advocata temeritatem cupiditatemque militum reprehendit, quod sibi ipsi iudicavissent, quo procedendum aut quid agendum videretur, neque signo recipiendi dato constitissent neque a tribunis militum legatisque retineri potuissent. Exposuit, quid iniquitas loci posset, quod ipse ad Avaricum sensisset, cum sine duce et sine equitatu deprehensis hostibus exploratam victoriam dimisisset, ne parvum modo detrimentum in contentione propter iniquitatem loci accideret. Quantopere eorum animi magnitudinem admiraretur, quos non castrorum munitiones, non altitudo montis, non murus oppidi tardare potuisset, tantopere licentiam arrogantiamque reprehendere, quod

plus se quam imperatorem de victoria atque exitu rerum
sentire existimarent; nec minus se a milite modestiam
et continentiam quam virtutem atque animi magnitudinem desiderare.

Hac habita contione et ad extremum confirmatis militibus, ne ob hanc causam animo permoverentur neu, quod iniquitas loci attulisset, id virtuti hostium tribuerent, eadem de profectione cogitans, quae ante senserat, legiones ex castris eduxit aciemque idoneo loco constituit. Cum Vercingetorix nihilo minus copias suas intra munitiones contineret neque in aequum locum descenderet, levi facto equestri proelio atque eo secundo in castra exercitum reduxit. Cum hoc idem postero die fecisset, satis ad Gallicam ostentationem minuendam militumque animos confirmandos factum existimans in Haeduos movit castra. Ne tum quidem insecutis hostibus tertio die ad flumen Elaver venit, pontem refecit eoque exercitum traduxit.

Ibi a Viridomaro atque Eporedorige Haeduis appellatus discit cum omni equitatu Litaviccum ad sollicitandos Haeduos profectum; opus esse ipsos antecedere ad confirmandam civitatem. Etsi multis iam rebus Haeduorum perfidiam perspectam habebat atque horum discessu maturari defectionem civitatis existimabat, tamen eos retinendos non censuit, ne aut inferre iniuriam videretur aut daret timoris aliquam suspicionem.

Discedentibus his breviter sua in Haeduos merita exposuit: quos et quam humiles accepisset, compulsos in oppida, multatos agris, omnibus ereptis copiis, imposito stipendio, obsidibus summa cum contumelia extortis, et quam in fortunam quamque in amplitudinem duxisset, ut non solum in pristinum statum redissent, sed omnium temporum dignitatem et gratiam antecessisse viderentur. His datis mandatis eos ab se dimisit.

55 Noviodunum erat oppidum Haeduorum ad ripas Ligeris opportuno loco positum. Huc Caesar omnes obsides Galliae, frumentum, pecuniam publicam [suorum atque exercitus impedimentorum magnam partem] contulerat; huc magnum numerum equorum huius belli causa in Italia atque Hispania coëmptum miserat.

Eo cum Eporedorix Viridomarusque venissent et de statu civitatis cognovissent — Litaviccum Bibracte ab Haeduis receptum, quod est oppidum apud eos maximae auctoritatis, Convictolitavem magistratum magnamque partem senatus ad eum convenisse, legatos ad Vercingetorigem de pace et amicitia concilianda publice missos —, non praetermittendum tantum commodum existimaverunt.

Itaque interfectis Novioduni custodibus quique eo negotiandi aut itineris causa convenerant, pecuniam atque equos inter se partiti sunt, obsides civitatum Bibracte ad magistratum deducendos curaverunt, oppidum, quod ab se teneri non posse iudicabant, ne cui esset usui Romanis, incenderunt, frumenti, quod subito potuerunt, navibus avexerunt, reliquum flumine atque incendio corruperunt. Ipsi ex finitimis regionibus copias cogere, praesidia custodiasque ad ripas Ligeris disponere equitatumque omnibus locis iniciendi timoris causa ostentare coeperunt, si re frumentaria Romanos excludere [aut adductos inopia in provinciam expellere] possent. Quam ad spem multum eos adiuvabat, quod Liger ex nivibus creverat, ut omnino vado non posse transiri videretur.

56 Quibus rebus cognitis Caesar maturandum sibi censuit, si esset in perficiendis pontibus periclitandum, ut prius, quam essent maiores eo coactae copiae, dimicaret.

Nam ne commutato consilio iter in provinciam converteret, ut non nemo tum quidem necessario faciendum existimabat, cum infamia atque indignitas rei et oppositus mons Cebenna viarumque difficultas impediebat, tum maxime, quod abiuncto Labieno atque iis legionibus, quas una miserat, vehementer timebat.

Itaque admodum magnis diurnis nocturnisque itineribus confectis contra omnium opinionem ad Ligerim venit vadoque per equites invento pro rei necessitate opportuno, ut bracchia modo atque umeri ad sustinenda arma liberi ab aqua esse possent, disposito equitatu, qui vim fluminis refringeret, atque hostibus primo aspectu perturbatis incolumem exercitum traduxit frumentumque in agris et pecoris copiam nactus repleto his rebus exercitu iter in Senones facere instituit.

Dum haec apud Caesarem geruntur, Labienus eo supplemento, quod nuper ex Italia venerat, relicto Agedinci, ut esset impedimentis praesidio, cum quattuor legionibus Luteciam proficiscitur. Id est oppidum Parisiorum, positum in insula fluminis Sequanae.

Cuius adventu ab hostibus cognito magnae ex finitimis civitatibus copiae convenerunt. Summa imperii traditur Camulogeno Aulerco, qui prope confectus aetate tamen propter singularem scientiam rei militaris ad eum est honorem evocatus. Is cum animadvertisset perpetuam esse paludem, quae influeret in Sequanam atque illum omnem locum magnopere impediret, hic consedit nostrosque transitu prohibere instituit.

Labienus primo vineas agere, cratibus atque aggere paludem explere atque iter munire conabatur. Postquam id difficilius fieri animadvertit, silentio e castris tertia vigilia egressus eodem, quo venerat, itinere Metlosedum pervenit. Id est oppidum Senonum in insula Sequanae positum, ut paulo ante de Lutecia diximus. Deprehensis navibus circiter quinquaginta celeriterque coniunctis atque eo militibus impositis et rei novitate perterritis oppidanis, quorum magna pars erat ad bellum evocata, sine contentione oppido potitur.

5 Refecto ponte, quem superioribus diebus hostes resciderant, exercitum traducit et secundo flumine ad Lute-
6 ciam iter facere coepit. Hostes re cognita ab iis, qui Metlosedo profugerant, Luteciam incendi pontesque eius oppidi rescindi iubent; ipsi profecti a palude in ripa Sequanae e regione Luteciae contra Labieni castra considunt.

59 Iam Caesar a Gergovia discessisse audiebatur; iam de Haeduorum defectione et secundo Galliae motu rumores afferebantur Gallique in colloquiis interclusum itinere et Ligeri Caesarem inopia frumenti coactum in provin-
2 ciam contendisse confirmabant. Bellovaci autem defectione Haeduorum cognita, qui iam ante erant per se infideles, manus cogere atque aperte bellum parare coeperunt.
3 Tum Labienus tanta rerum commutatione longe aliud sibi capiendum consilium, atque antea senserat, intelle-
4 gebat neque iam, ut aliquid acquireret proelioque hostes lacesseret, sed ut incolumem exercitum Agedincum
5 reduceret, cogitabat. Namque altera ex parte Bellovaci, quae civitas in Gallia maximam habet opinionem virtutis, instabant, alteram Camulogenus parato atque instructo exercitu tenebat; tum legiones a praesidio atque impedimentis interclusas maximum flumen
6 distinebat. Tantis subito difficultatibus obiectis ab animi virtute auxilium petendum videbat.

60 Itaque sub vesperum consilio convocato cohortatus, ut ea, quae imperasset, diligenter industrieque administrarent, naves, quas Metlosedo deduxerat, singulas equitibus Romanis attribuit et prima confecta vigilia quattuor milia passuum secundo flumine silentio

progredi ibique se exspectare iubet. Quinque cohortes, 2
quas minime firmas ad dimicandum esse existimabat,
castris praesidio relinquit; quinque eiusdem legionis 3
reliquas de media nocte cum omnibus impedimentis
adverso flumine magno tumultu proficisci imperat. Con- 4
quirit etiam lintres; has magno sonitu remorum incitatas
in eandem partem mittit. Ipse paulo post silentio
egressus cum tribus legionibus eum locum petit, quo
naves appelli iusserat.

Eo cum esset ventum, exploratores hostium, ut omni 61
fluminis parte erant dispositi, inopinantes, quod magna
subito erat coorta tempestas, a nostris opprimuntur; ex- 2
ercitus equitatusque equitibus Romanis administrantibus,
quos ei negotio praefecerat, celeriter transmittitur. Uno 3
fere tempore sub lucem hostibus nuntiatur in castris Romanorum praeter consuetudinem tumultuari et magnum
ire agmen adverso flumine sonitumque remorum in
eadem parte exaudiri et paulo infra milites navibus
transportari.

Quibus rebus auditis, quod existimabant tribus locis 4
transire legiones atque omnes perturbatos defectione
Haeduorum fugam parare, suas quoque copias in tres
partes distribuerunt. Nam praesidio e regione castrorum 5
relicto et parva manu Metlosedum versus missa, quae
tantum progrederetur, quantum naves processissent,
reliquas copias contra Labienum duxerunt.

Prima luce et nostri omnes erant transportati et 62
hostium acies cernebatur. Labienus milites cohortatus, 2
ut suae pristinae virtutis et tot secundissimorum proe-
liorum memoriam retinerent atque ipsum Caesarem,
cuius ductu saepenumero hostes superassent, praesentem
adesse existimarent, dat signum proelii.

Primo concursu ab dextro cornu, ubi septima legio 3
constiterat, hostes pelluntur atque in fugam coniciuntur;

4 ab sinistro, quem locum duodecima legio tenebat, cum primi ordines hostium transfixi pilis concidissent, tamen acerrime reliqui resistebant, nec dabat suspicionem 5 fugae quisquam. Ipse dux hostium Camulogenus suis 6 aderat atque eos cohortabatur. At incerto etiam nunc exitu victoriae, cum septimae legionis tribunis esset nuntiatum, quae in sinistro cornu gererentur, post tergum hostium legionem ostenderunt signaque intule- 7 runt. Ne eo quidem tempore quisquam loco cessit, sed circumventi omnes interfectique sunt. Eandem fortunam tulit Camulogenus.

8 At ii, qui in praesidio contra castra Labieni erant relicti, cum proelium commissum audissent, subsidio suis ierunt collemque ceperunt neque nostrorum militum 9 victorum impetum sustinere potuerunt. Sic cum suis fugientibus permixti, quos non silvae montesque texe- 10 runt, ab equitatu sunt interfecti. Hoc negotio confecto Labienus revertitur Agedincum, ubi impedimenta totius exercitus relicta erant; inde cum omnibus copiis ad Caesarem pervenit.

63 Defectione Haeduorum cognita bellum augetur. Le- 2 gationes in omnes partes circummittunt; quantum gratia, auctoritate, pecunia valent, ad sollicitandas civitates 3 utuntur; nacti obsides, quos Caesar apud eos deposuerat, 4 horum supplicio dubitantes territant. Petunt a Vercinge- torige, ut ad se veniat rationesque belli gerendi commu- 5 nicet. Re impetrata contendunt, ut ipsis summa imperii tradatur; ea re in controversiam deducta totius Galliae 6 concilium Bibracte indicitur. Conveniunt undique fre- quentes. Multitudinis suffragiis res permittitur; ad unum omnes Vercingetorigem probant imperatorem.

7 Ab hoc concilio Remi, Lingones, Treveri afuerunt, illi, quod amicitiam Romanorum sequebantur, Treveri, quod aberant longius et a Germanis premebantur; quae fuit

causa, quare toto abessent bello et neutris auxilia mitterent.

Magno dolore Haedui ferunt se deiectos principatu, querunter fortunae commutationem et Caesaris in se indulgentiam requirunt, neque tamen suscepto bello suum consilium ab reliquis separare audent. Inviti summae spei adulescentes Eporedorix et Viridomarus Vercingetorigi parent.

64 Ille imperat Haeduis reliquisque civitatibus obsides; denique ei rei constituit diem. Huc omnes equites, quindecim milia numero, celeriter convenire iubet. Peditatu, quem antea habuerit, se fore contentum dicit neque fortunam temptaturum aut acie dimicaturum; sed, quoniam abundet equitatu, perfacile esse factu frumentationibus pabulationibusque Romanos prohibere; aequo modo animo sua ipsi frumenta corrumpant aedificiaque incendant, qua rei familiaris iactura perpetuum imperium libertatemque se consequi videant.

His constitutis rebus Haeduis Segusiavisque, qui sunt finitimi provinciae, decem milia peditum imperat; huc addit equites octingentos. His praeficit fratrem Eporedorigis bellumque inferre Allobrogibus iubet. Altera ex parte Gabalos proximosque pagos Arvernorum in Helvios, item Rutenos Cadurcosque ad fines Volcarum Arecomicorum depopulandos mittit. Nihilo minus clandestinis nuntiis legationibusque Allobroges sollicitat, quorum mentes nondum ab superiore bello resedisse sperabat. Horum principibus pecunias, civitati autem imperium totius provinciae pollicetur.

65 Ad hos omnes casus provisa erant praesidia cohortium duarum et viginti, quae ex ipsa provincia coacta ab L. Caesare legato ad omnes partes opponebantur. Helvii sua sponte cum finitimis proelio congressi pelluntur et C. Valerio Domnotauro, Caburi filio, principe

civitatis, compluribusque aliis interfectis intra oppida
3 murosque compelluntur. Allobroges crebris ad Rhodanum dispositis praesidiis magna cura et diligentia suos fines tuentur.
4 Caesar, quod hostes equitatu superiores esse intellegebat et interclusis omnibus itineribus nulla re ex provincia atque Italia sublevari poterat, trans Rhenum in Germaniam mittit ad eas civitates, quas superioribus annis pacaverat, equitesque ab his arcessit et levis armaturae pedites, qui inter eos proeliari consuerant.
5 Eorum adventu, quod minus idoneis equis utebantur, a tribunis militum reliquisque equitibus Romanis atque evocatis equos sumit Germanisque distribuit.

66 Interea, dum haec geruntur, hostium copiae ex Arvernis equitesque, qui toti Galliae erant imperati, conveniunt.
2 Magno horum coacto numero, cum Caesar in Sequanos per extremos Lingonum fines iter faceret, quo facilius subsidium provinciae ferre posset, circiter milia passuum decem ab Romanis trinis castris Vercingetorix
3 considit convocatisque ad concilium praefectis equitum venisse tempus victoriae demonstrat: fugere in provin-
4 ciam Romanos Galliaque excedere. Id sibi ad praesentem obtinendam libertatem satis esse; ad reliqui temporis pacem atque otium parum profici: maioribus enim coactis copiis reversuros neque finem bellandi facturos.
5 Proinde in agmine impeditos adoriantur. Si impedimentis suis auxilium ferant atque in eo morentur, iter facere non posse; si — id quod magis futurum confidat — relictis impedimentis suae saluti consulant, et usu rerum
6 necessariarum et dignitate spoliatum iri. Nam de equitibus hostium, quin nemo eorum progredi modo extra agmen audeat, ne ipsos quidem debere dubitare. Id quo maiore faciant animo, copias se omnes pro castris habiturum et terrori hostibus futurum.

Conclamant equites: sanctissimo iure iurando confirmari oportere, ne tecto recipiatur, ne ad liberos, ad parentes, ad uxorem aditum habeat, qui non bis per agmen hostium perequitarit.

Probata re atque omnibus ius iurandum adactis postero die in tres partes distributo equitatu duae se acies ab duobus lateribus ostendunt, una a primo agmine iter impedire coepit. Qua re nuntiata Caesar suum quoque equitatum tripertito divisum contra hostem ire iubet.
Pugnatur una omnibus in partibus. Consistit agmen; impedimenta intra legiones recipiuntur. Si qua in parte nostri laborare aut gravius premi videbantur, eo signa inferri Caesar aciemque converti iubebat; quae res et hostes ad insequendum tardabat et nostros spe auxilii confirmabat.
Tandem Germani ab dextro latere summum iugum nacti hostes loco depellunt; fugientes usque ad flumen, ubi Vercingetorix cum pedestribus copiis consederat, persequuntur compluresque interficiunt. Qua re animadversa reliqui, ne circumvenirentur, veriti se fugae mandant. Omnibus locis fit caedes.
Tres nobilissimi Haedui capti ad Caesarem perducuntur: Cotus, praefectus equitum, qui controversiam cum Convictolitave proximis comitiis habuerat, et Cavarillus, qui post defectionem Litavicci pedestribus copiis praefuerat, et Eporedorix, quo duce ante adventum Caesaris Haedui cum Sequanis bello contenderant.

Fugato omni equitatu Vercingetorix copias suas, ut pro castris collocaverat, reduxit protinusque Alesiam, quod est oppidum Mandubiorum, iter facere coepit celeriterque impedimenta ex castris educi et se subsequi iussit. Caesar impedimentis in proximum collem deductis duabusque legionibus praesidio relictis secutus hostes, quantum diei tempus est passum, circiter tribus milibus ex novissimo agmine interfectis altero die ad Alesiam castra fecit. Perspecto urbis situ perterritisque hostibus, quod equitatu, qua maxime parte exercitus confidebant, erant pulsi, adhortatus ad laborem milites Alesiam circumvallare instituit.

69 Ipsum erat oppidum in colle summo, admodum edito loco, ut nisi obsidione expugnari non posse videretur; cuius collis radices duo duabus ex partibus flumina subluebant. Ante oppidum planities circiter milia passuum tria in longitudinem patebat; reliquis ex omnibus partibus colles mediocri interiecto spatio pari altitudinis fastigio oppidum cingebant. Sub muro, quae pars collis ad orientem solem spectabat, hunc omnem locum copiae Gallorum compleverant fossamque et maceriam in altitudinem sex pedum praeduxerant.

Eius munitionis, quae ab Romanis instituebatur, circuitus decem milia passuum tenebat. Castra opportunis locis erant posita ibique castella viginti tria facta; quibus in castellis interdiu stationes disponebantur, ne qua subito eruptio fieret; haec eadem noctu excubitoribus ac firmis praesidiis tenebantur.

70 Opere instituto fit equestre proelium in ea planitie, quam intermissam collibus tria milia passuum in longitudinem patere supra demonstravimus. Summa vi ab utrisque contenditur. Laborantibus nostris Caesar Germanos submittit legionesque pro castris constituit. Praesidio legionum addito nostris animus augetur; hostes in fugam coniecti se ipsi multitudine impediunt atque angustioribus portis relictis coartantur. Germani acrius usque ad munitiones persequuntur. Fit magna caedes; nonnulli relictis equis fossam transire et maceriam transcendere conantur. Paulum legiones Caesar, quas pro vallo constituerat, promoveri iubet.

Non minus, qui intra munitiones erant Galli, perturbantur; veniri ad se confestim existimantes ad arma conclamant; nonnulli perterriti in oppidum irrumpunt. Vercingetorix iubet portas claudi, ne castra nudentur. Multis interfectis, compluribus equis captis Germani sese recipiunt.

Vercingetorix, priusquam munitiones ab Romanis perficiantur, consilium capit omnem ab se equitatum noctu dimittere. Discedentibus mandat, ut suam quisque eorum civitatem adeat omnesque, qui per aetatem arma ferre possint, ad bellum cogant. Sua in illos merita proponit obtestaturque, ut suae salutis rationem habeant neu se optime de communi libertate meritum hostibus in cruciatum dedant. Quod si indiligentiores fuerint, milia hominum delecta octoginta una secum interitura demonstrat. Ratione inita frumentum se exigue dierum triginta habere, sed paulo etiam longius tolerari posse parcendo. His datis mandatis, qua erat nostrum opus intermissum, secunda vigilia silentio equitatum dimittit.

Frumentum omne ad se referri iubet; capitis poenam iis, qui non paruerint, constituit; pecus, cuius magna erat copia a Mandubiis compulsa, viritim distribuit, frumentum parce et paulatim metiri instituit. Copias omnes, quas pro oppido collocaverat, in oppidum recipit. His rationibus auxilia Galliae exspectare et bellum administrare parat.

Quibus rebus ex perfugis et captivis cognitis Caesar haec genera munitionis instituit. Fossam pedum viginti derectis lateribus duxit, ut eius solum tantundem pateret, quantum summa labra distabant. Reliquas omnes munitiones ab ea fossa passus quadringentos reduxit hoc consilio, quoniam tantum spatium necessario esset complexus nec facile totum opus corona militum cingeretur, ne de improviso aut noctu ad munitiones multitudo hostium advolaret aut interdiu tela in nostros operi destinatos conicere posset.

3 Hoc intermisso spatio duas fossas quindecim pedes latas eadem altitudine perduxit; quarum interiorem campestribus ac demissis locis aqua ex flumine derivata
4 complevit. Post eas aggerem ac vallum duodecim pedum exstruxit. Huic loricam pinnasque adiecit grandibus cervis eminentibus ad commissuras pluteorum atque aggeris, qui ascensum hostium tardarent, et turres toto opere circumdedit, quae pedes octogenos inter se distarent.

73 Erat eodem tempore et materiari et frumentari et tantas munitiones tueri necesse deminutis nostris copiis, quae longius a castris progrediebantur; ac nonnumquam opera nostra Galli temptare atque eruptionem ex oppido
2 pluribus portis summa vi facere conabantur. Quare ad haec rursus opera addendum Caesar putavit, quo minore numero militum munitiones defendi possent.

Itaque truncis arborum aut admodum firmis ramis abscisis atque horum delibratis ac praeacutis cacumini-
3 bus perpetuae fossae quinos pedes altae ducebantur. Huc illi stipites demissi et ab infimo revincti, ne revelli
4 possent, ab ramis eminebant. Quini erant ordines, coniuncti inter se atque implicati; quo qui intraverant, se ipsi acutissimis vallis induebant. Hos cippos appellabant.

5 Ante hos obliquis ordinibus in quincuncem dispositis scrobes in altitudinem trium pedum fodiebantur
6 paulatim angustiore ad infimum fastigio. Huc teretes stipites feminis crassitudine ab summo praeacuti et

praeusti demittebantur ita, ut non amplius digitis quattuor ex terra eminerent; simul confirmandi et 7 stabiliendi causa singuli ab infimo solo pedes terra exculcabantur; reliqua pars scrobis ad occultandas insidias viminibus ac virgultis integebatur. Huius 8 generis octoni ordines ducti ternos inter se pedes distabant. Id ex similitudine floris lilium appellabant.

Ante haec taleae pedem longae ferreis hamis infixis 9 totae in terram infodiebantur mediocribusque intermissis spatiis omnibus locis disserebantur; quos stimulos nominabant.

His rebus perfectis regiones secutus quam potuit **74** aequissimas pro loci natura quattuordecim milia passuum complexus pares eiusdem generis munitiones, diversas ab his, contra exteriorem hostem perfecit, ut ne magna quidem multitudine munitionum praesidia circumfundi possent; ne autem cum periculo ex castris 2 egredi cogatur, dierum triginta pabulum frumentumque omnes habere convectum iubet.

Dum haec ad Alesiam geruntur, Galli concilio prin- **75** cipum indicto non omnes, qui arma ferre possent, ut censuit Vercingetorix, convocandos statuunt, sed certum numerum cuique civitati imperandum, ne tanta multitudine confusa nec moderari nec discernere suos nec frumenti rationem habere possent.

Imperant Haeduis atque eorum clientibus, Segusiavis, 2 Ambivaretis, Aulercis Brannovicibus, milia triginta quinque; parem numerum Arvernis adiunctis Eleutetis, Cadurcis, Gabalis, Vellaviis, qui sub imperio Arvernorum esse consuerunt; Sequanis, Senonibus, Biturigibus, 3 Santonis, Rutenis, Carnutibus duodena milia; Bellovacis decem; totidem Lemovicibus; octona Pictonibus et Turonis et Parisiis et Helvetiis; sena Andibus, Ambianis,

Mediomatricis, Petrocoriis, Nerviis, Morinis, Nitiobrogibus; quinque milia Aulercis Cenomanis; totidem
4 Atrebatibus; quattuor Veliocassis; Esuviis et Aulercis Eburovicibus terna; Rauracis et Bois bina; triginta milia universis civitatibus, quae Oceanum attingunt quaeque eorum consuetudine Aremoricae appellantur, quo sunt in numero Coriosolites, Redones, Ambibarii, Caletes, Osismi, Veneti, Lexovii, Venelli.
5 Ex his Bellovaci suum numerum non contulerunt, quod se suo nomine atque arbitrio cum Romanis bellum gesturos dicerent neque cuiusquam imperio obtemperaturos; rogati tamen a Commio pro eius hospitio duo milia miserunt.

76 Huius opera Commii, ut antea demonstravimus, fideli atque utili superioribus annis erat usus in Britannia Caesar; pro quibus meritis civitatem eius immunem esse iusserat, iura legesque reddiderat atque ipsi
2 Morinos attribuerat. Tanta tamen universae Galliae consensio fuit libertatis vindicandae et pristinae belli laudis recuperandae, ut neque beneficiis neque amicitiae memoria moveretur omnesque et animo et opibus in id bellum incumberent.
3 Coactis equitum milibus octo et peditum circiter ducentis quinquaginta haec in Haeduorum finibus recensebantur numerusque inibatur, praefecti constituebantur. Commio Atrebati, Viridomaro et Eporedorigi Haeduis, Vercassivellauno Arverno, consobrino Vercingetorigis,
4 summa imperii traditur. His delecti ex civitatibus attri-
5 buuntur, quorum consilio bellum administraretur. Omnes alacres et fiduciae pleni ad Alesiam proficiscuntur, neque erat omnium quisquam, qui aspectum modo tantae multitudinis sustineri posse arbitraretur, praesertim ancipiti proelio, cum ex oppido eruptione pugnaretur, foris tantae copiae equitatus peditatusque cernerentur.

At ii, qui Alesiae obsidebantur, praeterita die, qua **77** auxilia suorum exspectaverant, consumpto omni frumento inscii, quid in Haeduis gereretur, concilio coacto de exitu suarum fortunarum consultabant. Ac **2** variis dictis sententiis, quarum pars deditionem, pars, dum vires suppeterent, eruptionem censebat, non praetereunda videtur oratio Critognati propter eius singularem et nefariam crudelitatem.

Hic summo in Arvernis ortus loco et magnae habitus **3** auctoritatis „Nihil", inquit, „de eorum sententia dicturus sum, qui turpissimam servitutem deditionis nomine appellant, neque hos habendos civium loco neque ad concilium adhibendos censeo. Cum his mihi **4** res est, qui eruptionem probant; quorum in consilio omnium vestrum consensu pristinae residere virtutis memoria videtur. Animi est ista mollitia, non virtus, **5** paulisper inopiam ferre non posse. Qui se ultro morti offerant, facilius reperiuntur, quam qui dolorem patienter ferant.

Atque ego hanc sententiam probarem — tantum apud **6** me dignitas potest —, si nullam praeterquam vitae nostrae iacturam fieri viderem; sed in consilio capiendo **7** omnem Galliam respiciamus, quam ad nostrum auxilium concitavimus.

Quid hominum milibus octoginta uno loco interfectis **8** propinquis consanguineisque nostris animi fore existimatis, si paene in ipsis cadaveribus proelio decertare cogentur? Nolite hos vestro auxilio exspoliare, qui **9** vestrae salutis causa suum periculum neglexerunt, nec stultitia ac temeritate vestra aut animi imbecillitate omnem Galliam prosternere et perpetuae servituti subicere.

An, quod ad diem non venerunt, de eorum fide con- **10** stantiaque dubitatis? Quid ergo? Romanos in illis ulterioribus munitionibus animine causa cotidie exerceri putatis? Si illorum nuntiis confirmari non potestis omni aditu **11** praesaepto, his utimini testibus appropinquare eorum adventum; cuius rei timore exterriti diem noctemque in opere versantur.

12 Quid ergo mei consilii est? Facere, quod nostri maiores nequaquam pari bello Cimbrorum Teutonumque fecerunt; qui in oppida compulsi ac simili inopia subacti eorum corporibus, qui aetate ad bellum inutiles videbantur, vitam toleraverunt neque se hostibus tradiderunt.
13 Cuius rei si exemplum non haberemus, tamen libertatis causa institui et posteris prodi pulcherrimum
14 iudicarem. Nam quid illi simile bello fuit? Depopulata Gallia Cimbri magnaque illata calamitate finibus quidem nostris aliquando excesserunt atque alias terras petierunt; iura, leges, agros, libertatem nobis reliquerunt.
15 Romani vero quid petunt aliud aut quid volunt, nisi invidia adducti, quos fama nobiles potentesque bello cognoverunt, horum in agris civitatibusque considere atque his aeternam iniungere servitutem? Neque enim
16 umquam alia condicione bella gesserunt. Quod si ea, quae in longinquis nationibus geruntur, ignoratis, respicite finitimam Galliam, quae in provinciam redacta, iure et legibus commutatis, securibus subiecta perpetua premitur servitute."

78 Sententiis dictis constituunt, ut ii, qui valetudine aut aetate inutiles sint bello, oppido excedant, atque omnia prius experienda arbitrantur, quam ad Critognati sen-
2 tentiam descendant; illo tamen potius utendum consilio, si res cogat atque auxilia morentur, quam aut deditionis aut pacis subeundam condicionem.

3 Mandubii, qui eos oppido receperant, cum liberis
4 atque uxoribus exire coguntur. Hi cum ad munitiones Romanorum accessissent, flentes omnibus precibus
5 orabant, ut se in servitutem receptos cibo iuvarent. At Caesar dispositis in vallo custodiis recipi prohibebat.

79 Interea Commius reliquique duces, quibus summa imperii permissa erat, cum omnibus copiis ad Alesiam perveniunt et colle exteriore occupato non longius mille passibus a nostris munitionibus considunt. Postero die **2** equitatu ex castris educto omnem eam planitiem, quam in longitudinem milia passuum tria patere demonstravimus, complent pedestresque copias paulum ab eo loco abductas in locis superioribus constituunt.

Erat ex oppido Alesia despectus in campum. Concurritur **3** his auxiliis visis; fit gratulatio inter eos, atque omnium animi ad laetitiam excitantur. Itaque productis **4** copiis ante oppidum consistunt et proximam fossam cratibus integunt atque aggere explent seque ad eruptionem atque omnes casus comparant.

80 Caesar omni exercitu ad utramque partem munitionum disposito, ut, si usus veniat, suum quisque locum teneat et noverit, equitatum ex castris educi et proelium committi iubet. Erat ex omnibus castris, quae summum **2** undique iugum tenebant, despectus, atque omnes milites intenti pugnae proventum exspectabant.

Galli inter equites raros sagittarios expeditosque levis **3** armaturae interiecerant, qui suis cedentibus auxilio succurrerent et nostrorum equitum impetus sustinerent. Ab his complures de improviso vulnerati proelio excedebant. Cum suos pugna superiores esse Galli confiderent et **4** nostros multitudine premi viderent, ex omnibus partibus et ii, qui munitionibus continebantur, et ii, qui ad auxilium convenerant, clamore et ululatu suorum animos confirmabant. Quod in conspectu omnium res **5** gerebatur neque recte aut turpiter factum celari poterat, utrosque et laudis cupiditas et timor ignominiae ad virtutem excitabat.

Cum a meridie prope ad solis occasum dubia victoria **6** pugnaretur, Germani una in parte confertis turmis in

7 hostes impetum fecerunt eosque propulerunt; quibus in fugam coniectis sagittarii circumventi interfectique sunt.
8 Item ex reliquis partibus nostri cedentes usque ad castra
9 insecuti sui colligendi facultatem non dederunt. At ii, qui Alesia processerant, maesti prope victoria desperata se in oppidum receperunt.

81 Uno die intermisso atque hoc spatio magno cratium, scalarum, harpagonum numero effecto Galli media nocte silentio ex castris egressi ad campestres munitiones acce-
2 dunt. Subito clamore sublato, qua significatione, qui in oppido obsidebantur, de suo adventu cognoscere possent, crates proicere, fundis, sagittis, lapidibus nostros de vallo proturbare reliquaque, quae ad oppugnationem
3 pertinent, parant administrare. Eodem tempore clamore exaudito dat tuba signum suis Vercingetorix atque ex oppido educit.
4 Nostri, ut superioribus diebus suus cuique erat locus attributus, ad munitiones accedunt; fundis librilibus sudibusque, quas in opere disposuerant, ac glandibus Gallos proterrent. Complura tormentis tela coniciuntur.
5 Prospectu tenebris adempto multa utrimque vulnera
6 accipiuntur. At M. Antonius et C. Trebonius legati, quibus hae partes ad defendendum obvenerant, qua ex parte nostros premi intellexerant, his auxilio ex ulterioribus castellis deductos submittebant.

82 Dum longius a munitione aberant Galli, plus multitudine telorum proficiebant; posteaquam propius successerunt, aut se stimulis inopinantes induebant aut in scrobes delati transfodiebantur aut ex vallo ac turribus
2 traiecti pilis muralibus interibant. Multis undique vulneribus acceptis nulla munitione perrupta, cum lux appeteret, veriti, ne ab latere aperto ex superioribus castris eruptione circumvenirentur, se ad suos receperunt.

At interiores, dum ea, quae a Vercingetorige ad eruptionem praeparata erant, proferunt, priores fossas explent, diutius in his rebus administrandis morati prius suos discessisse cognoverunt, quam munitionibus appropinquarent. Ita re infecta in oppidum reverterunt.

Bis magno cum detrimento repulsi Galli, quid agant, consulunt; locorum peritos adhibent; ex his superiorum castrorum situs munitionesque cognoscunt. Erat a septentrionibus collis, quem propter magnitudinem circuitus opere circumplecti non potuerant nostri, necessarioque paene iniquo loco et leniter declivi castra fecerant. Haec C. Antistius Reginus et C. Caninius Rebilus legati cum duabus legionibus obtinebant.

Cognitis per exploratores regionibus duces hostium sexaginta milia ex omni numero deligunt earum civitatum, quae maximam virtutis opinionem habebant; quid quoque pacto agi placeat, occulte inter se constituunt; adeundi tempus definiunt, cum meridies esse videatur. His copiis Vercassivellaunum Arvernum, unum ex quattuor ducibus, propinquum Vercingetorigis, praeficiunt. Ille ex castris prima vigilia egressus prope confecto sub lucem itinere post montem se occultavit militesque ex nocturno labore sese reficere iussit. Cum iam meridies appropinquare videretur, ad ea castra, quae supra demonstravimus, contendit; eodemque tempore equitatus ad campestres munitiones accedere et reliquae copiae pro castris sese ostendere coeperunt.

Vercingetorix ex arce Alesiae suos conspicatus ex oppido egreditur; crates, longurios, musculos, falces reliquaque, quae eruptionis causa paraverat, profert. Pugnatur uno tempore omnibus locis, atque omnia temptantur; quae minime firma pars visa est, huc concurritur. Romanorum manus tantis munitionibus

4 distinetur nec facile pluribus locis occurrit. Multum ad terrendos nostros valet clamor, qui post tergum pugnantibus exsistit, quod suum praesidium in aliena 5 vident virtute constare; omnia enim plerumque, quae absunt, vehementius hominum mentes perturbant.

85 Caesar idoneum locum nactus, quid quaque in parte geratur, cognoscit; laborantibus subsidium submittit. 2 Utrisque ad animum occurrit unum esse illud tempus, 3 quo maxime contendi conveniat: Galli, nisi perfregerint munitiones, de omni salute desperant; Romani, si rem 4 obtinuerint, finem laborum omnium exspectant. Maxime ad superiores munitiones laboratur, quo Vercassivellaunum missum demonstravimus. Iniquum loci ad 5 declivitatem fastigium magnum habet momentum. Alii tela coniciunt, alii testudine facta subeunt; defatigatis 6 invicem integri succedunt. Agger ab universis in munitionem coniectus et ascensum dat Gallis et ea, quae in terra occultaverant Romani, contegit; nec iam arma nostris nec vires suppetunt.

86 His rebus cognitis Caesar Labienum cum cohortibus 2 sex subsidio laborantibus mittit; imperat, si sustinere non possit, deductis cohortibus eruptione pugnet; id nisi 3 necessario ne faciat. Ipse adit reliquos, cohortatur, ne labori succumbant; omnium superiorum dimicationum fructum in eo die atque hora docet consistere.
4 Interiores desperatis campestribus locis propter magnitudinem munitionum loca praerupta ascensu 5 temptant; huc ea, quae paraverant, conferunt. Multitudine telorum ex turribus propugnantes deturbant, aggere et cratibus fossas explent, falcibus vallum ac loricam rescindunt.

87 Mittit primum Brutum adulescentem cum cohortibus 2 Caesar, post cum aliis C. Fabium legatum; postremo

ipse, cum vehementius pugnaretur, integros subsidio adducit. Restituto proelio ac repulsis hostibus eo, quo Labienum miserat, contendit; cohortes quattuor ex proximo castello deducit, equitum partem se sequi, partem circumire exteriores munitiones et a tergo hostes adoriri iubet.

Labienus, postquam neque aggeres neque fossae vim hostium sustinere poterant, coactis undecim cohortibus, quas ex proximis praesidiis deductas fors obtulit, Caesarem per nuntios facit certiorem, quid faciendum existimet. Accelerat Caesar, ut proelio intersit.

Eius adventu ex colore vestitus cognito, quo insigni in proeliis uti consueverat, turmisque equitum et cohortibus visis, quas se sequi iusserat, ut de locis superioribus haec declivia et devexa cernebantur, hostes proelium committunt. Utrimque clamore sublato excipit rursus ex vallo atque omnibus munitionibus clamor. Nostri omissis pilis gladiis rem gerunt. Repente post tergum equitatus cernitur; cohortes illae appropinquant. Hostes terga vertunt; fugientibus equites occurrunt. Fit magna caedes. Sedullus, dux et princeps Lemovicum, occiditur; Vercassivellaunus Arvernus vivus in fuga comprehenditur; signa militaria septuaginta quattuor ad Caesarem referuntur; pauci ex tanto numero se incolumes in castra recipiunt.

Conspicati ex oppido caedem et fugam suorum desperata salute copias a munitionibus reducunt. Fit protinus hac re audita ex castris Gallorum fuga. Quod nisi crebris subsidiis ac totius diei labore milites essent defessi, omnes hostium copiae deleri potuissent. De media nocte missus equitatus novissimum agmen consequitur; magnus numerus capitur atque interficitur, reliqui ex fuga in civitates discedunt.

89 Postero die Vercingetorix concilio convocato id bellum se suscepisse non suarum necessitatum, sed communis libertatis causa demonstrat, et, quoniam sit fortunae cedendum, ad utramque rem se illis offere, seu morte sua Romanis satisfacere seu vivum tradere velint.

Mittuntur de his rebus ad Caesarem legati. Iubet arma tradi, principes produci. Ipse in munitione pro castris considit; eo duces producuntur. Vercingetorix deditur, arma proiciuntur. Reservatis Haeduis atque Arvernis, si per eos civitates recuperare posset, ex reliquis captivis toti exercitui capita singula praedae nomine distribuit.

90 His rebus confectis in Haeduos proficiscitur; civitatem recipit. Eo legati ab Arvernis missi, quae imperarit, se facturos pollicentur. Imperat magnum numerum obsidum.

Captivorum circiter viginti milia Haeduis Arvernisque reddit. Legiones in hiberna mittit: T. Labienum cum duabus legionibus et equitatu in Sequanos proficisci iubet; huic M. Sempronium Rutilum attribuit. C. Fabium legatum et L. Minucium Basilum cum legionibus duabus in Remis collocat, ne quam a finitimis Bellovacis calamitatem accipiant. C. Antistium Reginum in Ambivaretos, T. Sextium in Bituriges, C. Caninium Rebilum in Rutenos cum singulis legionibus mittit. Q. Tullium Ciceronem et P. Sulpicium Cavilloni et Matiscone in Haeduis ad Ararim rei frumentariae causa collocat. Ipse Bibracte hiemare constituit.

His rebus ex Caesaris litteris cognitis Romae dierum viginti supplicatio redditur.

Literaturverzeichnis

Teil I des Literaturverzeichnisses enthält allgemeine Literatur zu Caesar, nach Sachgruppen geordnet. Teil II A fasst didaktische Arbeiten zur Caesarlektüre zusammen. In Teil II B werden die in Teil I (in Auswahl) und Teil II A genannten Arbeiten auf Einzelstellen des BG aufgeschlüsselt; außerdem sind hier Abhandlungen aufgenommen, die einzelne Stellen bzw. Kapitelfolgen betreffen. (DaU = Der altsprachliche Unterricht; WdF = Wege der Forschung)

1. Allgemeine Literatur

Probleme der Caesarforschung

Caesar: Wege der Forschung, Bd. XLIII. Hg. v. D. Rasmussen. Darmstadt 1967

H. Gesche: Caesar. Erträge der Forschung, Band 51. Darmstadt 1976

G. Hornig: Lehrerkommentar zu Buch I–IV der Commentarii belli Gallici. Frankfurt 1965, S. 7f, 24ff

H. Oppermann: Probleme und heutiger Stand der Caesarforschung (1967). In: Caesar (WdF)

H. Oppermann: Nachwort und bibliographische Nachträge in: Kraner – Dittenberger – Meusel, C. Julii Caesaris commentarii de bello Gallico. Berlin. I. 21. Aufl. 1968

H. Oppermann: Hauptfragen der Caesarforschung. In: Interpretationen lateinischer Schulautoren, hg. von H. Krefeld, 2. Aufl. Frankfurt 1970, S. 29ff

Lexikalische Hilfsmittel

R. Lecrompe: César, De Bello Gallico Index verborum. Documents pour servir à l'enseignement de la langue latine. Hildesheim 1968 (zu dem im Untertitel bezeichneten Ziel eines auf die Lektüre vorbereitenden Sprachunterrichts, vgl. A. Guthardt: Grenzen und Möglichkeiten des fünfjährigen Lateinunterrichtes. In: Gymnasium 76 [1969], S. 273ff)

R. Menge u. S. Preuss: Lexicon Caesarianum. Leipzig 1890 (Nachdruck Hildesheim 1972)

H. Merguet: Lexikon zu den Schriften Cäsars und seiner Fortsetzer. Jena 1886 (Nachdruck Hildesheim 1963)

H. Meusel: Lexicon Caesarianum. Vol. I, II 1, II 2. Berlin 1887–1893 (Nachdruck Berlin 1958)

B. F. Schümann: Caesars Wortschatz. Vollständiges Lexikon zu den Schriften. Hamburg 1976

E. G. Sihler: A Complete Lexicon of the Latinity of Caesaris Gallic War. Boston 1891 (Nachdruck Amsterdam 1968)

Persönlichkeit und Bedeutung Caesars

Für ein breiteres Publikum schrieben:

M. Grant: Caesar. Genie, Diktator, Gentleman. Hamburg 1970

F. Horst: Caesar. Eine Biographie. Düsseldorf 1980

E. Kogon: Caesar. In: Die Großen der Weltgeschichte, Bd. 2, Zürich 1972, S. 36ff

H. Oppermann: Julius Caesar in Selbstzeugnissen und Dokumenten. Reinbek 1968

Eine Zusammenstellung antiker Zeugnisse sowie von Würdigungen Caesars in der wissenschaftlichen Literatur enthält:

J. A. Mayer: Caesar. In: Pontes. Begleitbuch zur Lektüre nach übergeordneten Themen. Stuttgart 1968, S. 54 ff (auch als Einzelheft Nr. 2 erschienen); dazu im Lehrerheft S. 35ff

Wissenschaftliche Literatur:

A. Alföldi: Caesariana. Gesammelte Aufsätze zur Geschichte Caesars und seiner Zeit. Bonn 1984.

J. P. V. D. Balsdon: Die Iden des März (1958). In: Das Staatsdenken der Römer (WdF XLVI)

H. Bengtson: Caesar. In: Bengtson, Kleine Schriften, München 1974, S. 421ff

F. Bömer: Caesar und sein Glück. In Gymnasium 73 (1966), S. 63ff – gekürzt in: Caesar (WdF)

K. Christ: Krise und Untergang der römischen Republik. Darmstadt 1979 (Caesar: S. 291ff)

J. H. Collins: Caesar und die Verführung der Macht (1955). In: Caesar (WdF)

W. Dahlheim: Julius Caesar. Die Ehre des Kriegers und der Untergang der römischen Republik. München 1987

H. Dahlmann: Clementia Caesaris (1934). In: Caesar (WdF)

H. Dahlmann: Cicero, Caesar und der Untergang der libera res publica. In: Gymnasium 75 (1968), S. 337ff

H. Drexler: Cicero, Pompeius, Caesar. In: Die Entdeckung des Individuums. Salzburg 1966, S. 15ff

M. Gelzer: Caesar. In: M. Gelzer, Vom römischen Staat, Bd. I. Leipzig 1943, S. 125ff

M. Gelzer: Caesars weltgeschichtliche Leistung. In: M. Gelzer, Vom römischen Staat, Bd. II. Leipzig 1943, S. 147ff

M. Gelzer: Caesar – Der Politiker und Staatsmann. Stuttgart/Berlin 1921. 6. Aufl. Wiesbaden 1960 (Nachdruck 1983)

M. Gelzer: War Caesar ein Staatsmann? In: M. Gelzer, Kleine Schriften II. Wiesbaden 1963, S. 286ff

M. Gelzer: M. Tullius Cicero als Politiker. In: RE VII A I, S. 827ff (1939)

M. Gelzer: Pompeius. 3. Aufl. München 1959

M. Grant: Julius Caesar. In: M. Grant, Roms Caesaren. München 1978, S. 41ff

G. W. F. Hegel: Caesar als „Geschäftsführer des Weltgeistes" (1837). In: Caesar (WdF)

O. Kampe: Zur Persönlichkeit Caesars. In: DaU 7 (= II/2, 1955), S. 30ff

F. Klingner: C. Julius Caesar. In: F. Klingner, Römische Geisteswelt. Stuttgart 1979 (Nachdruck der 5. Aufl. 1965). S. 90ff

H. Kloft: Caesar und die Legitimität. Überlegungen zum historischen Urteil. In: Archiv für Kulturgeschichte 64 (1982), S. 1ff

U. Maier: Caesars Feldzüge in Gallien (58–51 v. Chr) in ihrem Zusammenhang mit der stadtrömischen Politik. Bonn 1978

Chr. Meier: Caesars Bürgerkrieg. In: Chr. Meier, Entstehung des Begriffs „Demokratie". Vier Prolegomena zu einer historischen Theorie. Frankfurt 1970, S. 70ff

Chr. Meier: Die Ohnmacht des allmächtigen Dictators Caesar. München 1978

Chr. Meier: Caesar. Berlin 1982 (dazu: A. Heuß: Grenzen und Möglichkeiten einer politischen Biographie. In: Historische Zeitschrift 237 [1983], S. 85ff

E. Meyer: Caesars Monarchie und das Principat des Pompeius. Stuttgart 1918 (Nachdruck der 3. Aufl. von 1922: Darmstadt 1963)

Th. Mommsen: Die alte Republik und die neue Monarchie (1856). In: Caesar (WdF)

H. Oppermann: Caesar – Wegbereiter Europas. 2. Aufl. Göttingen 1963

H. Oppermann: Caesars geschichtliche Bedeutung. In: Interpretationen lateinischer Schulautoren, hg. von H. Krefeld, 2. Aufl. Frankfurt 1970, S. 33f

G. Schulte-Holtey: Untersuchungen zum gallischen Widerstand gegen Caesar. Münster 1969

O. Seel: Caesar. In: O. Seel, Cicero. 3. Aufl. Stuttgart 1967, S. 203ff

H. Strasburger: Caesars Eintritt in die Geschichte. München 1938 (Nachdruck Darmstadt 1966)

H. Strasburger: Caesar im Urteil seiner Zeitgenossen. 2. Aufl. Darmstadt 1968

R. Syme: Die römische Revolution. München 1963

D. Timpe: Caesars Gallischer Krieg und das Problem des römischen Imperialismus. In: Historia 14 (1963), S. 385ff

M. Treu: Zur Clementia Caesaris. In: Museum Helveticum 5 (1948), S. 197ff

H. Volkmann: Caesars letzte Pläne im Spiegel der Münzen. In: Gymnasium 64 (1957), S. 299ff, und in: Das Staatsdenken der Römer (WdF)

G. Walser: Caesar. Stuttgart 1955

L. Wickert: Zu Cäsars Reichspolitik (1937). In: Das Staatsdenken der Römer (WdF)

H. Willrich: Cicero und Cäsar. Zwischen Senatsherrschaft und Gottkönigtum. Göttingen 1944

Der Feldherr; Militärisches

H. Cancik: Disziplin und Rationalität. Zur Analyse militärischer Intelligenz am Beispiel von Caesars Gallischem Krieg. In: Saeculum XXXVII (1986), S. 166ff

H. Cancik: Rationalität und Militär. Caesars Krieg gegen Mensch und Natur. In: Lateinische Literatur, heute wirkend, hg. von H.-J. Glücklich, Bd. II, Göttingen 1987, S. 7ff

H. Gesche a.a.O., S. 186ff, 317ff

W. Hartke: Mathematik und römische Kriegskunst an Schelde und Maas, Rhein und Main seit Caesar. In: Rom und Germanen – Dem Wirken Werner Hartkes gewidmet (Sitzungsberichte der Akademie der Wissenschaften der DDR, Gesellschaftswissenschaften XV G, 1982), S. 9ff

J. Kromayer u. G. Veith: Heerwesen und Kriegsführung der Griechen und Römer (Handbuch der Altertumswissenschaft IV 3,2). München 1928 (Nachdruck 1963)

J. Kromayer u. G. Veith: Schlachtenatlas zur antiken Kriegsgeschichte V, Röm. Abt. III: Cäsars gallischer Krieg. Leipzig 1929

A. Labisch: Frumentum commeatusque. Die Nahrungsmittelversorgung der Heere Caesars. Meisenheim 1975

O. Lendle: Antike Kriegsmaschinen. In: Gymnasium 88 (1981), S. 330ff (vgl. auch unter „Medien")

G. B. Philipp: Das Kriegswesen. In: Die Welt der Römer, hg. von O. Leggewie. Münster 1977 (und weitere Aufl.), S. 50ff

K. Saatmann/E. Jüngst/P. Thielscher: Caesars Rheinbrücke. Berlin 1939

K. Tausend: Caesars germanische Reiter. In: Historia 37 (1988), S. 491ff

G. Veith: Caesar als „Vater der Strategie". Auszug aus: G. Veith, Die Zeit der Kohortentaktik, in: Kromayer/Veith, Heerwesen und Kriegsführung der Griechen und Römer (1928). In: Caesar (WdF)

H. D. L. Viereck: Die römische Flotte. Herford 1975

J. Vogt: Caesar und seine Soldaten. In: DaU 1/7 (= II/2, 1955), S. 53ff

W. Vorderwülbecke: Heer und Flotte. In: Res Romanae. Ein Begleitbuch für die lateinische Lektüre, hg. von H. Krefeld. Frankfurt 1959 (und weitere Aufl.), S. 42ff

Der Schriftsteller

F. E. Adcock: Caesar als Schriftsteller. 2. Aufl. Göttingen 1962

K. Barwick: Wann und warum hat Caesar seine Commentarii über den Gallischen Krieg geschrieben? In: DaU I/4 (1952), S. 23ff

K. Barwick: Zur Entstehungsgeschichte des Bellum Gallicum. In: Rheinisches Museum 98 (1955), S. 51ff, und in: Caesar (WdF)

Th. Berres: Die geographischen Interpolationen in Caesars Bellum Gallicum. In: Hermes 98 (1970), S. 154ff

F. Bömer: Der Commentarius. Zur Vorgeschichte und literarischen Form der Schriften Caesars. In: Hermes 81 (1953), S. 210ff

K. Deichgräber: Elegantia Caesaris. In: Gymnasium 57 (1950), S. 112ff, und in: Caesar (WdF)

H. Fränkel: Über philologische Interpretation am Beispiel von Caesars Gallischem Krieg (1933). In: H. Fränkel, Wege und Formen frühgriechischen Denkens. München 1960 (3. Aufl. 1968), S. 294ff, und in: Caesar (WdF)

W.-H. Friedrich: Multa Caesarem incitabant. In: Dauer im Wechsel. Aufsätze von W.-H. Friedrich, hg. v. C. J. Classen und U. Schindel. Göttingen 1977, S. 389ff

H. A. Gärtner: Beobachtungen zu Bauelementen in der antiken Historiographie, besonders bei Livius und Caesar. Wiesbaden 1975

M. Gelzer: Caesar als Historiker. In: Kleine Schriften, Bd. II Wiesbaden 1963, und in: Caesar (WdF)

H.-J. Glücklich (Hg.): Caesar als Erzählstratege. DaU XXXIII/5 (1990)

W. Görler: Ein Darstellungsprinzip Caesars. Zur Technik der Peripetie und ihrer Vorbereitung im Bellum Gallicum. In: Hermes 105 (1977), S. 307ff

M. Grant: Caesar. In: M. Grant, Klassiker der antiken Geschichtsschreibung. München 1973, S. 155ff

G. Hornig: Lehrerkommentar zu Buch I–IV der Commentarii belli Gallici. Frankfurt 1965, S. 8ff

E. Howald: Cäsar. In: E. Howald, Vom Geist antiker Geschichtsschreibung, München 1944 (Nachdruck 1964), S. 113ff

P. Huber: Die Glaubwürdigkeit Cäsars in seinem Bericht über den gallischen Krieg. Bamberg 1951

A. Klotz: Caesarstudien. Leipzig/Berlin 1910

U. Knoche: Caesars Commentarii, ihr Gegenstand und ihre Absicht. In: Gymnasium 58 (1951), S. 139ff, und in: Caesar (WdF)

G. Luck: Caesar als Schriftsteller. In: Die Sammlung 12 (1957), S. 236ff

Chr. Meier: Caesar und der Krieg im Spiegel seiner Commentarii. In: Chr. Meier, Caesar, Berlin 1982, S. 309ff

E. Mensching: Caesars Bellum Gallicum. Eine Einführung. Frankfurt a. M. 1988

F. H. Mutschler: Erzählstil und Propaganda in Caesars Kommentarien. Heidelberg 1975

I. Opelt: Töten und Sterben in Caesars Sprache. In: Glotta 58 (1980), S. 103ff
H. Oppermann: Caesar. Der Schriftsteller und sein Werk. In: Neue Wege zur Antike II 2. Leipzig 1933, S. 1ff
R. Preiswerk: Sententiae in Cäsars Commentarien. In: Museum Helveticum 2 (1945), S. 213ff
D. Rasmussen: Caesars commentarii. Stil und Stilwandel am Beispiel der direkten Rede. Göttingen 1963 (Nachdruck des Abschnitts über die geographisch-ethnographischen Exkurse in: Caesar [WdF])
W. Richter: Caesar als Darsteller seiner Taten. Heidelberg 1977
G. Rohde: Ein Darstellungsmittel Caesars (1931). In: Studien und Interpretationen, Berlin 1963, S. 143ff
O. Seel: Ambiorix. Beobachtungen zu Text und Stil in Caesars Bellum Gallicum (1960). In: Caesar (WdF)
O. Seel: Caesar-Studien. In: DaU X (1967), Beiheft 1
G. Walser: Caesar und die Germanen. Studien zur politischen Tendenz römischer Feldzugsberichte. Wiesbaden 1956 (Historia-Einzelschrift I)

Caesar-Porträts

Alföldi a.a.O.
H. Gesche a.a.O., S. 202ff, 322ff
H. v. Heintze: Aspekte römischer Porträtkunst. In: Interpretationen (Arbeitshefte zum Gymnasium, Nr. 4). Heidelberg 1964, S. 149ff
R. Herbig: Neue Studien zur Ikonographie des C. Julius Caesar (1959). In: Gymnasium 72 (1965), S. 161ff, und in: Caesar (WdF)
F. Knoke: Drei Caesar-Porträts. Modellinterpretation. In: E. Ahrens, Lateinausbildung im Studienseminar. 2. Aufl. Frankfurt 1966, S. 275ff
M. und L. Vollenweider: Die Gemmenbildnisse Caesars. In: Gymnasium 71 (1964), S. 505ff

Geographie und Ethnographie

F. Beckmann: Geographie und Ethnographie in Caesars Bellum Gallicum. Dortmund 1930

B. Cunliffe: Die Kelten und ihre Geschichte. Bergisch Gladbach 1980

P. M. Duval: Die Kelten. München 1978

E. Demougeot: Gallia I. In: Reallexikon für Antike und Christentum 8 (1971), S. 822ff

G. Herm: Die Kelten – Das Volk, das aus dem Dunkel kam. Düsseldorf 1975

A. A. Lund: Zum Germanenbild der Römer. Eine Einführung in die antike Ethnographie. Heidelberg 1990

R. Mayer: Die Kelten. Regensburg 1970

W. Menghin: Kelten, Römer und Germanen. München 1981

J. Moreau: Die Welt der Kelten (Große Kulturen der Frühzeit. NF.). Stuttgart 1958

F. Norden: Die germanische Urgeschichte in ‚Tacitus' Germania. Leipzig 1920, Neudruck 4. Aufl. Darmstadt 1949 (die das BG behandelnden Seiten 84ff und 484ff abgedruckt in: Caesar [WdF])

J. Pokorny: Keltologie. Bern 1953

T. G. F. Powell: Die Kelten, Köln 1959

H. Schoppa: Die Kunst der Römerzeit in Gallien, Germanien und Britannien. München 1957

Ch.-M. Ternes: Die Römer an Rhein und Mosel. Stuttgart 1975

J. de Vries: Kelten und Germanen. Bern 1960

J. de Vries: Keltische Religion (Die Religion der Menschheit XVIII). Stuttgart 1961

D. M. Wilson: Welt der Germanen, Kelten und Slawen. München 1980

W. M. Zeitler: Zum Germanenbegriff Caesars. Der Germanenexkurs im sechsten Buch von Caesars Bellum Gallicum. In: Reallexikon der Germanischen Altertumskunde, Erg.-Bd. I, Berlin 1986

Fortwirken, Nachgestaltungen

N. Frischlin: Helvetiogermani (1589); lat. Text zu beziehen vom Robert-Koch-Gymnasium in 8360 Deggendorf

W. Shakespeare: Julius Cäsar (1599)

G. F. Händel: Julius Cäsar (1724)

G. B. Shaw: Caesar und Cleopatra (1901)

B. Brecht: Die Geschäfte des Herrn Julius Caesar (1937/39)

Th. Wilder: Die Iden des März (1948)

W. Jens: Die Verschwörung (1969)

R. Warner: Die tugendhafte Republik. Caesars Jugenderinnerungen. Hamburg 1959

R. Warner: Caesar. Der Imperator. Hamburg 1962

K.-H. von Rothenhurg: Asterix Gallus
Caesaris commentarii belli Gallici: Bellum Helveticum. pinxit Faber (Walter Schmid), composuit Rubricastellanus (K.-H. von Rothenburg). Dorsten 1979 (3. Aufl. 1988)

W. den Boer: Caesar zweitausend Jahre nach seinem Tode (1957). In: Caesar (WdF)

B. von Borries: Alexander, Caesar & Co. In: Geschichte in Wissenschaft und Unterricht 8 (1979), S. 479ff

H. Dahlke: Cäsar bei Brecht. Berlin/Weimar 1968

R. Faber: Cäsarismus – Bonapartismus – Faschismus. Zur Rekonstruktion des Brechtschen „Cäsar"-Romans. In: L. Hieber/R. W. Müller (Hg.), Gegenwart der Antike. Zur Kritik bürgerlicher Auffassungen von Natur und Gesellschaft, Frankfurt 1982, S. 7ff

M. Fuhrmann: Asterix der Gallier und die ‚römische Welt'. Betrachtungen über einen geheimen Miterzieher im Lateinunterricht. In: M. Fuhrmann, Alte Sprachen in der Krise? Stuttgart 1976, S. 105ff

R. Gottwald: Cäsar und die Helvetier – Cäsarrezeption im Jugendbuch. In: Anregung 29 (1983), S. 315ff

F. Gundolf: Caesar – Geschichte seines Ruhmes. Berlin 1924 (erweiterter Nachdruck Darmstadt 1968); dazu: V. Pöschl: Gundolfs Caesar. In: Euphorion 76 (1981), S. 204ff

R. Herzog: Antike-Usurpationen in der deutschen Belletristik seit 1866. In: Antike und Abendland 25 (1979), S. 19ff

R. Kassner: Die Iden des März (1956). In: Caesar (WdF)

B. Kytzler: William Shakespeare, Julius Caesar (Dichtung und Wirklichkeit 3). Frankfurt/Berlin 1963

E. Lehmann: Dreimal Caesar. Versuch über den modernen historischen Roman. In: Poetica 9 (1977), S. 352ff

E. Mensching: Caesar und die Germanen im 20. Jahrhundert. Bemerkungen zum Nachleben des Bellum Gallicum in deutschsprachigen Texten. Göttingen 1980

E. Mensching: Über Caesar und Vercingetorix im 20. Jahrhundert. In: Lateinische Literatur, heute wirkend, hg. von H.-J. Glücklich, Bd. I, Göttingen 1987, S. 110ff

H. Oppermann: Shakespeares Caesar – dichterische Gestalt und geschichtliche Wirklichkeit. In: Der Horizont 10 (Festgabe für Hans Schomerus). 1967, S. 58ff

H. Oppermann: Die Antike in Literatur und Kunst der Gegenwart. In: Humanismus (hg. v. H. Oppermann). Darmstadt 1970, S. 413ff (u. a. zu Wilder)

V. Pöschl: Caesar, Wandel einer Gestalt. In: Antike und Abendland 33 (1987), S. 172ff

A. Stoll: Asterix – das Trivialepos Frankreichs. Köln 1974

W. Suerbaum: Caesaris Bellum Helveticum picturis narratum. Zum Caesar-Comic des Grafen von Rothenburg. In: DaU XXXIII/5 (1990), S. 82ff

H. J. Tschiedel: Zu Caesars literarischer Aktualität. In: Dialog Schule-Wissenschaft, Klassische Sprachen und Literaturen, Band XIV (Widerspiegelungen der Antike). München 1981, S. 78ff (u. a. zu Wilder, Brecht, Jens)

II. Literatur zur Caesarlektüre
A) Allgemeines

Auxilia 7 = Caesar im Unterricht. Unterrichtsprojekte, Hilfsmittel, Textinterpretationen, hg. v. F. Maier. Bamberg 1983 (Unterrichtshilfen für den Lehrer, Bd. 7)

Bayer I = K. Bayer: Caesar im Unterricht. In: Die alten Sprachen im Gymnasium. München 1968, S. 67ff

Bayer II = K. Bayer: Lernziele der Cäsar-Lektüre (Interpretation der Dumnorix-Kapitel V 1–8). In: DaU XV/5 (1972), S. 5ff

G. Bloch: Lernvokabular zu Caesars Bellum Gallicum. Beilage zu DaU XIX/4 (1975)

F. W. Bratvogel: Empirisches Textverstehen am Beispiel der Caesarlektüre. In: DaU XX/5 (1977), S. 25ff

R. Clade/H.-J. Glücklich/K.-H. Niemann: Literatur im Dienst der Politik (Caesar, Bellum Gallicum). In: Lateinische Lektüre, Sekundarstufe I – Themen, Texte, Ziele. Mainz 1981

A. Clasen: Der Griff nach Britannien. Caesar als Anfangslektüre. In: Neue Wege bei der Caesar-Lektüre. Kiel 1978 (IPTS-Beiträge, Heft 7); überarbeitete Fassung in: Auxilia 7

G. Fink, Caesarbild und Caesarlektüre. In: DaU XXIII/3 (1980), S. 32ff

D. Gaul: Vorschläge zur Übersetzungsklausur. In: W. Höhn u. N. Zink: Handbuch für den Lateinunterricht – Sekundarstufe II. Frankfurt 1979, S. 357ff

Glücklich I = H.-J. Glücklich: Lateinunterricht – Didaktik und Methodik. Göttingen 1978

Glücklich II = H.-J. Glücklich, R. Nickel, P. Petersen: Interpretatio. Neue lateinische Textgrammatik. Freiburg/Würzburg 1980

Gruber/Maier = J. Gruber u. F. Maier: Handbuch der Fachdidaktik – Fachdidaktisches Studium in der Lehrerbildung – Alte Sprachen 2. München 1982

H. Haffter u. E. Römisch: Caesars Commentarii de bello Gallico. Interpretationen, didaktische Überlegungen. Heidelberg 1971

Handreichungen für den Lateinunterricht in den Jahrgangsstufen 8 bis 11, Bd. 1: Prosa (hg. v. Staatsinstitut für Schulpädagogik und Bildungsforschung München), Donauwörth 1984

H. Hanken: Lehrproben im Lektüreunterricht. In: E. Ahrens: Lateinausbildung im Studienseminar. 2. Aufl. Frankfurt 1966, S. 153ff

F. Hartmann: Archäologische und kulturhistorische Aspekte bei der Caesar-Lektüre. In: DaU VIII/4 (1965), S. 81ff

Ph. Hausel: Eine lateinische Rechenschaftsablage. Zur Caesar-Lektüre im Schulalltag. In: Anregung 10 (1964), S. 111ff

H. v. Hentig: Platonisches Lehren. Probleme der Didaktik dargestellt am Modell des altsprachlichen Unterrichts. Band I. Stuttgart 1966, S. 336ff

R. Heydenreich: Non praetereunda oratio Critognati videtur. Ein Vorschlag zur Caesarlektüre in der Mittelstufe. In: Anregung 32 (1986), S. 18ff

N. Holzberg: Die ethnographischen Exkurse in Caesars Bellum Gallicum als erzählstrategisches Mittel. In: Anregung 33 (1987), S. 85ff

G. Horning: Commentarii Belli Gallici, Erläuterungen, Teil B: Lehrerkommentar (2 Bände). Frankfurt/Berlin/München 1965/73

W. Huber: Lektüreprojekt Caesar, Projektliste. In: Handreichungen

Jäkel I = W. Jäkel: Zur inneren Form lateinischer Prosasätze (mit Beispielen aus Caesar und Cicero). In: DaU 1/3 (1952), S. 70ff

Jäkel II = W. Jäkel: Lateinische Mittelstufenlektüre. In: W. Jäkel: Methodik des altsprachlichen Unterrichts. 2. Aufl. Heidelberg 1966, S. 201ff

K. Karl: Auswahlvorschlag zur Caesarlektüre. In: Handreichungen, S. 65ff

Klinz I = A. Klinz: Die Caesarlektüre. In: E. Ahrens: Lateinausbildung im Studienseminar. 2. Aufl. Frankfurt 1966, S. 74ff

Klinz II = A. Klinz: Schlagwort und Propaganda. Ihre Bedeutung bei der Caesarlektüre. In: DaU XVII/1 (1974), S. 85ff

J. Klowski: Zur Didaktik der alten Sprachen: Die Probleme der Anfangslektüre in Latein und Griechisch. In: W. Twellmann (Hg.), Handbuch Schule und Unterricht, Bd. 5,1, Düsseldorf 1981, S. 393ff

A. Kracke: Übersetzen oder Verstehen? In: DaU 1/3 (1952), S. 54ff

Krüger I = M. Krüger: Die Caesar-Lektüre in der heutigen Schule. In: DaU 1/4 (1952), S. 65ff

Krüger II = Zur Caesarlektüre. In: M. Krüger: Methodik des altsprachlichen Unterrichts, neubearbeitet von G. Hornig. 2. Aufl. Frankfurt 1963, S. 63, 173ff, 183, 203f, 205

Krüger III = M. Krüger: Caesar Bellum Gallicum, ein Meisterstück der Propaganda (nachgewiesen an Buch I). In: G. Radke u. A. Bork: Beiträge zur Altertumskunde. Berlin 1949, S. 85ff

H. Kummer: Sprache und Wirklichkeit. Grenzspaziergänge im deutschen und altsprachlichen Unterricht. In: DaU III/1 (1957), S. 5ff

Maier I = F. Maier: Lateinunterricht zwischen Tradition und Fortschritt, Band 1: Zur Theorie und Praxis des lateinischen Sprachunterrichts. Bamberg 1979

Maier II = F. Maier: Caesar als Schulautor – viel Feind, viel Ehr? In: Lateinunterricht zwischen Tradition und Fortschritt, Band 3. Bamberg 1984

Maier III = F. Maier: Caesar redivivus. Politische Bildung am Zentralautor der Mittelstufe. In: Dialog Schule–Wissenschaft, Klassische Sprachen und Literaturen, Band XVI (Information aus der Vergangenheit). München 1982, S. 168ff; auch in: Handreichungen

Maier IV = F. Maier: Zur Didaktik des Lektüreunterrichts in der Sekundarstufe I, aufgezeigt an einem Beispiel der lateinischen Anfangslektüre. In: Plädoyer für Erziehung. Donauwörth 1975, S. 203ff

Maier V = F. Maier: Auch Caesar ein Schriftsteller der Anfangslektüre. In: Dialog Schule–Wissenschaft, Klassische Sprachen und Literaturen, Band XI (Erbe, das nicht veraltet). München 1979, S. 142ff

Maier VI = F. Maier: Caesar und die Schüler heute. Das Bellum Gallicum im Zentrum der Mittelstufenlektüre.

Maier VII = F. Maier/H. Voit: Caesar – Der Gallische Krieg. Auswahl mit Begleittexten. Bamberg 1990

B. Mannsperger: Latein lernen ohne Lehrbuch? Erfahrungen mit der Einführung ins Latein durch direkte Lektüre von Caesars Bellum Gallicum. In: DaU XXVII/3 (1984), S. 34ff

H. Munding: Politische Bildung und Cäsar-Lektüre. In: DaU XV/5 (1972), S. 26ff

W. Neumann: Konstruieren oder Lesen? Ein Beitrag zur Methodik des Übersetzens aus den alten Sprachen. In: DaU 1/3 (1952), S. 5ff

K.-H. Niemann: Erweiterung und Wiederholung von Grammatikkenntnissen bei der Caesar-Lektüre. In: DaU XXVIII/3 (1985), S. 19ff

E. Norden: Die germanische Urgeschichte in Tacitus' Germania (s. o.)

W. Olbrich: Ein neuer Einstieg in die Cäsarlektüre. In: Anregung 35 (1989), S. 228ff

Oppermann I = H. Oppermann: Caesar – der Schriftsteller und sein Werk. In: Neue Wege zur Antike II 2. Leipzig 1933, S. 1ff

Oppermann II = H. Oppermann: Neuere Forschungen zur Glaubwürdigkeit Caesars. In: Gymnasium 68 (1961), S. 258ff

Oppermann III = H. Oppermann: Die Caesarlektüre im Unterricht. In: Interpretationen lateinischer Schulautoren, hg. von H. Krefeld. 2. Aufl. Frankfurt 1970, S. 28ff

A. Ott/H. Wolf: Ein neuer Weg zur Caesarlektüre in der zehnten Klasse des Gymnasiums. In: DaU XXIV/3 (1981), S. 53ff

G. Priesemann: Entwurf einer allgemeinen Sprachtheorie. In: DaU IV/5 (1961), S. 58ff (S. 85f: Stil)

W. Rinner: Erfassen der Tendenz in Caesars Bellum Gallicum – Die Darstellung des Dumnorix, ein Beispiel manipulierter Information? In: Auxilia 7

F. Römisch in: H. Haffter u. F. Römisch (s. o.)

Röttger I = G. Röttger: Erziehung zur geistigen Zucht im altsprachlichen Unterricht. In: DaU III/5 (1959), S. 9ff

Röttger II = G. Röttger: Regelgrammatik und Sprachreflexion. In: DaU XX/1 (1977), S. 56ff

O. Schönberger: Caesar kämpft gegen Frankreich. Zu „Aktualisierung" und „Apologetik" des altsprachlichen Unterrichts. In: Anregung 33 (1987), S. 158ff

Schönfeld I = H. Schönfeld: Ein mehrdeutiges ‚ut' im Bellum Gallicum. Zugleich ein schulpraktischer Beitrag zu Caesars Schilderungsweise. In: DaU I/4 (1952), S. 58ff

Schönfeld II = H. Schönfeld: Bitemporaler Infinitiv. In: DaU 7 (= II/2) (1955), S. 15ff

H. Steinthal: Über den ablativus absolutus, speziell bei Caesar, und sein Verständnis. In: DaU VIII/2 (1965), S. 78ff

J. Szidat. Caesars diplomatische Tätigkeit im Gallischen Krieg. Wiesbaden 1971

I. Tschirky: Spannende Lektüre. In: DaU V/5 (1962), S. 94ff

H. Vester: Zum Umgang mit den Erzähltempora. In: DaU XXX/1 (1987), S. 50ff

J. Vogt: Caesar und seine Soldaten. In: DaU 7 (= II/2) (1955), S. 53ff

N. Wilsing: Der Germanenkomplex. In: Die Praxis des Lateinunterrichts, Bd. II. 2. Aufl. Stuttgart 1964 (Nachdruck 1972), S. 115ff

P. Wülfing: Lateinische Anfangslektüre. In: Gruber/Maier, S. 48ff

Medien

Ell I = R. Ell/M. Sprissler: Bilder zu Caesars Bellum Gallicum. München 1974 (Institut für Film und Bild in Wissenschaft und Unterricht, R 2137, mit Beiheft)

Ell II = R. Ell: Römer auf deutschem Boden (je 15 Dias zu Architektur, Heereswesen, Limes, Bürgerl. Leben, Kunst, Religion). Höpfel, Bernburger Str. 30, Berlin 61 (Bestellnr. 861-866)

Ell III = R. Ell: Caesar – das Spiel der Feinde (Hörspiel nach historischen Fakten). Intercord 115.051 bzw. 415.051

Ell IV = R. Ell: Caesar, B. G. II 19–28. Polyglotte L 0389

W. Hundsrucker: Medieneinsatz bei der Caesar-Lektüre. Zum Beispiel: Der Helvetierkrieg. In: Auxilia 7

O. Lendle: Antike Belagerungsmaschinen. Stuttgart (Klett-Bestellnr. 993199; vgl. auch unter „Militärisches")

W. Müller: Realienkunde zu Caesar: Caesars Helvetierkrieg. Overheadtransparentserie zu B. G. I 1–30. Stuttgart 1982 (Klett-Bestellnr. 6165)

B) Zu den einzelnen Büchern
Buch I – Helvetierkrieg

Bayer I S. 74f; Gärtner S. 96ff; Haffter S. 17ff Krüger III; Oppermann I S. 74ff; Oppermann III S. 35ff, 39f; Rohde; Vogt passim

W. Biermann: Lehrbuch der lateinischen Sprache. Teil 1: Übungsbuch: Teil 2: Vokabular. Düsseldorf 1971

F. Fischer: Caesar und die Helvetier. Neue Überlegungen zu einem alten Thema. In: Bonner Jahrbücher 185 (1985), S. 1ff

M. Gelzer in: Caesar (WdF)

H.-J. Glücklich: Das erste Buch des ‚Bellum Gallicum' im Schulunterricht. In: DaU XV/5 (1972), S. 44ff

H.-J. Glücklich: Lateinische Lektüre in der Sekundarstufe I. Kronshagen 1977 (IPTS-Arbeitspapiere). Auch in: R. Clade/H.-J. Glücklich/K.-H. Niemann: Lateinische Lektüre – Sekundarstufe I. Themen, Texte, Ziele. Mainz 1981, S. 32ff

H.-J. Glücklich: Sprache und Leserlenkung in Caesars Bellum Helveticum. Textbeschreibungen, Tafelbilder und Unterrichtsvorschläge zu BG 1,1–30. Stuttgart 1985

R. Gottwald: Cäsar und die Helvetier – Cäsarrezeption im Jugendbuch. In: Anregung 29 (1983), S. 315ff

W. Hoffmann: Zur Vorgeschichte von Caesars Eingreifen in Gallien. In: DaU I/4 (1952), S. 5ff

W. Hundsrucker (s. Medien)

W. Jäkel: Der Auswanderungsplan der Helvetier. Interpretationen zu Caesar B. G. I,1–5. In: DaU I/4 (1952), S. 40ff

J. Latacz: Zu Cäsars Erzählstrategie (BG I 1–29: Der Helvetierfeldzug). In: DaU XXI/3 (1978), S. 70ff

D. Lohmann: Leserlenkung im Bellum Helveticum. Eine „kriminologische Studie" zu Caesar, B. G. I 15–18. In: DaU XXXIII/5 (1990), S. 56ff

W. Müller (s. Medien)

H. Munding: Cäsar-Lektüre aus der Sicht des ‚kleinen Mannes' (Zu BG I 1–29). In: DaU XV/5 (1972), S. 87ff

J. Rüpke: Gerechte Kriege – gerächte Kriege. Die Funktion der Götter in Caesars Darstellung des Helvetierfeldzuges. In: DaU XXIII/5 (1990), S. 5ff

L. Schmüdderich: Überlegungen zum Gebrauch des sog. Praesens historicum. In: DaU XI/2 (1968), S. 61ff.

E. Siebenborn: Bellum iustum: Caesar in der abendländischen Theorie des Gerechten Krieges. In: DaU XXXIII/5 (1990), S. 39ff

Suerbaum a.a.O.

E. Täubler/G. Veith: Bellum Helveticum. Eine Caesar-Studie. Zürich 1924

K. Vretska: Betrachtungen zu Caesars Bellum Gallicum I. In: Festschrift für Karl Vretska. Heidelberg 1970, S. 290ff.

W. Wimmel: Caesar und die Helvetier. In: Rheinisches Museum 123 (1980), S. 126ff, und 125 (1982), S. 59ff

c. 1ff: Berres; Fränkel S. 176ff; Glücklich I S. 84ff Glücklich II S. 267ff; Heydenreich; Jäkel I S. 83f; Jakel II S. 90ff; Klinger S. 95f; Krüger II S. 106; Neumann S. 18f; Niemann; Priesemann S. 83f; Richter S. 62f; 102ff; 147f; Römisch S. 55ff; Röttger I S. 22ff; Tschirky S. 96ff; Wilsing S. 61ff

P. Barié: Formen späten Lateinbeginns. In: W. Höhn/N. Zink: Handbuch für den Lateinunterricht – Sekundarstufe II. Frankfurt 1979, S. 82ff

W. Biermann: Beiträge zur Praxis des dreijährigen Lateinkurses der Oberstufe. In: DaU XIV/4 (1971), S. 41ff

M. Fuhrmann: Vom Übersetzen aus dem Lateinischen. In: Anregung 32 (1986), S. 222

H.-J. Glücklich: Klassenarbeiten und Abiturprüfung auf der Studienstufe. In: DaU XVII/3 (1974), S. 23ff (hier S. 38ff)

H.-J. Glücklich: Fachstudium als Vorbereitung erfolgreichen Unterrichtens. Interpretationsmethoden, Textanalyse, Grammatiklehre. In: DaU XXIV/6 (1981), S. 53ff

E. Hermes: Zur Syntax der mehrdeutigen und synonymen Konjunktionen im Lateinischen. In: DaU IV/5 (1961), S. 87ff

H. Keulen: Politisches Denken bei der Caesarlektüre in der 10. Klasse. Das erste Kapitel des Helvetier-Krieges I 2. In: Auxilia 7

H. Lechle: Optische Satzschließung. In: DaU XXX/1 (1987), S. 37ff (hier S. 47)

P. Steinmetz: Eine Darstellungsform des Livius. In: Gymnasium 79 (1972), S. 191ff

F. Zielinski: Grammatische Begriffsbildung im Lateinunterricht und Valenzgrammatik. In: DaU XVII/4 (1974), S. 34ff (hier S. 57f)

c. 16–20: Rinner; Schönfeld II S. 15; Schulte-Holtey S. 149f

O. Schönberger: Caesar, Dumnorix, Divitiacus. In: Anregung 17 (1971), S. 378ff

H. Vester: Bemerkungen zum Tempusrelief bei Caesar. In: Anregung 33 (1987), S. 155ff

c. 21ff: Kracke S. 65; Röttger I S. 5; Tschirky S. 104f

E. Mensching: Zu den Auseinandersetzungen um den Gallischen Krieg und der Considius-Episode (BG I 21–22). In: Hermes 112 (1984), S. 53ff

Buch I – Ariovist:

Bayer I S. 74f; Fränkel S. 180; Haffter S. 28ff; Krüger III; Maier II; Maier III S. 195ff; Oppermann I S. 74ff; Oppermann II S. 267ff; Oppermann III S. 37ff; Rohde; Vogt passim; Walser (Historia I) S. 21ff

H. Diller: Caesar und Ariovist. In: Humanistisches Gymnasium 46 (1935), S. 189ff, und in: Caesar (WdF)

E. Doblhofer: Caesar und seine Gegner Ariovist und Ambiorix. Zur Interpretation von BG I 35–36, 43–44, V 27. In: DaU X/5 (1967), S. 35ff

M. Gelzer in: Caesar (WdF)

H.-J. Glücklich: Das erste Buch des ‚Bellum Gallicum' im Schulunterricht. In: DaU XV/5 (1972), S. 44ff

F. Maier: Politik – ein Absolutum? Ein Vorschlag zur Caesarlektüre (BG I 30–54). In: Anregung 12 (1966), S. 386ff; erweiterte Fassung in: Auxilia 7

H. Munding (DaU XV/5, 1972)

K. Vretska: Betrachtungen zu Caesars Bellum Gallicum I. In: Festschrift für Karl Vretska. Heidelberg 1970, S. 290ff

H. Wolff: Schülerarbeiten zu Caesar BG I 31ff. In: DaU XXVIII/1 (1985), S. 74ff

c. 32–34: Röttger I S. 33; Schönfeld II S. 17; Vester (DaU 1987)

H. Munding: „Existenzieller Transfer" bei lateinischen Historikern. In: Anregung 20 (1974), S. 292ff, und in: F. Maier: Antike Texte – moderne Interpretationen (Beiheft zur Anregung, o. J.), S. 7ff

H. Munding: Politische Bildung und Caesarlektüre (BG I 34–45). In: H. Munding, Antike Texte – aktuelle Probleme. Existenzieller Transfer im altsprachlichen Unterricht. Bamberg 1985 (Auxilia 12)

c. 37f: Glücklich I S. 113, 115; Kummer S. 6f; Maier III S. 186ff

F. Mensching: Die erste Begegnung Caesars und der Treverer. In: Zeitschrift für luxemburgische Geschichte 32 (1980), S. 51ff

G. Scheda: Caesars Marsch nach Vesontio (B. G. I 38). In: DaU XIV/1 (1971), S. 70ff

c. 39–41: Oppermann I S. 91f; Oppermann III S. 42; Röttger I S. 30

H.-J. Glücklich: Rhetorik und Führungsqualität – Feldherrnreden Caesars und Curios. In: DaU XVIII/3 (1975), S. 33ff

E. Käß in: Darstellendes Spiel im Altsprachlichen Unterricht (hg. v. P. Amtmann). München 1966, S. 118ff

W. Kuchenmüller: Terror Sueborum. Ein Spiel nach Cäsars Bellum Gallicum I 39–41. In: DaU X/3 (1967), Beilage

c. 43ff: Klinz II S. 85f; Doblhofer (s. o.)

c. 46ff: Maier I S. 210; Vester (DaU 1987)

S. Gutenbrunner: Ariovist und Caesar. In: Rheinisches Museum 96 (1953), S. 97ff

Buch II

Bayer I S. 75; Haffter S. 39f; Vogt passim

c. 1: Richter S. 90f

c. 4: Röttger II S. 68f

c. 8: v. Hentig S. 338; Römisch S. 68ff; Vester (DaU 1987)

c. 14: Hanken S. 161ff

c. 15–28: Bratvogel; Ell IV; Gärtner S. 106ff; Görler S. 307ff; Jäkel I S. 86f; Jäkel I1 S. 95f; Klinz I S. 79f; Krüger II S. 101ff; Kummer S. 8f, 16f; Oppermann I S. 36ff 55ff 86ff Oppermann III S. 42ff; Rasmussen S. 57ff; Vester (DaU 1987)

W. Görler: Caesar als Erzähler (am Beispiel von BG II 15–27). In: DaU XXIII/3 (1980), S. 18ff

W. Heilmann/W. Höhn: Probleme der grammatischen Beschreibung im Lateinunterricht. In: Gymnasium 84 (1977), S. 212ff, 248ff

H. P. Kohns: Der Verlauf der Nervierschlacht. In: Gymnasium 76 (1969), S. 1 ff

c. 28–33: Haffter S. 27; Hartmann S. 92; Schönfeld II S. 18

Buch III

Bayer I S. 76; Haffter S. 40f; Vogt passim

c. 1–6: Richter S. 134ff; Römisch S. 87ff; Schönfeld II S. 18

K. Stiewe: Wahrheit und Rhetorik in Caesars Bellum Gallicum. In: Würzburger Jahrbücher für die Altertumswissenschaft. 1976, S. 149ff
- **c. 10–11:** Richter S. 72ff; Römisch S. 72f
- **c. 16:** Barié S. 39f
- **c. 20:** Neumann S. 24f
- **c. 28:** Fränkel S. 170ff

Buch IV

Bayer I S. 76; Haffter S. 41ff; Vogt passim
- **c. 1ff:** Adcock S. 66ff; Hartmann S. 86; Holzberg; Norden S. 484ff (= Caesar, WdF, S. 131ff); Rasmussen; Walser (Historia 1), S. 38ff

M. Erren: Einführung in die römische Kunstprosa. Darmstadt 1983, S. 178ff
- **c. 10ff:** Berres; Gaul S. 369; Krüger II S. 100ff; Oppermann II S. 266; Richter S. 60f, 65

P. Barié: Zur linguistischen Beschreibung von Texten im altsprachlichen Unterricht. In: DaU XVII/2 (1975), S. 38ff (hier: S. 40f)

C. Grohn-Menard: Caesaris expeditio in Germaniam. Ein Comic-Projekt in der Einführungsphase. In: DaU XXXIII/1–2 (1990), S. 69ff

H. Klingelhöfer in: Römische Technik. Zürich 1961 (kommentierte Übersetzung)

G. Röttger: Autonomer Sprachunterricht. In: DaU X/4 (1967), S. 22ff (hier: S. 38ff)

P. Schindler: Der Lehrer der alten Sprachen. Stuttgart 1950, S. 132ff
- **c. 20ff:** Clasen S. 8ff, 36ff; Glücklich II S. 267ff; Huber S. 44f; Maier I S. 210ff; Maier II; Maier III S. 174ff; Niemann; Oppermann II S. 261ff; Priesemann S. 64; Richter S. 65, 116ff; Römisch S. 60ff; Röttger I S. 32f; Vogt S. 60f, 67

K. F. Eisen: Zum Problem der Übersetzung als Leistungskontrolle. In: DaU XXII/6 (1979), S. 4ff (hier: S. 14ff)

H.-J. Glücklich: Soldaten für Caesar? Vier Szenen aus den Commentarii. In: DaU XXXIII/5 (1990), S. 74ff

W. Görler: Die Veränderung des Erzählerstandpunktes in Caesars Bellum Gallicum. In: Poetica 8 (1976), S. 95ff

H. Olshausen: Caesar, Bellum Gallicum 4,34,1. In: Gymnasium 74 (1967), S. 115ff

F. Maier: Herrschaft durch Sprache. Caesars Erzähltechnik im Dienste der politischen Rechtfertigung (BG IV 24–31). In: Anregung 33 (1987), S. 146ff; und in: F. Maier, Lebendige Vermittlung lateinischer Texte. Neue Lektüre- und Interpretationsanstöße. Bamberg 1988 (Auxilia 18)

Buch V

Bayer I S. 77; Vogt passim

c. 1–8: Bayer II; Priesemann S. 64; Rinner; Schönfeld II S. 19

E. Siebenborn: Textbegriff und Interpretationsweisen. Zur semantischen Struktur als Grundlage unterschiedlichen Interpretierens. In: DaU XXX/6 (1987), S. 17ff

c. 12ff: Berres; Holzberg; Richter S. 53ff

c. 22–23: Maier I S. 216f; Richter S. 93ff

c. 24ff: Doblhofer (s. zu Buch I, Ariovist); Gärtner S. 112ff; Klinz I S. 80ff; Jäkel II S. 80; Mutschler S. 164ff; Schönfeld I S. 58ff; Schönfeld II S. 18; Seel, Ambiorix

c. 31: W. Görler: Zu Caesar, De bello Gallico 5.31.5. In: Rheinisches Museum 121 (1978), S. 297ff

c. 38f: Görler (Hermes 1977), S. 315ff

c. 43f: Mutschler S. 164ff

R. Burandt: Interpretation von Caesars Bellum Gallicum V 44, 1–3. In: DaU X/5 (1967), S. 58ff

S. Koster: Certamen centurionum (Caes. Gall. 5,44). In: Gymnasium 85 (1978), S. 160ff

G. Maurach: Caesar, BG 5,43f: Der Zenturionenwettstreit. In: Gymnasium 89 (1982), S. 468ff

c. 54: Kracke S. 67ff

Buch VI

Bayer I S. 77: Vogt passim

c. 1: Römisch S. 81ff

c. 11ff: Adcock S. 66ff; Berres; Fränkel S. 179; Gaul S. 368; Haffter S. 48ff; Hartmann S. 86ff; Hausel S. 111ff; Holzberg; Huber S. 43ff; Niemann; Norden S. 84ff (auch in Caesar, WdF); Oppermann III S. 37ff; Rasmussen; Richter S. 66f; Seel (Caesarstudien) S. 37ff; Tschirky S. 105f; Walser (Histona 1) S. 64ff, 95ff

P. Barié: ‚Interpretatio' als religionspsychologisches Phänomen: In: DaU XXVIII/2 (1985), S. 63ff

R. Merkelbach: Eine schwierige Stelle bei Caesar (B. G. VI 21, 4–5). In: Rheinisches Museum 126 (1983), S. 92f

U. Rosner: Die Römer als Ordnungsmacht in Gallien. Zu Caesar, Bellum Gallicum VI 11–24. In: DaU XXXI/5 (1988), S. 5ff

H. Schmitz: Menschenopfer und Totenbräuche der Kelten. Ein Beitrag zur Caesarlektüre. In: Anregung 34 (1988), S. 169ff

H. Thienel: Lernziele des Lateinunterrichts. Kiel 1972 (IPTS-Schriften Nr. 1), S. 9ff

W. Zeitler: Der Germanenexkurs im 6. Buch vom Caesars Bellum Gallicum. Ein Unterrichtsprojekt zum Abschluss der Caesar-Lektüre. In: Auxilia 7, und in: Reallexikon der Germanischen Altertumskunde, Erg.-Bd. I, Berlin 1986

c. 29–52: Görler (Hermes 1977) S. 310ff; Klingner S. 109; Klinz I S. 80; Mutschler S. 183ff; Richter S. 67f, 85ff, 124ff; Römisch S. 79ff; Wilsing S. 118

A. Klinz: Fortuna: Eine bedeutungsgeschichtliche Wortstudie nach Caesars Bellum Gallicum VI 30ff. In: Anregung 11 (1965), S. 378ff

Buch VII

Bayer I S. 77f; Görler (Hermes 1977) S. 312ff; Klinz I S. 82; Oppermann I S. 66ff; Oppermann III S. 45ff; Vogt

M. Gelzer: Vercingetorix. In: RE VIII A 1, 981ff (1955)

c. 4–8: Hanken S. 156ff; Römisch S. 74ff

c. 10: Richter S. 74f

c. 13ff: Mutschler S. 172ff

G. Röttger: Kontrastgrammatik Lateinisch – Deutsch. In: DaU XXVII/3 (1984), S. 21ff

W. Wimmel: Die technische Seite von Caesars Unternehmen gegen Avaricum (B. G. VII, 13ff). Wiesbaden 1974

c. 22: H. Heubner: Cuniculi aperti. In: Gymnasium 66 (1959), S. 505ff

c. 25f: O. Schönberger: Darstellungselemente in Caesars Bellum Gallicum 7,25.26. In: Gymnasium 95 (1988), S. 141ff

c. 27: M. v. Albrecht: Meister römischer Prosa. Heidelberg 1971, S. 80ff

c. 38: Richter S. 68f
c. 44ff: Mutschler S. 172ff
c. 50: Röttger II S. 67ff
c. 54: Maier I S. 210
c. 63ff: Bayer I S. 78
c. 75ff: Hanken S. 164ff; Heydenreich; Klinz II S. 87ff; Mutschler S. 190ff; Richter S. 76ff, 158f; Römisch S. 84ff

W. Fauth: Die „Missgunst" Roms. In: Anregung 13 (1967), S. 303ff

F. Maier: Römische Weltherrschaft im Für und Wider antiker Texte. Beispiel einer modellorientierten Interpretation. In: Tradition und Rezeption (Dialog Schule – Wissenschaft, Klassische Sprachen und Literaturen, Bd. XVIII), München 1984, S. 134ff, und in: Maier II S. 81ff

R. Schieffer: Die Rede des Critognatus und Caesars Urteil über den gallischen Krieg. In: Gymnasium 79 (1972), S. 477ff

A. Städele: Barbarenreden – Ein Beitrag zur Behandlung des römischen Imperialismus im Lateinunterricht. In: Anregung 27 (1981), S. 248ff

c. 80: Maier I S. 210
c. 85–89: Haffter S. 45ff: J. A. Mayer in: Pontes, S. 49ff (dazu Lehrerheft S. 30ff); Mutschler S. 190ff

Verzeichnis der Eigennamen

Bekannte geographische Namen sind nicht aufgenommen; ebenso fehlen diejenigen, zu denen der Text alles Wichtige bietet. Die für Vornamen gebrauchten Abkürzungen bedeuten:

A.	—	Aulus	M.	—	Marcus
Ap.	—	Appius	P.	—	Publius
C.	—	Gaius	Q.	—	Quintus
Cn.	—	Gnaeus	S.	—	Sextus
D.	—	Decimus	Ser.	—	Servius
L.	—	Lucius	T.	—	Titus

(VI 4, 44 bedeutet Buch VI, Kapitel 4 und Kapitel 44)

Acco, Fürst der Senonen, Haupt einer Verschwörung gegen Caesar, von diesem hingerichtet. VI 4, 44; VII 1

Africus (ventus), der von Afrika her wehende Südwestwind. V 8

Agedincum, Stadt der Senonen, heute Sens. VI 44; VII 10, 57, 59, 62

Alesia, Stadt der Mandubier nordwestl. von Dijon, Departement Côte-d'Or, heute Alise-Sainte-Reine; Schauplatz des Endkampfes zwischen Caesar und Vercingetorix. VII 68–89 (T 41)

Allobroges, gall. Stamm zwischen Rhone, Isère und Genfer See. Nördlichste Stadt ist Genf. I 6, 10, 11, 14, 28, 44; III 1, 6; VII 64, 65

Ambarri, keltischer Stamm zu beiden Seiten des unteren Arar (s. d.), daher der Name: amb-arar. I 11, 14

Ambiani, Belger an der Mündung der Somme (Samara), ihre Hauptstadt Samarobriva (Amiens). II 4, 15; VII 75

Ambibarii, keltischer Stamm im Norden der Bretagne. VII 75

Ambiliati, kleiner belgischer Stamm im Raume der heutigen Stadt Abbeville. III 9

Ambiorix, Fürst der Eburonen, erbitterter Gegner Caesars, vernichtete die 15 Kohorten des Sabinus und Cotta. V 24, 26–41; VI 2, 5, 6, 9, 29–43

Ambivariti, belgischer Stamm am linken Maasufer. IV 9

Anartes, dakisches Volk im heutigen Ungarn (Theiß). VI 25

Andes, keltischer Stamm nördl. der Loire (Anjou). II 35; III 7; VII 4, 75

Antistius Reginus, C., Unterfeldherr Caesars. VI 1; VII 83, 90

Antonius, M., Unterfeldherr Caesars, seit 52 Quästor, später Triumvir. VII 81

Aquileia, Stadt an der Nordküste der Adria, nahe Triest. 110

Aquitani, iberischer (heute baskischer) Stamm I 1; III 21 die Bewohner der Provinz Aquitania

Aquitania, Teil Galliens, gelegen zwischen Atlantik, Garonne und Pyrenäen. I 1; III 11, 20, 21, 23, 26, 27; VII 31

Arar, Nebenfluss der Rhone, jetzt Saône. I 12, 13, 16; VII 90

Arduenna silva, Ardennen mit Eifel und Hunsrück V 3; VI 29, 31, 33

Arecomici, Teilstamm der Volker (Walchensee), die z. Z. Caesars am Golf du Lion wohnten. VII 7, 64

Aremoricae (civitates), Gruppe der Kelten in der Bretagne und Normandie. V 53; VII 75

Ariovistus, König der Sueben, 58 von Caesar im Elsass geschlagen. I 31–53; IV 16; V 29, 55; VI 12

Aristius, M., Kriegstribun Caesars. VII 42, 43

Arpinius, C., ein römischer Ritter in Caesars Heer. V 27, 28

Arverni, großer keltischer Stamm in der Auvergne. Hauptort ist Gergovia in der Gegend von Clermont-Ferrand. I 31, 45; VII 3–5, 7–9, 34, 37, 38, 64, 66, 75–77, 83, 88–90 (T 41)

Atrebates, belgischer Stamm zwischen Schelde und Somme in der ehemaligen Grafschaft Artois. Hauptstadt Arras. II 4, 16, 23; IV 21, 27, 35; V 22, 46; VI 6; VII 75, 76

Atrius, Q., Offizier Caesars, Kommandant des Schiffslagers in Britannien. V 9, 10

Atuatuca, Kastell im Gebiet der Eburonen VI 32

Atuatuci, vermutlich germanischer Stamm in Belgien (Lüttich). II 4, 16, 29, 31; V 27, 38, 39, 56; VI 2, 33

Aulerci, keltischer Stamm zwischen Loire und Seine. Er gliedert sich in die Aulerci Brannovices VII 75, die Aulerci Cenomani VII 75, die Aulerci Diablintes III 9 und die Aulerci Eburovices III 17; VII 75. Vgl. II 34; III 29; VII 4, 57

Aurunculeius Cotta, L., Unterfeldherr Caesars, fällt im Kampf ge-

gen Ambiorix. II 11; IV 22, 38; V 24, 26, 28–30, 31, 33, 35–37, 52; VI 32, 37
Ausci, aquitanischer Stamm westl. von Toulouse. III 27
Avaricum, Hauptstadt der Biturigen, heute Bourges. VII 13, 15, 16, 18, 19–32, 47, 52 (T 41)
Axona, jetzt Aisne, Nebenfluss der Isara (Oise), die in die Seine mündet. II 5, 9

Bacenis (silva), Sammelname für Waldgebirge an der Weser. VI 10
Baleares, Bewohner der gleichnamigen span. Inselgruppe. II 7
Batavi, germanischer Stamm an der Rheinmündung. IV 10. Nach Angehörigen dieses Stammes ist Passau benannt (castra Batava).
Belgae, Bewohner des nördl. Galliens zwischen Seine, Marne, Mosel und Rhein. I 1; II 1–6, 14, 15, 17, 19; III 7, 11; IV 38; V 24
Bellovaci, Belger zwischen Seine, Somme und Oise; Name erhalten in Beauvais. II 4, 5, 10, 13, 14; V 46; VII 59, 75, 90
Bibracte, Hauptstadt der Häduer zwischen Saône und Loire, später verlegt und nach Augustus Augustodunum (Autun) genannt, wurde 1867 ausgegraben. I 23; VII 55, 63, 90
Bibrax, Remerstadt, Lokalisierung schwierig. II 6
Bituriges, Stamm der Kelten im Loirebogen, Hauptort Avaricum (Bourges). I 18; VII 5, 8, 9, 11–13, 15, 21, 29, 75, 90 (T 41)
Boduognatus, Anführer der Nervier. II 23
Boi, ursprünglich in Nordostbayern beheimateter keltischer Stamm, der über Böhmen (Boiohaemum) nach Schlesien wanderte. Ein Teil des Stammes zieht mit den Helvetiern und wird im Gebiet der Häduer angesiedelt (Gorgobina). I 5, 25, 28, 29; VII 9, 10, 17, 75
Bratuspantium, Festung der Bellovaker, Lokalisierung strittig. II 13
Britannia, England und Schottland. II 4, 14; III 8, 9; IV 20–23, 27, 28, 30, 37, 38; V 2, 6, 8, 12, 13, 22; VI 13; VII 76
Brutus, D. (Junius), Offizier Caesars in Gallien, später Mitglied der Verschwörung gegen Caesar. III 11, 14; VII 9, 87

Cadurci, keltischer Stamm ostwärts der Garonne (Cahors). VII 4, 64, 75
Caerosi, Belger in der Eifel. II 4
Caleti(-tes), belgischer Stamm an der Seinemündung. II 4; VII 75
Camulogenus, Fürst der Aulerker. VII 57, 59, 62
Caninius Rebilus, C., Unterfeldherr Caesars. VII 83, 90
Cantium, britannische Landschaft (Kent). V 13, 14, 22
Carcaso, jetzt Carcassonne, Stadt im Südwesten der Provinz. III 20
Carnutes, großer keltischer Stamm um das heutige Orleans. Chartres nach ihnen benannt. In ihrem Lande kamen alljährlich die Druiden zusammen. II 35; V 25, 29, 56; VI 2-4, 13, 44; VII 2, 3, 11, 75
Carvilius, einer der vier Könige in Kent. V 22
Cassius (Longinus), L., Konsul des Jahres 107, im Kampf gegen die Tiguriner getötet. I 7, 12. Der nach ihm benannte Krieg (bellum Cassianum 107) I 13
Cassivellaunus, Anführer der Britannier im Jahre 54. V 11, 18, 19, 20, 21, 22
Casticus, vornehmer Sequaner, Sohn des Catamantaloedes. I 3
Catamantaloedes, König der Sequaner. I 3
Catuvolcus, Führer der Eburonen neben Ambiorix. V 24, 26; VI 31
Cavarillus, adliger Häduer. VII 67
Cavarinus, ein von Caesar eingesetzter König der Senonen, Günstling Caesars. V 54; VI 5
Cavillonum, Häduerstadt an der Saône, jetzt Châlon-sur-Saône. VII 42, 90
Cebenna, Cevennen, Gebirgszug zwischen Pyrenäen und Rhone. VII 8, 56
Celtae, von Caesar nur einmal verwendeter Name für die Gallier, im engeren Sinne für die Bewohner Mittelgalliens gebraucht. I 1
Celtillus, Arverner, Vater des Vercingetorix. VII 4
Cenabum, Stadt der Carnuten an der Loire, in der Nähe des jetzigen Orleans. VII 3, 11, 14, 17, 28
Ceutrones, a) Alpenbewohner im Tal der Isère (Savoyen) I 10
b) kleiner Belgerstamm V 39

Cherusci, Germanenstamm zwischen Elbe und Weser. VI 10
Cicero, Q. (Tullius), der Bruder des großen römischen Redners, Unterfeldherr Caesars. V 24, 27, 38; VI 32, 35–42; VII 90
Cimberius, Stammesfürst der Sueben. 137
Cimbri, germanischer Stamm, bekannt durch seinen gemeinsam mit den Teutonen von Jütland aus unternommenen Zug nach Oberitalien. Von Marius 101 bei Vercellae geschlagen. I 33, 40; II 4, 29; VII 77
Cingetorix, Fürst der Treverer, Gegner des Indutiomarus, Freund der Römer. V 3, 4, 56, 57; VI 8
Cingetorix, britannischer Anführer in Kent. V 22
Claudius (Pulcher), Ap., Konsul des Jahres 54. V 1
Clodius (Pulcher), P., Volkstribun im Jahre 58, im Jahre 52 bei Straßenkämpfen von Milo erschlagen. VII 1
Commius, ein Atrebate, von Caesar als Führer eingesetzt, distanziert sich später von Caesar (52), muss sich aber M. Antonius ergeben. IV 21, 27, 35; V 22; VI 6; VII 75, 76, 79
Condrusi, Belger bei Lüttich am rechten Maasufer. II 4; IV 6; VI 32
Considius, P., Offizier in Caesars Heer. I 21, 22
Convictolitavis, adliger Häduer, zunächst Anhänger Caesars und von diesem begünstigt, fällt er 52 von Caesar ab. VII 32, 33, 37, 39, 42, 55, 67
Coriosolites, keltischer Stamm in der Bretagne. II 34; III 7, 11; VII 75
Correus, Führer der Bellovaker im letzten Aufstand gegen Caesar
Corus (ventus), der Nordwestwind. V 7
Cotta, s. Aurunculeius
Cotus, Fürst der Häduer, von Caesar abgesetzt. VII 32, 33, 39, 67
Crassus, s. Licinius
Critognatus, vornehmer Arverner, Verteidiger Alesias. VII 77, 78
Daci, thrakischer Stamm in Rumänien (Siebenbürgen). VI 25
Danuvius, die Donau. VI 25
Dispater, mythologischer Stammvater der Gallier: Pluto bzw. Jupiter als Gott der Unterwelt und der Nacht. VI 18
Diviciacus, Häduerfürst und Römerfreund, Bruder des Dumnorix, führt im Jahre 63 in Rom Verhandlungen, um Unterstüt-

zung der Römer gegen die Sequaner zu erlangen. I 3, 16, 18, 19, 20, 31, 32, 41; II 5, 10, 14, 15; VI 12; VII 39
Divico, angesehener Helvetier, besiegt den Konsul L. Cassius Longinus im Jahre 107. I 13, 14
Domitius (Ahenobarbus), L., Konsul des Jahres 54. V 1
Dubis, jetzt Doubs, Nebenfluss der Saône. I 38
Dumnorix, adliger Häduer, im Gegensatz zu seinem Bruder ein Römerfeind, im Jahre 54 von Caesars Reitern getötet. I 3, 9, 18–20; V 6, 7
Durocortorum, jetzt Reims, Hauptort der Remer. VI 44

Eburones, Belger an der Maas zwischen Lüttich und Aachen. II 4; IV 6; V 24, 28, 29, 39, 47, 58; VI 5, 31, 32, 34, 35
Elaver, (Allier) Nebenfluss der Loire. VII 34, 35, 53
Eleuteti, Keltenstamm, Anhänger der Arverner. Lokalisierung unsicher. VII 75
Elusates, Stamm in Aquitanien. III 27
Eporedorix, vornehmer Häduer, der sich von Caesar abwendet (52) und ein Führer des Widerstandes wird. VII 38–40, 54, 55, 63, 64, 76. Nicht damit identisch ist der Häduerfürst E. VII 67
Eratosthenes, ein griech. Geograph, lebte im 3. Jahrh. v. Chr. als Bibliothekar in Alexandria (Sieb des Eratosthenes). VI 24
Esuvii, keltischer Stamm in der Normandie. II 34; III 7; V 24; VII 75

Fabius, C., Unterfeldherr Caesars. V 24, 46, 47, 53; VI 6; VII 40, 41, 87, 90
Fabius, L., ein Centurio in Caesars Heer. VII 47, 50
Fabius Maximus (Allobrogicus), Q., Konsul des Jahres 121 v. Chr. I 45

Gabali, Keltenstamm in den Cevennen. VII 7, 64, 75
Gabinius, A., Konsul des Jahres 58 v. Chr. I 6
Galba, König der Suessionen. II 4, 13
Galba, Ser. Sulpicius, ein Unterfeldherr Caesars. III 1, 3, 5, 6
Gallia, Sammelname für den keltischen Siedlungsraum zwischen Spanien, Italien, Germanien und dem Atlantik. Im einzelnen: a) Gallia ulterior oder Transalpina – von Rom aus jenseits der

Alpen, das heutige Frankreich, die Beneluxstaaten und das linksrheinische Deutschland, auch kurz Gallia genannt. I 7, 10; II 2; VII 1, 6

b) Gallia citerior oder Cisalpina – von Rom aus diesseits der Alpen, im wesentlichen die Poebene, seit 191 v. Chr. röm. Provinz. I 10, 24, 54; II 1, 2; V 1, 2; VI 1

c) Gallia provincia oder bloß provincia (nostra), im wesentlichen die heutige Provence, seit 121 v. Chr. römische Provinz. I 19, 28, 35, 53; III 20; VII 77

Garunna, die Garonne. I 1

Genava, Genf, nördlichste Stadt der Allobroger. I 6, 7

Gergovia, Hauptstadt der Arverner, 6 km südl. von Clermont-Ferrand auf einem Hochplateau gelegen. Caesar versucht vergeblich im Jahre 52 die Eroberung. VII 4, 34, 36–38, 40–43, 45, 59 (T 41)

Germani, vor allem Land und Leute auf dem rechten Rheinufer. Caesar kennt aber auch Germanen auf der linken Rheinseite. Er unterscheidet sie durch den Zusatz Cisrhenani (= linksrheinisch) und Transrhenani (= rechtsrheinisch).

Germania, das Wohngebiet der Germanen zwischen Rhein und Weichsel, den Alpen und der Nord- und Ostsee.

Gorgobina, Stadt der Bojer. VII 9

Graioceli, Gallier in der Nähe des Mont Cenis, Hauptort Ocelum. I 10

Haedui, einer der beiden keltischen Hauptstämme. Wohngebiet zwischen Loire und Saône; im ganzen römerfreundlich.

Harudes, germanischer Stamm an der Unterelbe. I 31, 37, 51

Helvetii, mächtiger keltischer Stamm in der heutigen Nordwestschweiz. I 1–31, 40; IV 10; VI 25; VII 75

Helvii, Keltenstamm in der Provence, zwischen Rhone und Cevennen. VII 7, 8, 64, 65

Hercynia (silva), Sammelname für die Gebirge vom Schwarzwald bis zu den Karpaten. VI 24, 25

Hibernia, Irland. V 13

Hispania, Spanien, seit 201 röm. Provinz. I 1; V 1, 13, 27; VII 55

Hispania citerior, der nordöstl. Teil Spaniens. III 23

Iccius, Stammesfürst der Remer. II 3, 6, 7

Illyricum, röm. Provinz an der Nordküste der Adria, jetzt Istrien und Dalmatien. II 35; III 7; V 1

Indutiomarus, Stammesfürst der Treverer, Römerfeind und damit Caesargegner. V 3, 4, 26, 53, 55, 57, 58; VI 2, 8

Itius (portus), Hafenstadt an der Kanalküste im Land der Moriner, von dort kürzeste Überfahrt nach Britannien. V 2, 5

Iura (mons), der Schweizer Jura zwischen Helvetiern und Sequanern. I 2, 6, 8

Labienus, T., der bedeutendste Unterfeldherr Caesars, oft mit selbständigem Kommando betraut, kämpft im Bürgerkrieg auf Seiten des Pompeius, fällt 45 bei Munda. I 10, 21, 22, 54; II 1, 11, 26; III 11; IV 38; V 8, 11, 23, 24, 27, 37, 46, 47, 53, 56, 57, 58; VI 5, 7, 8, 33; VII 34, 56–59, 61–62, 86–87, 90

Latobrigi, vielleicht Germanen, wohnhaft zwischen Oberlauf von Donau und Neckar. I 5, 28, 29

Lemannus (lacus), Genfer See. I 2, 8; III 1

Lemovices, keltischer Stamm am Oberlauf der Vienne. VII 4, 75, 88

Lepontii, keltischer Stamm im heutigen Tessin. IV 10

Leuci, keltischer Stamm in der Gegend von Toul (Lothringen) I 40

Levaci, belgischer Stamm in der Gegend von Gent. V 39

Lexovii, keltischer Stamm, heute Lisieux (nach dem Stammesnamen). III 9, 11, 17, 29; VII 75

Licinius Crassus, M., Konsul 70 und 55 v. Chr., einer der Triumvirn, im Jahre 53 gefallen im Kampf gegen die Parther. I 21; IV 1; seine Söhne:
   a) M., Quästor im Heere Caesars. V 24, 46, 47; VI 6
   b) P., praefectus equitum; Reiteroberst und Unterfeldherr im Heere Caesars. I 52; II 34; III 7–9, 20–27

Liger, Loire. III 9; VII 5, 11, 55, 56, 59

Lingones, keltischer Stamm auf der Hochebene von Langres. I 26, 40; IV 10; VI 44; VII 9, 63, 66

Liscus, Häduerfürst – Vergobret. I 16–18

Litaviccus, vornehmer Häduer, Gegner Caesars. VII 37–40, 42–43, 54–55, 67

Lucterius, Führer aus dem Stamm der Cadurker, Unterbefehlshaber des Vercingetorix. VII 5, 7, 8
Lutecia, Hauptstadt der Parisier, nach diesen jetzt Paris genannt. VI 3; VII 57–62

Magetobriga, Stadt im Gebiet der Sequaner, Lage unbestimmt; hier besiegte 61 v. Chr. Ariovist die Gallier. I 31
Mandubii, Kelten an der Côte-d'Or, Hauptstadt Alesia, jetzt Alise-Sainte-Reine. VII 68, 71, 78
Manlius, L., Prokonsul im Jahre 78 v. Chr., in Aquitanien geschlagen. III 20
Marcomani, Germanen am Main in der Nähe des Fichtelgebirges, später in Böhmen, Verbündete Ariovists. I 51
Marius, C., der berühmte Sieger über Kimbern und Teutonen, sieben Mal Konsul, Gegner Sullas, gestorben 86 v. Chr. I 40
Matisco, jetzt Mâcon, an der Saône, eine Stadt der Häduer. VII 90
Matrona, Marne, Nebenfluss der Seine. I 1
Mediomatrici, keltischer Stamm um das nach ihnen benannte Metz. IV 10; VII 75
Meldi, keltischer Stamm am Unterlauf der Marne um das nach ihnen benannte Meaux. V 5
Menapii, der nördlichste belgische Stamm zwischen Rhein und Scheldemündung. II 4; III 9, 28; IV 4, 22, 38; VI 2, 5, 6, 9, 33
Messala (Valerius), M., Konsul des Jahres 61 v. Chr. I 2, 35
Metiosedum, Stadt auf einer Seine-Insel, jetzt Melun. VII 58, 60, 61
Mettius, M., Gesandter Caesars an Ariovist. I 47, 53
Minucius Basilus, L., Reiteroberst Caesars. VI 29, 30; VII 90
Mona, die Insel Man oder Anglesey zwischen England und Irland. V 13
Morini, belgischer Stamm zwischen der Schelde und dem Meere (die Meeranwohner). II 4; III 9, 28; IV 21, 22, 37, 38; V 24; VII 75–76
Moritasgus, Bruder des Cavarinus, Stammesfürst der Senonen. V 54
Mosa, die Maas. IV 9, 10, 12, 15, 16; V 24; VI 33

Nammeius, vornehmer Helvetier. I 7

Namnetes, keltischer Stamm an der Loiremündung, nach ihnen ist Nantes bekannt. III 9

Nantuates, keltischer Bergstamm im heutigen Wallis (südl. des Genfer Sees). III 1, 6; IV 10

Narbo, seit 118 röm. Kolonie, Hauptstadt von Gallia Narbonensis. III 20; VII 7

Nemetes, suebische Völkerschaft in der Gegend des heutigen Speyer. I 51; IV 10; VI 25

Nervii, germanischer Stamm in Belgien an der Sambre. II 4, 15–17, 19, 23, 28, 29, 32; V 24, 38, 39, 41, 42, 46, 48, 56, 58; VI 2, 3, 29; VII 75

Nitiobroges, keltischer Stamm am rechten Ufer der Garonne. VII 7, 31, 46, 75

Noreia, Hauptstadt der Norici, heute Neumarkt in der Steiermark; dort besiegten im Jahre 113 v. Chr. die Kimbern ein röm. Heer unter dem Konsul C. Carbo. I 5

Noviodunum,
  a) Stadt der Biturigen südöstl. Orleans. VII 12, 14
  b) Stadt der Häduer an der Loire (Nevers). VII 55
  c) Stadt der Suessionen, jetzt nach ihnen Soissons genannt. II 12 (T 41)

Numidae, Volk in Nordafrika (Tunis, Algier), Leichtbewaffnete in Caesars Heer. II 7, 10, 24

Oceanus, z. Z. Caesars der Atlantische Ozean. I 1; II 34; III 7, 9, 13; IV 10, 29; VI 31, 33; VII 4, 75

Ocelum, Stadt der Graioceler an der Grenze von Gallia cisalpina. I 10

Octodurus, Alpenort an der Rhone (Martigny). III 1

Ollovico, König der Nitiobrogen, Freund des röm. Volkes. VII 31

Orcynia (silva), griech. Nebenform für Hercynia (silva), s. d. VI 24

Orgeforix, vornehmer Helvetier. I 2, 3, 4, 9, 26

Osismi, keltischer Stamm in der Bretagne. II 34; III 9; VII 75

Padus, der Po. V 24
Parisii, Kelten um Paris. VI 3; VII 4, 34, 57, 75
Pedius, Q., Caesars Neffe und Unterfeldherr. II 2, 11
Petrocorii, Kelten am rechten Ufer der Garonne; Landschaft Périgord. VII 75
Petronius, M., Zenturio in Caesars Heer (8. Legion). VII 50
Petrosidius, L., ein Adlerträger. V 37
Pictones, keltischer Stamm um Poitiers in Poitou. III 11; VII 4, 75
Piso (Calpurnius), L., Caesars Schwiegervater, Konsul des Jahres 58 v. Chr. I 6, 12
Piso (Calpurnius), L., Großvater von Caesars Schwiegervater, Unterfeldherr des Cassius Longinus, im Jahre 107 im Kampf gegen die Tiguriner gefallen. I 12
Piso (Pupius), M., Konsul im Jahre 61 zusammen mit M. Valerius Messala. I 2, 35
Piso Aquitanus, ein Reiter in Caesars Heer. IV 12
Pompeius, Cn., geb. 106 v. Chr., im Jahre 70 zum ersten Mal Konsul, 60 Triumvirat mit Caesar und Crassus, zweites Konsulat 55, alleiniger Konsul 52, von Caesar im Bürgerkrieg 48 bei Pharsalus besiegt. Im gleichen Jahr in Ägypten ermordet. IV 1; VI 1; VII 6
Pompeius, Cn., Dolmetscher des Q. Titurius Sabinus. V 36
Ptianii, aquitanischer Stamm, nicht lokalisierbar. III 27

Rauraci, keltischer Stamm in der Schweiz um Basel, Hauptstadt Augusta Rauracorum (Augst), später Basilea (Basel). I 5, 29; VI 25; VII 75
Redones, keltischer Stamm in der Bretagne, nach dem die Stadt Rennes benannt ist. II 34; VII 75
Remi, Kelten bei Reims. II 3–7, 9, 12; III 11; V 3, 24, 53, 54, 56; VI 4, 12, 44; VII 63, 90
Roscius, L., Unterfeldherr Caesars in Gallien (später Quästor?) sucht im Jahre 49 zwischen Caesar und Pompeius zu vermitteln, fällt 43 bei Mutina. V 24, 53
Ruteni, Kelten östl. der oberen Garonne, teils zur Provinz gehörig, teils frei. Nach ihnen benannt Rodez. I 45; VII 5, 7, 64, 75, 90

Sabinus, s. Titurius
Sabis, jetzt Sambre, Nebenfluss der Maas. II 16, 18
Samarobriva, Hauptstadt der Ambianer an der Samara (Somme), jetzt nach den Einwohnern benannt: Amiens. V 24, 47, 53
Santoni, keltischer Stamm nördl. der Garonnemündung. I 10, 11; III 11; VII 75
Scaldis, die Schelde. VI 33
Sedullus, Fürst der Lemoviker. VII 88
Seduni, Alpenvolk am Oberlauf der Rhone. III 1, 2
Segni, Belger, etwa in der Gegend von Aachen. VI 32
Segontiaci, Kelten in Britannien. V 21
Segusiavi, Kelten in der Gegend von Lyon, Klientelstamm der Häduer. I 10; VII 64, 75
Senones, mächtiger keltischer Stamm um das nach ihm benannte Sens (Agedincum). II 2; V 54, 56; VI 2, 3, 5, 44; VII 4, 11, 34, 56, 58, 75
Sequana, die Seine. I 1; VII 57, 58
Sequani, keltischer Hauptstamm zwischen Jura, Rhone, Saône und Rhein mit der Hauptstadt Vesontio (Besancon). I 1–3, 6, 8–12, 19, 31–33, 35, 38, 40, 44, 48, 54; IV 10; VI 12; VII 66, 67, 75, 90
Sertorius, Q., Anhänger des Marius, Prätor im Jahre 85 v. Chr., kämpft erfolgreich gegen Metellus und Pompeius, wird 73/72 ermordet. III 23
Sextius Baculus, P., Centurio in Caesars Heer. II 25; III 5; VI 38
Sextius, T., Unterfeldherr Caesars. VI 1; VII 49, 51, 90 Silanus (Iunius), M., Unterfeldherr Caesars im Jahre 53 v. Chr., im Jahre 25 Mitkonsul des Augustus. VI 1
Silius, Militärtribun. III 7, 8
Sotiates, Aquitaner an der Garonne. III 20, 21
Suebi, bei Caesar Bezeichnung für einen einzelnen Stamm, später Sammelname für alle Völkerschaften in Thüringen und Süddeutschland. I 37, 51, 54; IV 1, 3, 4, 7, 8, 16, 19; VI 9, 10, 29
Suessiones, Belger um das nach ihnen benannte Soissons (Noviodunum). II 3, 4, 12, 13
Sugambri, Germanen zwischen Ruhr und Lippe. IV 16, 18, 19; VI 35

Sulla (Cornelius), L., Diktator seit 84 v. Chr., Gegner des Marius, gestorben 78 v. Chr. I 21
Sulpicius Rufus, P., Unterfeldherr Caesars in Gallien, im Bürgerkrieg auf Seiten Caesars, im Jahr 48 Prätor. IV 22; VII 90

Tamesis, die Themse. V 11, 18
Tarbelli, Aquitaner III 27
Tarusates, Aquitaner III 23, 27
Tasgetius, ein von Caesar als König eingesetzter Carnute, im Jahr 52 durch einen Volksaufstand gestürzt. V 25, 29
Tencteri, germanischer Stamm zwischen Lippe und Ruhr, werden mit den Usipetern, ihren nördlichen Nachbarn, zusammen genannt. IV 1, 4, 16, 18; V 55; VI 35
Terrasidius, Militärtribun in Caesars Heer, III 7, 8
Teutomatus, König der Nitiobrogern. VII 31, 46
Teutoni, Germanen aus Jütland, die sich den Kimbern anschlossen, von Marius im Jahre 102 v. Chr. bei Aquae Sextiae besiegt. I 33, 40; II 4, 29; VII 77
Tigurinus, einer der vier Gaue der Helvetier; sie besiegen im Jahre 107 den Konsul Cassius. I 12
Titurius Sabinus, Q., Unterfeldherr Caesars, fällt im Kampf gegen Ambiorix mit 15 Kohorten (54/53). II 5, 9, 10; III 11, 17–19; IV 22, 38; V 24, 26, 27, 29, 30, 31, 33, 36, 37, 39, 41, 47, 52, 53; VI 1, 32, 37
Tolosa, jetzt Toulouse. III 20
Tolosates, Bewohner von Tolosa und Umgegend. I 10; VII 7
Trebius Gallus, M., Offizier Caesars. III 7, 8
Trebonius, C., Unterfeldherr Caesars, im Bürgerkrieg zwar auf Seiten Caesars, gehört dann aber zu seinen Mördern. V 17, 24; VI 33; VII 11, 81
Trebonius, C., römischer Ritter, der sich bei Atuatuca auszeichnet. VI 40
Treveri, Kelten an der Mosel um Trier (Augusta Treverorum) I 37; II 24; III 11; IV 6, 10; V 2–4, 24, 26, 47, 53, 55, 58; VI 2, 3, 5–9, 29, 32, 44; VII 63
Triboci, suebische Völkerschaft im Heere Ariovists, später in der Gegend von Straßburg. I 51; IV 10

Trinovantes, britischer Stamm nördlich der Themse in Essex. V 20, 21, 22

Tulingi, germanischer Stamm zwischen Bodensee und Rheinknie bei Basel, Nachbarn der Helvetier. I 5, 25, 28, 29

Turoni, Kelten im Loiregebiet, in der Touraine (Hauptstadt jetzt Tours). II 35; VII 4, 75

Ubii, rechtsrheinische Germanen im Taunus und Westerwald bis zur Sieg, römerfreundlich. IV 3, 8, 11, 16, 19; VI 9, 10, 29

Usipetes, ein mit den Tenkterern vereinigter Stamm der Germanen nördlich der Lippe. IV 1, 4, 16, 18; VI 35

Vacalus, Waal, südlicher Arm im Rheindelta. VI 10

Valerius Caburus, C., vornehmer Gallier, wird von C. Valerius Flaccus mit dem Bürgerrecht ausgezeichnet, seine Söhne sind C. Valerius Domnotaurus und C. Valerius Procillus. I 47; VII 65

Valerius Domnotaurus, C., Fürst der Helvier. VII 65

Valerius Flaccus, C., Proprätor Galliens im Jahre 83 v. Chr. I 47

Valerius Praeconinus, L., Unterfeldherr z. Z. des Sertoriuskrieges, um das Jahr 80 von den Aquitanern besiegt und getötet. III 20

Valerius Procillus, C., Dolmetscher Caesars, Bruder des C. Valerius Domnotaurus. I 47, 53

Valerius Troucillus, C., Adliger aus der Provinz, Vertrauter Caesars und Dolmetscher. I 19

Valetiacus, vornehmer Häduer, Bruder des Cotus. VII 32

Vangiones, linksrheinische Germanen um Worms. I 51

Velanius, Q., Militärtribun im Heere Caesars. III 7, 8

Veliocasses, wahrscheinlich Belger an der unteren Seine um Rouen. II 4; VII 75

Vellaunodunum, Stadt der Senonen zwischen Orleans und Sens. VII 11, 14

Vellavii, Kelten im Quellgebiet der Loire. VII 75

Venelli, Kelten in der Normandie. II 34; III 11, 17; VII 75

Veneti, Kelten an der Südküste der Bretagne, Hauptort Venetae (Vannes). II 34; III 7–9, 11, 16, 17, 18; VII 75

Veragri, Gallier an der oberen Rhone um Martigny. III 1, 2

Verbigenus, einer der vier Gaue der Helvetier, nicht genau lokalisierbar. I 27

Vercassivellaunus, Führer der Arverner, Vetter des Vercingetorix. VII 76, 83, 85, 88

Vercingetorix, Sohn des Celtillus, adliger Arverner, Anführer des Keltenaufstandes gegen Caesar im Jahre 52 v. Chr. In Alesia Kapitulation, Gefangenschaft, 46 von Caesar im Triumphzug mitgeführt, anschließend hingerichtet. VII 4, 8–9, 12, 14–16, 18, 20–21, 26, 28, 31, 33–36, 44, 51, 53, 55, 63, 66–68, 70–71, 75–76, 81–84, 89

Vertico, vornehmer Nervier, Römerfreund. V 45, 49

Vesontio, jetzt Besancon am Doubs, Hauptstadt der Sequaner. I 38, 39

Vienna, jetzt Vienne an der Rhone. Hauptstadt der Allobroger. VII 9

Viridomarus, vornehmer Häduer, Schützling Caesars, schlägt sich beim Gallieraufstand 52 auf die Seite des Vercingetorix. VII 38–40, 54, 55, 63, 76

Viridovix, Fürst der Veneller, Caesargegner. III 17, 18

Viromandui, belgischer Stamm zwischen Suessionen und Nerviern bei St. Quentin in der Landschaft Vermandois. II 4, 16, 23

Vocates, Aquitaner. III 23, 27

Voccio, König in Noricum, Schwager des Ariovist. I 53

Vocontii, keltischer Stamm in der Provinz am linken Rhoneufer: I 10

Volcacius Tullus, C., Offizier Caesars. VI 29

Volcae, großer keltischer Stamm in der Provinz zwischen Pyrenäen und Rhone; zerfällt in zwei Stammesgruppen:
    a) Volcae Arecomici, Hauptort Nemausus (Nîmes). VII 7, 64
    b) Volcae Tectosages, Hauptort Tolosa. VI 24

Volusenus Quadratus, C., Militärtribun in Caesars Heer. III 5; IV 21, 23; VI 41

Vosegus (Mons), Vogesen (Wasgenwald). IV 10

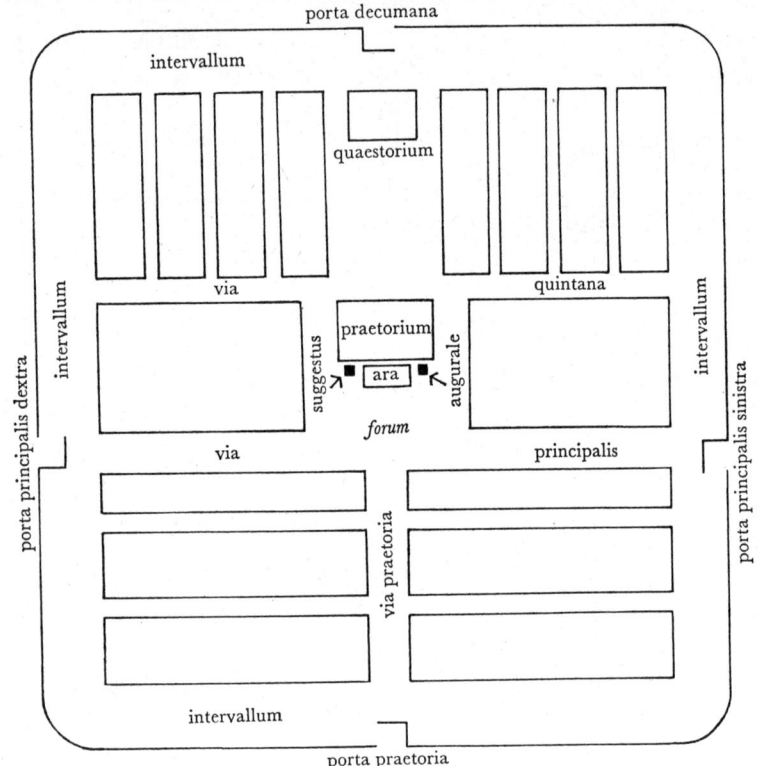

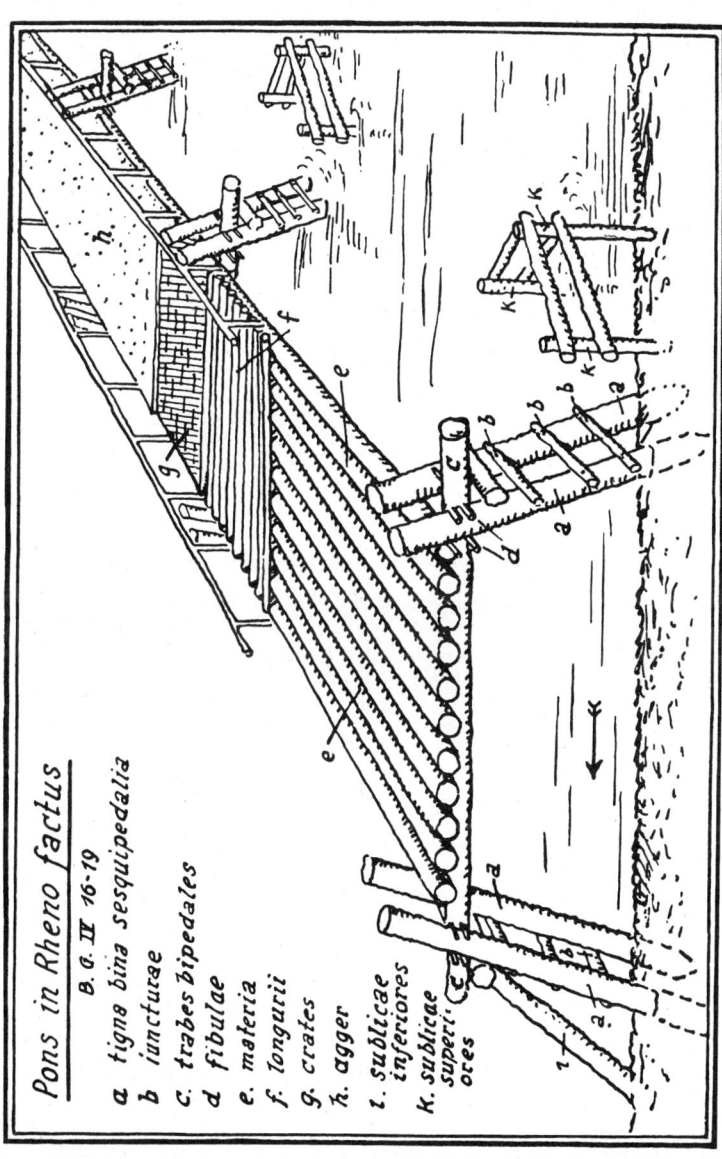